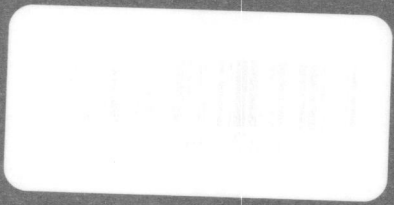

返乡创新创业人员信息服务机制研究

樊振佳　等◎著

中国商务出版社

·北京·

图书在版编目（CIP）数据

返乡创新创业人员信息服务机制研究 = Research on Information Service Mechanism for Returning Home Entrepreneurship / 樊振佳等著；白长虹总主编 .

北京：中国商务出版社 , 2024. -- (管理学术创造力书系). -- ISBN 978-7-5103-5461-8

Ⅰ . F323

中国国家版本馆 CIP 数据核字第 2024RU1958 号

返乡创新创业人员信息服务机制研究

樊振佳　等　著

出版发行：中国商务出版社有限公司

地　　址：北京市东城区安定门外大街东后巷 28 号　　**邮　　编：**100710

网　　址：http://www.cctpress.com

联系电话：010-64515150（发行部）　　　010-64212247（总编室）

010-64515210（事业部）　　　010-64248236（印制部）

责任编辑：周青

排　　版：北京嘉年华文图文制作有限责任公司

印　　刷：北京九州迅驰传媒文化有限公司

开　　本：710 毫米 ×1000 毫米　1/16

印　　张：19.5　　　　　　　　　　　**字　　数：**289 千字

版　　次：2024 年 12 月第 1 版　　　　**印　　次：**2024 年 12 月第 1 次印刷

书　　号：ISBN 978-7-5103-5461-8

定　　价：88.00 元

以学术创造力建构管理新世界

管理研究与教育教学面向实践的转型成为商学院发展的迫切任务，建设中国自主管理知识体系成为我国学术发展的新制高点。

与其他知识体系一样，管理知识体系始终处在演化之中。卡尔·波普尔（Karl Popper）将这种演化视为生命的进化过程，称知识的起源和进化与生命的起源和进化同步。根据这一认识，知识帮助人们适应环境，知识体系总是力图与环境保持适应关系。当人或环境的变化催生出新问题时，对问题的探究就会激发出创造知识的动力，进而推进知识体系的进化。当下，我国管理知识体系的演化正处于这样一种"从老问题到新问题"的转换阶段。

问题之所以被视为科学、技术进步的起点，原因在于它能够激发人的创造力。一位哲学家曾指出，由于人类无法忍受单一的颜色、凝固的时空、自我的失落，因而创造出丰富多彩的世界。也就是说，人类对新颖性、新奇性有着本能的追求，而创造力被认为是"产生结果的过程，它是一个新颖且具有适当反应的成果、产品或是一个开放性问题的解决方案"。对于已有解答的老问题，创造力驱使人们不断地寻求更新的、有着更好解释力的答案，哪怕是与已有答案表述方式不同的等价思想；面对新问题，人们会表现出更大的热情，发挥自己的想象、猜想和联想能力，去试验各种可能的解答。英国学者戴维·多伊奇（David Deutsch）认为，"人类思想中最宝贵、最重要、最有用的一个属性，是它有能力一般性地揭示并解释真实世界的构造"；他还指出，"到目前为止，没有其他任何一个东西，包括计算机在内，能像人脑一样能'理解'一个解释，或者首先需要一种解释才能理解"。多伊奇是量子计算专家，对思维活动有独到的认识，"每发现一个新解释，每掌握一个现有解释，都取决于人类独特的创造性思维"。

与多伊奇描述的自然科学相比，管理学研究的问题发生在不断演进的情境中，如技术革命、全球竞争、产业组织乃至社会文化和劳动者心态，它们都在不断变化，这是管理学与自然科学的显著差异。在自然科学领域，艾萨克·牛顿（Isaac Newton）观察的光和阿尔伯特·爱因斯坦（Albert Einstein）观察的光完全一样，而在管理学领域，这两个时代的人文、社会和科技环境已有天壤之别。管理学研究的问题更多的是新问题，管理理论也在不断提升自己的解释力。当下，学术研究的主流是用原有理论来解释新问题，即"用旧地图寻找新世界"。当无法获得理想的解释时，再对原有基础理论进行一定程度的修正或更新，直至提出全新的理论。

管理理论旨在解决问题。好的理论或直接为管理者提供解决方案，或帮助管理者更好地认识问题，启发他们的思路，使之能够以深刻的洞察力或广阔的视角审视问题，找到更多的解决方案。近年来，管理研究产生了不少新的构念或理论模型，但真正能够为管理者带来有益启示的成果为数不多。由此可见，面向实践的管理研究不是对管理实践的简单归纳，人们也不能用研究成果的新颖度来衡量它们的理论贡献。我们应该重温拉瑞·劳丹（Larry Laudan）的观点，"在评价理论优劣时，我们应该问：'它们是否为重大问题提供了合适的解答？'"

问题意识引导着创造力，创造力驱动着探索性实践。这种实践的成果不仅有经过实践验证的新知识，还有大量的实践经验和实践智慧，包括许多未经很好整理的"默会知识"。更重要的是，由于解决方案的丰富性，实践探索的疆域非常广阔，这些积极的探索会改变人们对问题的认知，使原有问题得到新的澄清或解释，甚至引发出全新的问题，为人类的创造力展现出更为广阔的空间。从"旧地图"到"新世界"，这样的突破性知识创造过程正在越来越多地发生在科技、工程、艺术和商业领域，新世界的实践探索者迫切需要更有意义的理论指导。

为构建更有意义的中国自主管理知识体系，我们需要有效地焕发学术创造力，发现有重要理论意义的实践新问题，通过与管理实践者更为主动的知识旋转和共振，通过与管理学界更为积极的学术交流与批判，协同共创中国式现代化所需要的管理新世界。此为"管理学术创造力书系"宗旨所在、使命所向。

《南开管理评论》主编、南开大学商学院院长、
幸福与创造实验室首席科学家
二零二四年岁末

在相关政策引导下，返乡创新创业活动由零星自发走向规模集聚状态。当前农村创新创业信息服务体系因面向返乡群体的配套机制精准性不足而成为制约其创新创业活动持续发展的瓶颈，针对该问题，本书旨在寻求合适的理论框架作为逻辑出发点，科学审视农村地区现有返乡创新创业信息服务体系，梳理其信息服务关键影响因素并分析服务主体角色。项目组基于全国九省的田野调查，以及继而在全国范围内开展的农村地区返乡创新创业人员信息能力专项问卷调查，描述分析返乡创新创业人员信息能力现状和关键影响因素，结合预防返贫等现实情境构建和优化精准信息服务机制。在信息不平等理论研究和脱贫攻坚语境下，本书对信息服务实践的探讨兼具理论价值与现实意义。

本书以返乡人员信息服务为研究主题，研究对象为返乡"双创"的农民工、大学生、退役军人等人群。鉴于来自现实和理论两方面的需求，本书围绕"以创新创业为导向，如何实施对返乡'双创'人员信息需求的精准服务"这一核心问题，采用田野调查与扎根理论、问卷调查、专家访谈、民族志等研究方法。为了完成项目研究任务，本书编写团队先后在河南、安徽、云南、吉林、辽宁、四川、河北、山东、山西等地开展返乡创新创业信息服务专题调研，累计走访9省市20个区县的数十个村镇，开展实地调研50余场，采访150余人次，调研对象包括政府机构负责人、特色企业负责人、基层服务人员、城镇个体工作者、农村村民等相关人群。此外，本书在全国范围内针对返乡创新创业人员发放调查问卷，累计回收有效问卷661份，在面向农村地区返乡创新创业的信息服务领域，形成较为丰富的质性数据和量化数据。现将项目完成的主要研究内容梳理为如下几点。

（1）农村地区"双创"信息服务体系调研：以鼓励返乡"双创"为背景，考察现有农村地区农村信息服务、服务政策话语中所依据的"信息服务"话语意义，及其对返乡"双创"信息服务体系的影响。按照话语分析思路，审视来自上述两个话语中的政策文本和本书分层抽样的农村地区返乡创新创业试点信息服务格局。

（2）返乡人员可行信息能力模型构建：基于田野调查获得的返乡人员信息行为质性材料，分析可行信息能力表现维度及关联因素，结合信息能力概念框架，提出可行信息能力关联因素的基本假设，据此设计并实施针对返乡人员的问卷调查和深度访谈；结合实证数据，构建返乡"双创"人员可行信息能力模型。

（3）可行信息能力影响因素与服务主体角色职能分析：基于返乡人员可行信息能力模型，考察诸如政策环境、信息基础设施、服务设施、服务供给方式等结构因素，如个人经验、知识结构、社会资本等，并分析其作用机理及实现条件。

（4）精准信息服务机制设计与优化：以返乡人员可行信息能力模型、能力成熟度和不同服务主体角色为依据，设计面向农村地区返乡"双创"人员的纵向演进与横向协同的精准信息服务机制。

立足上述研究内容和研究发现，本书重点对策建议为如下几点。

（1）信息能力普惠保障机制，缩小数字鸿沟，消除外部障碍。该机制要求以政府为主导，其他相关主体有效参与配合。面向社会所有群体的信息能力建设，提供公共信息产品和服务，主要表现在影响信息能力提高的结构因素方面，提高信息源的可及性。信息源是否便于接近和利用是影响信息主体信息能力的重要因素。政府对信息基础设施及相关信息服务的投入，是信息普惠机制的基础。同时其他相关社会主体也需要进一步加强信息资源保障体系建设，构建内容丰富、形式灵活的信息服务体系。

（2）信息能力可持续发展机制，实施精准培训，唤醒信息意识。就目前而言，返乡创新创业人员就业环境和条件仍然面临诸多变数，如流动性强和相关权益保障不到位等问题。因此有必要将返乡创新创业人员信息能力提高纳入城乡一体化发展和信息化发展的战略规划中，政府等相关社会主体应当进一步明确和细化返乡创新创业人员向产业工人身份地位转变过程中的政策导向，提供稳定而持续的公共信息服务，有计划地开展特定群体信息能力提高行动，在制度层面保障该群体信息能力的可持续发展。

（3）信息能力关联发展机制，构建行动共同体，保障信息供给。强调从信息能力到其他能力的关联关系，注重对主体的实际效用的关注。返乡创新创业人员信息能力的关联主体包括其创业当地政府、生活所在社区、相关社会组织等，加强对返乡创新创业人员获取和利用信息能力的培训，促进返乡创新创业人员充分利用信息解决其在创业过程出现的实际问题，信息能力应该置于具体职业发展语境中来完善。

（4）信息能力内部赋能机制，挖掘社会资本，实现自我提升。所谓内部赋能，是指由返乡创新创业人员自身来推动自己赋能，比较常见的是由返乡创新创业人员中的精英分子、群体利益团体和个人来推动。返乡创新创业人员群体在社会经济地位、年龄、利益诉求等方面具有较高的一致性，更容易形成共同利益诉求。在返乡创新创业过程中，信息行为主体不是被动接收信息的服务对象，而是主动寻求信息的行动者，在信息行为过程中具有相同或相似信息需求的返乡创新创业人员有可能结成共同体采取集体行动，这样有助于突破单个行为主体的局限，以收到更好的效果，通过行动者共同体实现自我赋能。

本书将可行信息能力作为精准信息服务机制的逻辑出发点，具有理论视角方面的创新；运用行动研究结合田野调查等研究方法，将对社会情境的动态跟踪田野调查作为项目实施的主要路径，在研究方法方面具有特色；提出精准信息服务着力点在于面向服务对象可行信息能力的赋能，具有学术观点方面的创新意义。项目成果的价值和社会影响总结为如下几点。

在学术价值方面，面对农村地区返乡创新创业这一问题情境，将可行信息能力作为研究逻辑出发点，开展精准信息服务研究具有学术探索意义：第一，对精准信息服务的主体、内容、方式、手段、依据等方面进行系统梳理，有助于丰富信息服务理论体系；第二，弥补传统理论视角对弱势群体创新创业服务关注不足的局限，有助于拓展信息服务领域学术研究视野；第三，对象群体的社会阶层属性，对信息不平等、信息行为等相关学术领域理论创新具有参考价值。

在应用价值方面，构建农村地区返乡创新创业人员精准信息服务机制，对预防返贫、农村信息服务、创新创业服务等方面的制度设计和对策完善具有决策参考价值。梳理农村地区返乡创新创业信息服务实践并提供参考案例，有助于弥合精准信息服务实践领域可借鉴经验不足的缺口。

项目成果不仅可以为农村信息化与信息服务、创新创业推进等政府部门和全国返乡创新创业大学生社团联盟等社会组织提供有关决策参考，还可以对农业供给侧结构性改革、基层创业引导、扶贫脱贫预防返贫等领域的学术发展和社会问题解决起到推动作用。项目组提交的对策和建议已经得到河南、吉林、辽宁、云南等地相关政府部门的高度关注和积极反馈。

本书基于国家社科基金项目"面向贫困地区返乡'双创'人员的精准信息服务机制研究"（17CTQ007）部分公开发表论文及科研团队阶段性成果汇集而成。在此，特别向相关成果的署名作者张秀、肖平、宋正刚、魏蕊、程乐天、李纯、刘鸿彬、伍巧、云佳、刘济群、吴东颖、汪汉清致谢！同时，杨丽娟、史文杰为本书后期成稿补充了新的知识内容，在此特别鸣谢！

目录

第一章

绪论

第二章

相关研究与理论梳理

第三章

项目实施过程

第七章
返乡创新创业人员信息精准服务机制

第八章
结语

图目录

表目录

绪论

第一节　研究背景与意义

在相关政策指导下，返乡创新创业活动由零星自发走向规模集聚状态，返乡农民工、大学生、退役军人等返乡人员的"双创"主体地位进一步得到确认。然而，当前农村和创新创业信息服务体系面向返乡群体的配套机制精准性不足，成为制约其创新创业活动持续发展的瓶颈之一。作为对"双创"群体赋能的手段，精准信息服务旨在提升创新创业效能的个性化信息服务，以信息需求的精准识别和信息服务的精准供给为前提。面对返乡"双创"社会现实，探索并实施精准信息服务机制成为未来一段时期推进供给侧结构性改革的要务。创新及其信息服务是图书馆学和情报学长期关注的领域，然而以往的理论往往将创新视为学术和专业人员的专属领域，关注对象也主要为学术和专业团体，将贫困、弱势群体与创新问题同时纳入同一视野的理论成果相对匮乏。

面对上述社会和理论现实，寻求合适的理论框架作为逻辑出发点，科学审视农村地区现有返乡"双创"信息服务体系，梳理其信息服务关键影响因素并分析服务主体角色，结合预防返贫等现实情境构建和优化精准信息服务机制，已成为当前兼具理论意义与现实意义的问题。

然而，关于本领域的研究在信息服务制度安排、服务主体与服务方式选取等方面存在共同关注领域，为相关问题的描述和解决提供了不同的视角。同时，依据其蕴含的信息服务设计理念，不难发现其存在一定的局限性：①自上而下推动以"系统为中心"的农村信息服务设计理念，对基础设施和技术普及关注较多，而对服务对象的信息效用关注较少。强调服务供给方主导的制度设计，服务需求方往往处于从属位置，缺乏服务对象赋能导向，难以保障预期服务效果。②自下而上的社群信息学服务设计理念，将社群（community）作为考察单元，强调面向弱势阶层的普遍服务，对个性化服务关注少，容易忽略贫弱社群中的处于相对优势人群的需求（如传统农村的创业者等）。③多元主体参与的信息服务设计理念，强调服务途径和方式多元化以弥补前述两种理念缺陷，但在一定程度上存在对其协同机理和逻辑出发点关注不足的问题。

总体而言，该主题呈现出如下动态和研究趋势：①整体性研究取向。多元化研究视角虽然有利于多角度认识和理解相关问题，但存在理论来源分散和策略片面甚至对立的弊端，寻求视角融合的整体性研究取向有望提供更深入的学术对话和更有效的对策建议。②赋能导向。服务机制设计以服务对象获取信息效用的实际能力提升为导向，而不仅仅是技术或信息的扩散和传播。③人本导向。信息主体是有主观能动性的行动者，相关研究需要从关注内容、技术、系统等外在因素，转向同时关注信息主体及其在特定情境下的行动，研究手段亦需强调动态数据的采集与利用，并借鉴民族志等研究方法。

基于对不同主题的梳理，面对农村地区返乡"双创"这一新的问题情境，寻找满足上述研究趋势的研究逻辑出发点，开展精准信息服务研究具有学术探索意义：①对精准信息服务的主体、内容、方式、手段、依据等进行系统梳理有助于丰富信息服务理论体系。②弥补传统理论视角对弱势群体创新创业服务关注不足的局限，有助于拓展信息服务领域学术研究视野；③鉴于对象群体的社会阶层属性，对信息不平等、信息行为等相关学术领域理论创新亦具有参考价值。构建农村地区返乡"双创"人员精准信息服务机制，其应用价值体现在：①对预防返贫、农村信息服务、创新创业服务等方面的制度设计和对策完善具有决策参考价值。②梳理农村地区返乡"双创"信息服务实践活动并提供参考案例，有助于弥合精准信息服务实践领域可借鉴经验不足的缺口。

第二节　研究对象与问题

本书以预防返贫背景下返乡"双创"人员信息服务为研究主题，研究对象为返乡"双创"的农民工、大学生、退役军人等人群。鉴于来自现实和理论两个方面的需求，本书围绕"以创新创业为导向，如何实施对返乡'双创'人员信息需求的精准服务"这一核心问题，细分出如下具体研究问题：①现状梳理：农村地区现有"双创"信息服务体系是什么？②概念框架：精准服务机制的逻辑出发点是什么？③需求精准化：返乡"双创"人员信息需求和获取利用的典型特征是什么？④供给精准化：信息服务相关主体的角色和职能是什么？⑤匹配精准化：如何实现信息服务供需双方的精准匹配？

第三节　研究思路与方法

诺贝尔经济学奖得主印度经济学家阿马蒂亚·森（Amartya Sen）提出，"可行能力途径"（capability approach）理论用于描述和解决贫困与发展问题，可行能力反映了一个人在各种选择中实现特定功能的实质自由，即在特定情境下受结构性和能动性因素影响所具备的实际行为能力。基于前述研究问题，本书以"可行能力途径"为理论基础，综合考虑结构性因素、能动性因素和情境对信息主体实际信息效用的影响，将构建"可行信息能力概念框架"作为逻辑出发点。本书主要研究内容为如下几点。

一、农村地区"双创"信息服务体系调研

以鼓励返乡"双创"为背景，考察现有农村地区农村信息服务、"双创"服务政策话语中所依据的"信息服务"话语意义，及其对返乡"双创"信

息服务体系的影响。按照话语分析思路，审视来自上述两个话语中的政策文本和本书分层抽样的农村地区返乡创业试点信息服务格局。作为项目研究初始阶段任务，对返乡"双创"的信息来源、信息渠道、传播机制等研究进行梳理，同时对当前返乡"双创"人员的典型案例、创业类型、创业现状等情况开展初步调查，为进一步细化项目研究问题和任务做铺垫。

二、可行信息能力概念框架构建

基于可行能力概念框架，利用文献综述和内容分析方法对相关领域理论成果进行梳理，提取表现维度、影响因素及其关联关系；结合泰勒（Taylor）的信息利用环境理论、德尔文（Dervin）的意义建构理论、威尔逊（Wilson）的信息行为模型等相关理论基础，扩展形成可行信息能力概念框架。

三、返乡"双创"人员可行信息能力模型构建及成熟度分析

①基于田野调查获得的返乡"双创"人员信息行为质性材料，分析可行信息能力表现维度及关联因素，结合信息能力概念框架，提出可行信息能力关联因素的基本假设，据此设计并实施针对返乡"双创"人员的问卷调查和深度访谈；结合实证数据，构建返乡"双创"人员可行信息能力模型。

②结合实证数据，提取返乡"双创"人员可行信息能力关键关联因素，基于服务提供主体和返乡"双创"人员对比的视角，确定分级标准，分析返乡"双创"人员可行信息能力成熟度，并选取典型案例开展行动研究，作为精准信息服务纵向演进机制（即可行能力成熟度提升）的参考依据。

四、可行信息能力影响因素与服务主体角色职能分析

①基于返乡"双创"人员可行信息能力模型，考察诸如政策环境、信息基础设施、服务设施、服务供给方式等结构因素，如个人经验、知识结

构、社会资本等能动性因素，分析其作用机理及实现条件。

②依据可行信息能力影响因素反推服务主体，从政府、市场、社会组织等不同主体视角开展对策研究，探讨不同服务主体的角色和职能，作为精准信息服务横向协同机制（即协调不同主体及方式）的参考依据。

五、精准信息服务机制设计与优化

以返乡"双创"人员可行信息能力模型、能力成熟度和不同服务主体角色为依据，从任务三与任务四匹配的角度，设计面向农村地区返乡"双创"人员的纵向演进与横向协同的精准信息服务机制。基于对真实案例的行动研究，结合模拟仿真工具实现对精准信息服务机制的优化。

围绕研究问题，本书总体目标是：以可行信息能力概念框架为逻辑出发点，探索农村地区返乡"双创"人员可行信息能力模型及其成熟度，基于可行信息能力影响因素分析服务主体角色及其职能，构建横向协同、纵向演进的精准信息服务机制。

具体目标包括：

一是提取农村地区返乡"双创"人员可行信息能力的影响因素及其关联关系。

二是揭示返乡"双创"人员可行信息能力成熟度与相关服务主体的角色及职能。

三是设计并优化政府、市场、社会等主体横向协同，和面向返乡"双创"人员可行信息能力成熟度纵向演进的精准信息服务机制。

针对上述问题和研究目标，本书涉及的研究方法为如下几条。

（1）田野调查与扎根理论：用在现状调研和模型研究阶段，根据341个返乡创业试点地区名单，采取分层抽样方法获取调研样本，实地观察并记录返乡"双创"人员信息行为；基于观察和访谈质性材料，完成可行信息能力关联因素提取的扎根理论研究，为建模提供支撑。

（2）问卷调查与仿真建模：用在模型研究与实证阶段，基于问卷和相关主体服务日志数据，综合考虑返乡"双创"人员、政府部门、企业、社会组织等不同行动者角色，使用相关建模工具揭示返乡"双创"人员可行信息能力成熟度和不同服务主体角色与职能。

（3）专家访谈：用在对策研究阶段，针对不同利益群体开展专家访谈，论证并优化对策方案。

（4）民族志与行动研究：主要用在模型验证和对策研究阶段，选取返乡"双创"人员信息服务典型案例作为分析对象，进行多维深度剖析，深入描述和解释研究问题。同时，借助项目外部数据资源（前期相关课题的部分数据和来自相关服务主体的数据）开展荟萃分析和跨时段研究，基于行动研究数据，通过多维尺度验证模型，并持续优化机制设计。

第四节　重点、难点与创新点

本书研究重点包括：

（1）返乡"双创"人员可行信息能力模型构建：包括返乡"双创"人员在媒介偏好、信源依赖、信息认知、内容控制、研判决策等方面的宏观表现和典型特征提取，影响返乡"双创"人员可行信息能力的关键因素识别及其关联关系的发现。

（2）精准信息服务纵向演进机制的揭示：基于返乡"双创"人员可行信息能力的跨时段数据，分析面向其能力成熟度提升的纵向演进机制。

（3）精准信息服务横向协同机制的揭示：结合返乡"双创"人员可行信息能力模型的影响因素，反向分析政府、市场和社会等相关主体的角色与职能，进而揭示不同主体及其服务方式的横向协同机制。

本书研究难点包括：

（1）从可行信息能力到精准信息服务机制的逻辑链条构建：由服务对象的可行信息能力表现维度、影响因素反推至服务主体的角色与职能，再到服务机制的设计，其逻辑链条需要来自多学科的理论基础和多轮数据支撑，存在理论难点。

（2）精准服务机制设计与优化：如何保证"创新"与"贫困"这两个冲突性情境的视角兼容性，以及在异质数据的处理等方面存在操作难点。

本书的创新点集中体现在：

（1）研究视角创新：将可行信息能力作为精准信息服务的逻辑出发点。基于预防返贫和"双创"环境，采用综合考虑结构性因素和能动性因素的整体性视角，本书将服务对象的可行信息能力作为精准服务机制设计的出发点，通过可行信息能力影响因素反向分析信息服务提供主体的角色和职能，突破了立足服务主体探求如何满足服务对象需求的传统研究思路。

（2）研究方法特色：运用行动研究结合田野调查等研究方法，保证对社会情境的动态跟踪。作为项目实施的主要研究方法，田野调查在对策研究与机制设计方面采用民族志和行动研究方法，强调对研究问题社会情境的动态跟踪，在一定程度上可弥补截面数据动态性不足的弊端。

（3）学术观点创新："双创"精准信息服务着力点在于面向服务对象可行信息能力的赋能。以可行能力为逻辑出发点，整体研究遵循"概念框架梳理—质性探索—量化分析—实证检验—对策构建—行动研究"的路径展开，超越将信息、技术或系统作为信息服务内容的观点，以农村地区返乡"双创"人员的可行信息能力提升（即赋能）为着力点，与精准扶贫、预防返贫和面向发展的研究取向相契合。

相关研究与理论梳理

本书可归结为面向返乡"双创"人员信息服务的科学问题，鉴于问题情境的农村地域特征和创新创业领域特征，相关研究主要集中在农村信息服务和创新创业信息服务这两类学术社区。同时，由于对象群体的社会阶层属性，相关研究在信息贫困和信息不平等的学术话语中亦有体现。

第一节　创新创业信息服务

如何构建有效保障创新创业效果的信息服务体系是当前的核心任务。鉴于创新创业对社会发展的重要意义，来自创新管理、创业研究、信息管理等学科领域的成果，对上述社会需求表现出高度敏感和强烈关注，由此开展的科研活动及其产生的系列学术成果，应当成为全面理解和把握创新创业信息服务的关键素材与研究出发点。

一、科研项目分析

受篇幅所限，本书略去项目负责人、承担单位及所属系统等特征的统计，仅从立项年份、项目类别、学科分类这三个方面对2002—2017年的116条数据进行描述性分析，同时覆盖"创新创业"（或"创新""创业"其一）和"信息服务"主题的国家社科基金立项数量。该数量自2009年开始稳定在5项以上，且2016、2017年连续保持最高立项数量，这一点与国家宏观发展环境是契合的。关于立项项目类别，该书以社科基金一般项目和青年项目为主，这二者占项目总数的75%。此外，就立项项目所属学科分类而言，管理学和图书馆、情报与文献学这两个学科类别居于领先地位，其次为社会学和应用经济学。就创新创业和信息服务主题而言，图书馆、情报与文献学学科的立项数量占比为23.3%，虽拥有相对优势，但也面临来自其他学科的多元话语挑战，甚至有可能在创新创业语境下被来自管理学、经济学等强势学科的话语所冲击，进而威胁到学科话语的独立性。

本书基于筛选的116条项目数据，从主题词词频统计和对项目名称做句法分析两个方面，揭示其核心话语。针对项目名称包含的具有语用意义的实词进行编码，是发现并梳理核心话语的途径之一。结合主题词词频分布，立项项目的核心话语大体可以分为如下三类。

一是将创新创业作为背景或问题语境，将信息服务自身作为研究对象。此类项目以图书馆、情报与文献学学科立项项目为主，重点在特定需求背景下探讨信息服务体系、服务机制、服务模式。信息服务提供主体一般为图书馆或其他信息机构，服务对象则为创业人员、新创企业、创新主体（如企业、高校、科研院所等），服务手段通常为信息基础设施建设、专业信息知识平台构建、借助特定社交媒体的服务机制探索等。

二是运用信息服务手段，保障创新创业目标的实现。这类项目以应用经济、管理学学科立项项目为主，核心话语是创新创业绩效，强调创新创业主体的信息需求及其满足途径，一般不着眼于信息服务提供主体。

三是面向特定区域或社会群体，将创新创业过程的信息获取与利用作为核心关注点。这类项目在图书馆、情报与文献学、社会学等学科相对较多，大学生、农民、农民工等群体通常为核心关注人群，核心话语是其创新创业过程的信息实践，立足信息服务对象探究信息服务机制，同样一般不将信息服务提供主体作为重点。

二、研究成果分析

在创业过程中，信息作为重要资源已经取得广泛的认同。在创业领域，信息内容本身也被视为"创业成功的核心资源"，张秀娥、祁伟宏（2016）

将创业过程看作是一个信息搜索、信息筛选、信息利用、信息加工、信息交换的过程，强调信息行为与整个创业生命周期过程交织在一起，并对创业者的创业能力、创业认知、创业意愿、创业决策等具有重要影响。同时，相关研究表明，市场信息（赵文红等，2013）、知识型资源（刘畅等，2016）、技术信息（温池洪，2015）、隐性知识（Cabrera-Suárez, et al，2018）等具体内容型资源也都对创业绩效具有正向影响。

鉴于信息资源对创业绩效的正向关联关系，保障创业者有效获取信息的信息技术和相关渠道成为学者们重点关注的方面。泽内贝等（Zenebe，et al，2018）指出，创业者对信息技术的获取和利用与创业绩效呈正向相关关系，与其创业风险控制能力也呈正向相关关系。王维维（2017）将互联网对创业的影响，总结为帮助潜在创业者识别创业机会和降低创业过程中的风险两个方面。作为信息获取渠道，互联网对个人创业概率提升有显著影响（史晋川，王维维，2017）。此外，利用社交网络及时获取信息和知识也是创业者创新能力的重要保证（Jiao，et al，2014）。

针对创业者的信息行为和信息素养，阿尔瓦雷斯等（Alvarez, et al，2015）研究表明，企业家处理信息性刺激的方式，构成塑造和指导他们创业活动能力的基础。梅胜军等（2014）指出，信息搜索可获取更多创业组织内外部信息，帮助创业者形成更清晰的危机认知。创业农户的信息获取能力均正向影响机会识别的经济性与效率，信息处理能力对经济性的影响最大（高静，贺昌政，2015）。信息意识、信息知识、信息技能和信息道德对创新创业能力的影响均十分显著（崔惠斌，2017）。

因此，创业培训和教育可以提升创业机会识别能力进而提高创业绩效（Karimi，et al，2016）、创业导向的信息获取和学习可以为创业提供保障（Kearney，et al，2017）等看法获得了相对一致的认同。针对中国农村创业的问题情境，有学者认为改善农民信息获取状况的突破口在于有效激发其信息需求，提升其信息需求层次，然后针对其信息需求，完善相应的信息获取保障环境，最终实现其信息获取状况的改善（赵媛等，2016；吴东颖，樊振佳，2018）。政府部门负责的信息供给和培训，构成了返乡创业信息服务的关键形式（樊振佳等，2018）。

（1）内容维度与话语提炼

①主体—客体维度

在主体—客体维度的研究成果中，核心话语主要表现在高等学校的创新创业服务管理和国家或政府提供的创新保障两个方面。其中表现的话语社区包括创业管理、服务主体等，重点强调的是信息服务对创新创业的保障作用，以及信息服务供给的制度安排等内容。

核心话语1：高等院校创新创业管理

大学生为创新创业主体，陆俊（2014）将大学生创业过程分为酝酿、实施与实现三个阶段，认为高校图书馆应承担起为大学生提供创业信息服务的责任，针对每一阶段的特性建立相应的创业保障体制。

首先，高等院校自身在创新创业教育职能中蕴含着信息和知识的传承。戈特塞根（Oghenetega, et al, 2014）等对当代信息科学与商业教育专业创业问题对高等教育的启示进行了研究，认为理工院校开展创业教育虽很重要，但目前的创业教育并不乐观，所以我们必须构建多元化的创业教育模式，改变创业教育的状况。格巴（Gerba, 2012）通过问卷调查对埃塞俄比亚大学的创业课程进行了评估，发现埃塞俄比亚大学的创业课程处于发展的初级阶段，在创业课程中，传统的教学与评价方式仍占主导地位，同时学校缺乏以创业促进为功能的相关机构。

其次，创新创业平台建设。李凤春等（2015）在对新时期高校就业创业信息网络平台的研究中，将"平台建设"置于创新创业信息服务的核心位置。

最后，依托高校图书馆为学生提供创新创业信息服务。徐剑凌等（2013）将创业精神培养、创业信息评价、创业智力资源开发等列为高校图书馆创新创业服务的任务。同样是立足高校图书馆，周长强等（2012）、何建新等（2017）强调，图书馆与创新创业教育管理部门协同信息服务，这是对高校图书馆自身角色的清醒认识。尽管图书馆作为传统信息服务机构的角色毋庸置疑，但在创新创业服务方面高校图书馆往往无力独自承担全部职能。

核心话语2：国家/政府创新创业保障

面对创新发展需求，国家（或其最主要的代理人政府）是最核心的责任主体。在这一主题下，创新型国家的知识信息服务体系（梁孟华，李枫林，2009）、知识信息服务在国家创新中的作用机制及保障作用（林海涛，魏阙，2014）得到探讨，这是面向全社会创新主体的信息服务。蔡卓君等（2017）从微观、中观、宏观三个层面，梳理了近年来主要发达国家和地区面向创新创业的信息资源保障政策，认为我国的创新创业发展可以从中借鉴经验。

面对基层创业群体，樊振佳等（2017）基于对中央和地方有关政策文件的文本分析以及对农村的实地调研，研究发现农村创业人员主体地位在相关政策中得到确认，相关信息服务亦得到强调；部分政策尚未在农村地区有效实施，农村现有信息服务体系与农村创业信息需求之间仍然存在较大差距。在这种语境下，信息服务并非是一种不言自明的制度安排，从政策话语到话语性实践的转化仍然存在较大缺口。

②内容—渠道维度

在内容—渠道维度的研究成果中，核心话语主要表现在企业信息共享和社会网络的影响作用两个方面，其中表现的话语社区包括创新扩散、服务供给等，重点强调的是创业创新信息获取的社会途径和渠道。

核心话语1：企业创业创新信息服务

企业信息共享是企业创业中的重要节点，同时企业信息共享也为其他创业者提供了获取信息的途径。张波等（2014）从企业创业过程角度指出，跨边界创业信息资源共享以优化创业认知、提高创业决策实效、强化创业主体构成和整合更多稀缺创业资源等方式，推动创业活动顺利进行和创业企业可持续发展，并充分创造和转移价值，以促进信息资源的利用和增值。张秀娥（2016）构建创业信息生态平衡机制模型，探寻维护创业信息生态平衡的驱动力，最大化发挥创业信息的生态价值，服务于"大众创业、万众创新"国家战略。因此，结构优化、功能完善、相对稳定的创业信息生态系统，有利于创业主体获取创业信息、交流创业信息和传递创业信息，从而顺利开展创业活动。

核心话语2：社会网络

社会网络信息和知识资本对公司创业具有重要影响。张萌萌等（2016）通过对前人研究的总结和回顾，向吉林省的185家高技术企业发放问卷，分析社会网络信息与知识资本对创业绩效的影响程度，研究发现，知识与创业绩效呈现的是促进、协同和共生关系，社会网络信息与创业绩效呈现的是递进、协同和互惠关系。张博等（2015）实证研究了社会网络对家庭创业收入的影响及其作用机制，研究结果表明，社会网络虽对城镇家庭创业收入具有显著的正向影响，但对社会交往面较广、交往对象趋于多样化的城镇家庭的积极作用更大，其作用机制在于社会网络通过拓宽家庭获取信息的渠道为其提供大量重要信息，从而有助于增加创业收入，而并非通过融资机制为其提供资金支持。

③制度—行动维度

在制度—行动维度的研究成果中，核心话语主要表现在公共图书馆的创新创业服务和对农村创业者等信息弱势群体的关照两个方面。其中表现的话语社区包括信息公平、服务主体、信息需求等，重点强调的是创新创业信息服务的实践以及效用等问题。

核心话语1：公共图书馆的社会服务

作为社会公共文化服务和信息服务的制度安排，公共图书馆理应在创新创业信息服务体系中发挥相应作用。有关公共图书馆创新创业信息服务的研究范围主要包括公共图书馆服务转型、服务实践等。唐彬等（2007）重点阐述了公共图书馆推广创业信息服务模式，分别对创业信息帮扶服务的原则、创业信息服务推广策略进行了论证。甄旭（2008）从创业教育的内涵入手，阐述了基于创业教育的图书馆服务，即采集适用的文献，构建信息共享空间。申蓉（2015）对美国公共图书馆为创业企业服务的实践进行研究，指出美国公共图书馆主要通过提供丰富的信息资源、开展创业培训活动和为创业创新提供空间三种模式为创业企业服务。我国公共馆要转变服务模式，从信息资源、教育培训和空间等方面为创业企业提供服务，以促进社会经济发展。乐懿婷（2017）通过研究创新创业环境下公共图书馆企业信息服务的转型，构建出符合小微企业、初创企业、草根创业者的成长需求的全新服务链。

核心话语2：信息弱势群体关照

被受教育程度、社会环境等因素限制，与城市创业者相比，农村创业者的ICT（信息与通信技术，information and communications technology）利用能力与综合信息素养整体上是偏低的，他们往往被归为信息弱势群体。许多学者基于田野调查进行了实证研究，结果表明目前农村创业者群体的创业信息获取情况不容乐观。赵奇钊等（2015）对武陵山地区的返乡创业农民工群体进行了调研，发现当地创业信息获取渠道较窄，在创业信息传播渠道方面存在信源不对称、信道不通畅和信宿能力弱等问题。邓卫华等（2011）研究表明，农村创业者的创业信息获取来源较少，并且主要依赖基于人际关系网络的非正式信息源，而较少使用政府相关部门建立的信息服务体系等正式信息源。此外，受农村的自然、社会环境所限，农村创业者面对着失衡的创业信息环境，信息不对称现象严重（邓卫华，2013）。

因此，现有成果在改进对策方面，除了以消除信息不对称等为目的进一步完善农村创业信息服务体系，还需要着眼于群体本身，通过培训等方式提高农村创业者的信息获取与利用等能力，帮助其获取所需信息并转化为支持创业的正向驱动力。

由于研究旨趣和核心话语的差异，面向创新创业的信息服务研究实际上表现为至少如下不同的话语社区：一是创新扩散、创业管理等话语社区，将信息服务视为创新创业过程的基本保障要素；二是服务主体、信息需求、服务供给等话语社区，既坚持信息服务的立足点，又强调信息服务的工具性，还关注信息服务供给的制度安排等内容；三是信息公平话语社区，强调创新创业背景下信息弱势社会群体的信息查询和服务获取保障。

第二节　涉农信息服务

根据于良芝等（2007）的回顾，涉农信息服务研究始于20世纪初学者们对农业专业化信息（agricultural information）的研究，最初对涉农信息服务的研究集中于如何把农业科技信息传递到农民手中。从20世纪30年代到20世纪50年代，其他信息（如农产品销售信息、农村经济信息等）的提供，也开始广泛受到农业研究、社会学、图书馆情报学学者的关注。20世纪70、80年代，由于建构主义信息理论的兴起，信息不平等、信息鸿沟、小世界等理论影响涉农信息服务社会环境和实践的变化与发展，信息需求、信息平等逐渐引起研究者们的关注，促使研究者以用户需求和信息公平的角度为出发点考虑涉农信息服务，研究的视野开始扩大到更广泛的信息领域，研究层次不断深入。在国内，农村改革开始实行，农民的信息需求（如生产经营信息、政策信息、创业信息等）大大增加；同时，农村地区的发展备受关注，使得学者开始关注这一领域的发展。由于涉农信息服务具有明显的学科交叉性，图书馆学情报学、农业科学、社会学等领域的学者对此均有所关注。

通过对相关文献的梳理，本书将从涉农信息服务对象与主体、涉农信息服务内容以及涉农信息服务平台与模式三个部分对涉农信息服务研究进行回顾。

一、涉农信息服务对象和主体

涉农信息服务对象，即涉农信息服务的用户，涉农信息服务向谁提供服务是涉农信息服务建设的目的与归宿。现有研究通常用"农民（指从事农业劳动的群体）"或"农村居民（在农村地区生活的群体）"来界定服务对象与用户，然而，由于传统农民身份的转变、活动区域的扩大化、活动内容的多样化，"农民"与"农村居民"的概念互有交叉，因此，研究者们对涉农信息服务对象难以形成共识，很多研究将"农民"和"农村居民"视为同一群体（于良芝，谢海先，2013）。此之，对特定服务对象，如农村弱势群体（如女性、农村留守儿童、老人、残疾人士等）、农民工群体以及返乡农民等的研究，学者们也给予了很多的关注（陶建杰，2013；樊振佳，程乐天，2017；杨靖，黄京华，2011）。

国外研究中，对弱势群体的研究是近年的热点，尤其是女性和儿童的权益颇受关注。阿多米（Adomi，2013）、莱基（Leckie，1996）研究了女性的社会角色对她们获取和利用农业信息服务的影响，沙夫丁（Shaifuddin，2011）讨论了马来西亚农村青年对信息来源和农村图书馆服务的看法，发现农村青年偏好继续教育信息服务。

涉农信息服务主体，指涉农信息服务由谁提供、谁是服务的提供者，它的界定可以决定信息服务的责任归属。学者们普遍认为，政府和非营利性机构应当是涉农信息服务主体。由政府主导的"自上而下"式涉农信息服务成为如今涉农信息服务的主要模式。农业科研机构和农业高校等由于其性质的特殊性，在涉农信息服务的提供中也占据十分重要的地位。近年来，社会力量介入成为一种趋势，其一般有两种模式，一是由政府向营利性机构购买相关服务（如服务平台和资源等），再向农民免费开放；二是非营利性信息服务机构将信息服务项目外包给经营性机构，再向农民免费开放，依然是以政府为主导。

二、制约涉农信息服务的因素

通过对文献的梳理发现，我国涉农信息服务水平难以满足涉农信息服务对象的多样化信息需求，而这是由用户和提供者两方面因素共同作用导致的——信息服务提供者供给能力不足、宣传意识薄弱、服务能力不足，信息服务需求者信息意识薄弱、获取能力不足（李静，2014；刘敏等，2011）。国外研究中，针对不发达国家和地区，如非洲、南亚、东南亚等的研究重点主要是信息服务的现状、应用和建议，尤其是ICT的应用；针对发达地区和国家，如北美、西欧、澳大利亚等的研究重点则是信息源、信息服务水平、信息素养教育与信息不平等问题（Rebecca，2007；Mehra，2017；Mehra，et al，2017；Mehra，et al，2011）。

三、涉农信息服务平台与模式

近年来，随着"新农村建设和农业、农村信息化"模式的提出，大量关于涉农信息服务平台和服务模式的研究相继涌现。张莹（2017）在对东北某市农村信息服务平台的调查中发现，农村信息服务平台存在信息质量不高、信息表现形式不符合农民信息获取能力、信息服务机构不协同、信息服务渠道不合理，以及顶层规划缺乏专业性、科学性和系统性等问题。马凌、侯正伟（2009）对我国农村综合信息服务平台建设进行了分析，他认为现有的农村信息平台，难以将涉农信息准确、及时地传递给用户。于良芝等（2007）在其研究中依据信息专业化程度，将农村信息服务模式分为综合性信息服务和农业专业化信息服务两类。由于专业化信息服务要求更精确，对目前多数地区平台和模式的服务能力而言，还难以达到。

同时，对图书馆、图书室、农家书屋等传统实体信息服务平台的研究也一直是热点，如何更好地发挥农村传统实体信息服务平台的作用是许多学者都在关注的问题（赵旺，2017；金武刚，2014）。近年来，随着心连心家庭图书馆、杨霄松家庭图书馆的发展，基层公益性私人图书馆在涉农信息服务上发挥的作用也开始吸引研究者的注意（吴汉华，2013；王子舟，2010；张广钦，2007）。此外，张健（2008）、李红霞（2014）等则关注到高校图书馆，尤其是农业高校图书馆在涉农信息服务中具有的优势及其应该发挥的作用。

目前我国对涉农信息服务的研究多集中于涉农信息服务的现状研究上。从涉农信息服务研究现状来看，在内容上，主要集中于对涉农信息服务的现状、推广与存在的问题等实践现象的讨论与研究上，而疏于对具有涉农信息服务指导性作用的政策给予调查和分析，缺少以政策的导向性意图为切入点对我国目前涉农信息服务体系进行描述和阐释。在研究方法上，主要是实证研究和主观经验解释，鲜有从话语分析这一角度对现有涉农信息服务政策的意义建构过程进行分析与解释。在涉农信息服务政策上，主要是对政府涉农信息服务供给手段和方式的研究，从而给予政府相关决策支持。在对农民信息劣势的解释中，往往会以农民的地域劣势、收入和教育水平劣势与市场机制两种理论为主。尽管于良芝等（2013）在其研究中引入国家意志解释理论，但现有研究较少以此为切入点。

第三节　信息服务体系与渠道

由于农村创业信息服务体系具有典型的农村地域属性，故而将其上位类概念"农村信息服务"一并纳入文献回顾考察范围。鉴于"三农"问题在中国社会情境中的重要性，如何在农村有效实施信息服务，长期以来一直是信息服务、农村发展和公共政策等领域关注的问题。关于农村信息服务体系的研究，往往涉及服务对象、服务主体、服务内容、服务体系等问题，相关研究主要集中在图书情报和"三农"问题研究领域。

一、服务对象与需求

农村信息服务对象，即农村信息向谁提供服务，这是农村信息服务体系建设首先需要回答的问题。现有文献中常见将"农村信息服务"作为笼统提法，通常用"农民"或"农村居民"来界定服务对象，前者通常用来描述从事农业劳动的群体（强调农业职业属性），后者侧重在农村地区生活的群体（强调农村生活属性）。例如，面向"农民"，相关研究（于良芝等，2007）明确指出，农村信息服务应该从"面向农村"转向"面向农民"，并且结合新农村建设的时代背景，呼吁面向"新农民"构建农村信息服务体系。由于"农村居民"群体缺乏阅读习惯等原因（李静，2014），农村现有信息服务体系在服务内容及服务质量等方面无法满足其信息需求。此外，由于农民社会角色的多元性，在"农村"这个地域概念意义层面，"农民工""职业农民""农村劳动力"等不同提法,实际上往往与"农民""农村居民"等概念指涉的群体存在重合。由此可见,当前农村信息服务体系实际上已将农村地域的群体都纳入服务对象的范畴,其需求集中体现在农业科技、医疗卫生、教育、社区等方面(于良芝,张瑶,2007)。同时,大多数科学研究和公共决策也相应以这些领域的普遍均等信息服务为基本导向,在一定程度上存在对不同群体差异化信息需求关照不足的弊端。

二、服务主体与模式

服务主体的确定决定着服务职能的责任划分问题,并且直接影响服务的提供方式和手段。学界普遍认可的一种看法是,政府或其支持的公益机构应当承担起农村信息服务的主要职责,"自上而下"也顺理成章成为农村信息服务的主要制度安排依据。然而,由于缺乏服务针对性,除了大众传媒(特别是电视),农民实际上很少利用这种"自上而下"途径提供的信息(于良芝,张瑶,2007;Zhang & Yu,2009)。电信运营商等商业化信息机构的涉农信息定制服务,虽可以在一定程度上解决其针对性不足的问题,但服务收费模式与购买力的脱节使得其未能被广泛接受(于良芝等,2007)。此外,凭借其专业化的信息素养和实践经验,图书馆对农村信息服务众多资源的整合,可以弥补现有信息供给方式的缺陷和信息供给导向的不足(于良芝,谢海先,2013)。图书馆的参与能够在一定程度上成为其他主导力量的有益补充,然而,在政策话语和话语实践上对专业化公共图书馆使命(于良芝等,2016)的偏离,导致目前乡镇图书馆无法真正完成图书馆的使命。面对这样的困境,通过搭建综合信息平台来改变信息服务单一模式,探索并实施政府主导、市场牵引、第三部门补充相结合的多主体复合型供给机制(员立亭,2015),成为近年来的主要话题。

三、服务体系与渠道

面向农村的综合性和专业化信息服务体系是不同主体实施的服务设计,前者以多功能的"一站式"服务机构为主体,后者以高效的农业技术推广机构为主体。综合性信息服务体系覆盖农业生产、居民生活、生态休闲、科技示范等多个领域，冯献等（2016）指出该体系应由"自上而下"向"个性化、多样化、精准化"方向发展。同时，该体系对"供"关注过多而对"需"关注不足，存在实体信息服务机构功能缺失、信息供需不匹配、信息服务设施与农村居民之间存在距离等问题（刘丽，2015）。农业专业化信息，是指专门用来支持农业生产或经营活动的信息。例如，在大多数国家，由政府的农业管理部门、研究部门、农业技术推广部门或专门的农业信息中心等承担满足农村专业化信息需求的职责（于良芝，张瑶，2007）。专业化信息服务体系，例如科技信息（何溢钧等，2016）、政策信息（杨木容，2011；郑文晖，2011）服务体系往往强调政府的核心主导地位，由政府与专业化机构协同提供相关信息服务。

多元化的信息传播渠道对于提升农村信息服务效果至关重要。研究表明，人际网络、大众传媒、新媒体等渠道都是影响农村信息服务体系效果的因素（李瑾等，2011）。于良芝、张瑶将农民选择信息渠道的价值取向归结为"方便快捷、易于使用、可以信赖"（于良芝，张瑶，2007）。新媒体环境下，传播渠道的多元化为丰富农村信息服务体系提供了机会，然而相关研究表明（闵阳，2014），电视和人际传播仍然是当前农民获取信息的主要途径，而新媒体扩散带来的组织传播弱化、大众媒介传播错位、体制内外传播的交织与抵消等因素在一定程度上影响了农村信息传播的有效性。同时，资源和服务分散、政府与专业化信息服务组织职能界定不同、信息服务与农民文化隔阂等方面存在的矛盾成为当前农村信息服务体系存在的关键问题。

四、面向农村创业问题情境的信息服务

创业信息服务是创业活动有效开展的保障。关于创业阶段需求，相关研究按照孕育、创立和初创这三个阶段分析创业信息需求，重心集中在创业者对信息的吸收理解并将其转化为解决问题的策略上（邓卫华，2011）。关于创业过程的信息能力，信息需求（赵西华，周曙东，2006）、社会网络

规模（蒋剑勇，2013）、机会识别与市场研判（高静，贺昌政，2015）、创业质量（李萍，2016）等方面往往成为学者对农村创业过程信息能力进行研究的重点考量因素。关于创业信息服务保障，公共信息服务平台是创业信息服务的关键基础设施（张波等，2013）。例如，赵奇钊等（2015）重点考察农民工返乡创业的信息服务体系中，利益相关主体和农民工获取信息的主要渠道。赵媛等（2016）指出，农民创业信息服务权益及相关保障主体（如政府、公共图书馆等）的义务与责任。

关于图书馆创业服务，来自美国的案例表明，公共图书馆可以向创业企业提供信息资源、教育培训和空间等方面的服务（申蓉，2015）。面向草根创业群体，周寅（2016）提出，应建设面向应用、易于获取的多元化普惠型服务体系。此外，提供创客空间和创业培训等特色服务也是图书馆参与创业服务实践的路径（叶洪信，2015；游湄等，2012）。

基于上述文献回顾，不难发现学者目前对农村信息服务体系的研究整体上呈现为两种思路。第一，针对特定地区或服务体系（综合性或专业性）进行考察，进而提出改进和完善对策。第二，基于对农民信息需求和信息获取渠道的分析，提出信息服务体系完善建议。从大多数成果所反映的现实情况来看，专业信息服务体系在农村地区依托农业技术推广站（以下简称农技站）等基础设施，相对较早地出现在农村生活中，在实际农业生产中扮演着技术宣传和推广的角色。综合性信息服务体系伴随基层公共文化服务、信息进村入户等工程开始构建，虽相对较晚进入农村，但目前已经在农村居民生活、生产、学习、娱乐休闲等领域发挥着积极影响。然而，创业信息服务究竟归为综合信息服务的一类，还是作为专业信息服务单独加以考察，目前尚缺少充足的理论支撑。

第四节　信息服务主体与职能

作为政府提供信息服务的关键平台，政府网站及相关政务社交媒体是创业服务相关信息发布的重要信息源。来自信息管理、电子政务、公共管理与服务等研究领域的成果对该领域均有较大程度的关注。

一、信息服务体系中的电子政务角色

针对电子政务在社会层面的角色，早在2006年，夏（Xia，2006）通过对中国29个省级政府网站的调查，描述政府网站提供的信息和服务内容，指出电子政务在提高政府透明度和政治参与度方面的积极作用。同时，面向群体或个体信息需求，政府网站等电子政务平台同样扮演着关键角色。

从电子政务用户视角出发，埃贝斯等（Ebbers，et al，2016）指出现有数字鸿沟研究对引入电子政务的忽视，呼吁应将电子政务纳入数字鸿沟的考察视野，并发现无论其数字技能如何，人们通常都会将电子政务视为重要的信息渠道。王与陈（Wang & Chen，2012）对农民工群体使用电子政务的情况进行调查，发现农民工的信息需求与电子政务信息供给之间存在很大契合，该群体正在逐渐由潜在用户变为实际用户。

二、电子政务信息服务渠道与能力

电子政务信息服务最终会落实到"以公众为中心"的理念上来，旨在满足公众的政务信息需求，解决其在社会生活过程中的实际政务问题。郭海明（2009）根据"用户中心"服务模式的特点，提出一个"集成式"服务框架，并对其发挥的基本服务功能进行了分析。基于对中国102个城市电子政务现状的调查，胡（Hu，2012）提出，构建电子政务服务能力层次模型，其中电子政务服务内容被置于关键地位，政府网站或其他信息平台成为提高电子政务服务能力的关键基础。

除作为信息服务提供平台外，政府网站往往也会充当政府信息用户行为数据采集平台的角色，将提供网站浏览数据作为政府信息服务创新的依据（于施洋等，2016）。王芳等（2008；2011）构建的地方政府网站信息公开评价指标体系为评价地方政府网站信息公开能力提供了参考。

此外，在企业层面，波尔等（Boer，et al，2016）针对企业与政府互动过程中的信源、渠道和交互效果在1218个中小企业开展调查，指出政府信息服务平台应当充分考虑企业信息需求的多元性和复杂性。

三、创业情境下的政府信息服务

许欢、孟庆国（2016）研究表明，在实施"双创"政策过程中，以电子政务为引领的信息化治理方式得到泛化，研究强调通过信息技术和信息平台实现公共管理与服务创新，进而实现"政策与管理叠加式创新"。此外，基于对有关政策文件的文本分析以及实地调研，从信息服务主体、信息渠道、依托平台、服务方式等方面对政策和实地情况开展对比梳理，樊振佳、程乐天（2017）指出，面向农村的信息服务已经基本形成包括政府部门、通信运营商和社会化媒体等多元主体的服务体系，并建议强化以公共信息服务平台为主的专业化主体信息服务能力。作为"双创"实施的重要推进主体，政府部门，特别是区县级政府部门，通过其政府网站或相关专业信息平台提供信息服务，成为上述公共信息服务平台的关键组成部分。

对相关信息的充分占有和利用是农民创业的必备条件之一。赵媛等（2016）调查发现，农民的信息获取处于低水平，并建议构建其创业信息需求与信息获取之间的良性循环新格局，政府信息平台是构筑这一格局的重要组成部分。赵奇钊、郑玲（2015）从信息服务的角度，以武陵山区农民工为研究对象，对该地区的农民工返乡创业的信息服务现状进行调查，同样将政府提供的信息服务纳入影响农民工返乡创业的重要影响因素范畴。

基于对创业信息资源共享过程中的关键角色构成及职能的分析，张波等（2013）对关键角色之间的关系进行剖析，并阐述关键角色的角色意识、互动关系及其对创业信息资源共享效果的影响，建立了关键角色关系模型，政府在其中自然扮演着举足轻重的角色。关于政府提供信息内容，达塔和萨克塞纳（Datta & Saxena，2013）以印度的电子政务和创业服务为例，强调政府信息服务角色更多体现为基本公共服务的供给者。

基于前述分析，我们不难发现，包括电子政务在内的政府信息服务平台在整个社会信息服务体系中处于核心地位。在创新创业服务情境下，政府信息服务扮演着制度性保障角色，信息内容、链接去向、更新频率等指标往往构成政府网站评价的主要参考方面。基于特定社会群体的信息需求，将政府信息平台的具体角色置于相应的具体情境中加以考察更有现实意义。然而，现有研究往往基于特定案例着手的研究路径，使得研究成果视角过于分散，对聚焦并探索面向关键问题的政策无法起到有效支撑。

农民（含新型职业农民）、返乡农民工和大学生是农村创新创业的主要人群。关于信息能力，赵西华、周曙东（2006）从信息素养与创业信息需求的关系出发分析农村创业人员信息素养结构及其完善策略。高静、贺昌政（2015）分别从机会识别、市场研判等方面考察创业人员信息能力。李萍（2016）着重分析创业人员能力与创业质量关联关系。关于阶段需求，邓卫华等（2011）按照孕育、创立和初创这三个阶段分析创业信息需求，指出重心应集中在创业者对信息的吸收理解上，并将其转化为帮助其解决现实创业问题的策略信息。蒋剑勇等（2013）研究了农民创业者的社会网络规模与信息资源的获取的关系。关于服务保障，相关研究认为公共信息服务平台是创业信息服务的关键基础设施（张波等，2013）。赵奇钊等（2015）重点考察农民工返乡创业的信息服务体系中，利益相关主体和农民工返乡创业过程获取信息的主要渠道。赵媛等（2016）指出了农民创业信息服务权益及相关保障主体（如政府、公共图书馆等）的义务与责任。

第五节　研究视角与维度

基于效用视角，信息效用的汲取环节强调信息服务对象的主动性和自觉性（Song & Wang, 2010）。基于能力视角，胡昌平等（2010）指出，信息服务的本质是提供给用户处理信息的能力，而不是可获得信息的总量。吉尔格

（Gilger，2012）用"可行信息能力"（informational capabilities）概念来描述特定情境下信息主体的自由，表现在ICT能力、信息素养、沟通能力和内容掌控能力等维度。基于综合视角，相关研究尝试将ICTs利用、信息获取与发展问题结合的研究是研究动向之一（Kleine，2013；Dasuki, et al，2014）。例如，将ICT4D作为理论出发点，强调能力与实际效用的关系，研究经济欠发达地区的技术选择、信息获取与发展机会的关系问题。与国外研究相比，国内在该线索的研究成果主要集中在城乡数字鸿沟、数字阶层分化（闫慧，2013）、信息贫困（于良芝，谢海先，2013）、公益信息服务等方面。

一、信息分化相关概念及其维度

与"信息分化"有近缘关系的概念包括"信息不平等""信息贫困""数字鸿沟""数字不平等"等，这些概念在内涵和外延方面存在差别，但其关注的社会事实基本都指向ICT和信息资源在社会层面的不均衡分布现象。为了便于表达，本书将指向信息不均衡分布社会事实的研究领域统一称为信息分化研究领域。来自LIS（实验室信息管理系统，Laboratory Information Management System）、传播学、社会学、公共管理等相关学科的学者在该领域开展了卓有成效的研究工作，为后续研究提供了多元的研究切入点和理论情境。20世纪90年代后期到21世纪初的国外部分研究成果（Schiller，1996；Lievrouw，2003；Dijk & Hacker，2003）在信息分化的表现和根源分析方面，从宏观层面做出了较为系统的梳理，重点对造成信息分化的结构性因素进行了归纳。与此同时，国内部分学者也在该领域积极开展研究工作。例如，谢俊贵（2004）对"信息的富有与贫乏"问题的学术实践活动、曹荣湘（2003）对"数字鸿沟"的关注。于良芝（2006；2012；2013）对"信息不平等"持续关注，并提出将"个人信息世界"（Information Worlds of Individuals）概念作为逻辑出发点，用于阐释信息不平等问题。闫慧（2013）的数字阶层划分等成果为该领域的理论推进做出了积极的工作。

关于信息贫富的判断依据，首先，信息的富有/贫困不完全等同于经济意义上的富有/贫困，信息主体除需要具备获取信息资源的经济条件外，还须具备信息检索、价值评估以及意义汲取等方面的素养（Sweetland，1993），在某些情况下，还需具备政治资本（Sturgess，1998）。其次，信息拥有量的多寡并不意味着信息的富有或贫困，因为信息超载会干扰人们对所需信息的关注，削弱信息主体的信息处理能力，进而导致有用信息的匮乏（Goulding，2001）。

信息不平等，与其他形式的社会不平等一样，是多层次多方面的影响因素交互影响的结果。参考社会学领域对社会不平等的研究，相关影响因素可以归结为经济、政治、社会、文化等外在因素和信息主体的生理、心理、素养等内在因素。针对外在因素，经济方面，由于经济基础对不同主体在设备拥有和ICT获取利用方面所起的决定性作用，往往也会成为信息不平等考察过程的首要考虑因素。不同群体的收入差距（闫慧，2017）、地域经济发展水平（Sin，2011；Yu，2010；闫慧，闫希敏，2014）、信息市场发展的成熟度（孙红蕾等，2016）、信息购买力（张小倩等，2018）、信息使用费用和信息收益能力（Verdegem & Marez，2011）等成为主要的关联因素。政治方面，法律制度、政治身份、公民权利、政务服务水平等因素构成关键影响因素（闫慧，闫希敏，2014；张小倩等，2018；朱明，2017；张彬等，2009）。社会方面，社会规范、社会支持、社会网络等因素对信息不平等的影响是显著的（吴诗贤，张必兰，2013；Yu, et al，2017；Lingel & Boyd，2014）。针对内在因素，其包括信息主体的生理因素（闫慧，闫希敏，2014）、信息意识（张小倩等，2018；樊振佳，2014）、心理能力（Alam & Imran，2015）、情绪因素（牛婧，2018）、兴趣（Yu，2010）、受教育水平（何隽等，2015）、信息素养（相丽玲，牛丽慧，2016）等。

数字鸿沟/数字不平等是信息分化领域颇具代表性的话语。数字鸿沟流派的研究大多基于公共政策和经济转型等视角，提倡通过对物质条件和素养水平的提高来实现"鸿沟"两端社会群体对数字化设备利用的平等。从本质上说，数字不平等是数字鸿沟的承继，虽都将ICT的获取与利用作为目的，但前者摈弃了原来的"有""无"二分法，将更多的相关因素纳入考察范围。谢（Hsieh，2008）重点考察数字不平等视野中的"技术获取之后持续使用的相关行为"。哈吉泰等（Hargittai, et al, 2008）将数字不平等视为与知识鸿沟相关的现象，认为技能是造成数字不平等最关键的因素。从这个意义上说，数字不平等比数字鸿沟更贴近信息社会的现实，其理论成果也有更强的解释力。但是，至少从目前的成果而言，其理论视角其实并未真正摆脱"技术决定主义"的色彩。

结合现有文献，将相关概念的不同内涵及表现维度简单梳理为如下几条。

（1）ICT接入和利用的差距（Wilson, et al, 2003；O'harak & Stevens, 2006），表现在设备拥有、软件配备、互联网接入等方面。

（2）信息素养的差距（Yu, 2006；Attewell, 2001），表现在ICT技能、信息意识、态度、信心、需求表达、信息行为控制、技能培训等方面。

（3）信息效用汲取的差距（谢俊贵, 2004；赖茂生, 2000；韦路，张明新, 2006），表现在知识结构、信息资源质量、信息筛选与甄别、效用—需求匹配等方面。

（4）社会包容与排斥（Norris, 2001；Warschauer, 2003；Wessels, 2013），表现在社会参与、个人发展等方面。

二、信息分化问题的理论解释

除前面所述的结构性因素和个人素养因素外，部分学者还尝试寻找新出发点对信息分化问题进行阐释。查特曼（Chatman, 1985；1987；1992；1995）发现，社会规则和文化习惯对部分弱势群体的信息行为产生了限制，在这些社会群体中形成了"小世界"，进而造成了信息贫困。另外，针对某类社会群体验证某种通用的手段对其信息分化的可行性也是目前信息分化研究的着眼点之一，如刘亚（2012）对教育在影响青少年群体信息贫困形成过程中的阐释。

针对由于研究视角多元化带来的结论和对策抵牾的问题，于良芝等人（2010）呼吁整体性研究取向，即从个人与社会、结构与主体能动性、客观与主观的交互作用中，不但可以探寻出现信息分化和信息贫困现象的根源，研究视野也相应地从宏观社会关系逐步转向具体社会群体甚至个体的特性，这是当前信息社会问题，特别是信息分化领域研究中表现出的一个趋势。于良芝采用整体性思路考察信息贫困和信息不平等现象，提出"个人信息世界"概念（2012；2013），并指出个人信息世界的状态主要由内容、动力和边界三大要素界定，结构因素和能动性因素共同作用于信息主体的个人信息世界，进而限定了信息主体的信息经历和信息体验。

此外，吉尔格"试图通过对ICT在人们福祉方面各种间接影响链条的测度"来评价复杂而微妙的社会技术影响（Gigler，2011），使用"informational capability"这一概念作为逻辑出发点，并将其界定为"资源（resource）与能力（agency/ability）的结合"。资源是个人在信息方面拥有的维持生计的内容，能力则是通过利用信息来帮助个人实现其希望达到的生活状态的可能性（Gigler，2011）。

按照通常的理解，信息分化源自不同信息主体对信息设备和信息技术占有情况的不同，进而导致其在信息获取利用的行为及结果出现分化。因此，如何推动ICT为广大数字群体所接收和利用，成为目前信息分化研究的主流取向。尽管这种研究在一定程度上已经将主体的社会资本、文化资本等因素考虑进来，但仍然带有这样的假定，即ICT被接收和利用，便意味着有助于信息分化问题的解决。实际上，信息分化问题的复杂程度远远超出技术驱动的范畴，不说不同主体对ICT的接收程度存在差异，就是那些拥有先进设备并且掌握先进技术的人群也未必感觉自己处于信息富裕的状态，这些现象都难以通过技术接收的途径来获得有效的解释（Kleine，2013）。

数字鸿沟和数字不平等的研究取向存在这样一个不言自明的前提假定，那就是以推动那些原本不会使用数字化设备和数字化技术的人去使用这些设备和技术，只要用了就比不用好。但是，我们不能忽略这样的事实，即使用数字化设备和技术，并不总是意味着能为信息主体带来更多的信息效用或信息自由。数字不平等关注信息弱势群体，却有意无意忽略了那些拥有先进设备、使用先进技术的"信息富裕"人群，与他们的信息需求相比，他们也可能面临信息需求无法满足的信息饥渴或者信息焦虑状态。部分学者（Yu，2006；Warschauer，2003；Kuttan & Peters，2003）对此提出批评和反思：一方面，过分强调接入和使用计算机和网络等物质层面，却在教育、素养、信息内容、语言、社会资源等精神层面有所忽视；另一方面，以是否接入和使用ICT为标准对信息分化现象做出二元划分，容易忽视对数字化问题之外的经济社会问题。

三、信息行为与信息需求

当前将返乡农民工、大学生、退役军人等人员作为"双创"问题研究主体的地位进一步得到确认（林龙飞，陈传波，2018；苏海泉等，2017；宋正刚等，2018），研究主题主要聚焦创业动机类型（张秀娥等，2010；张玉利，杨俊，2003）、影响因素（朱红根等，2010；王肖芳，2017）、现状（黄江泉，陈映薇，2015；黄振华，2011）以及面临的问题（孔青，蒋保伟，2018；王玉帅，2017）等，而对返乡创业人员信息行为的相关研究较少。高静和贺昌政采用问卷调查法，以信息能力与创业机会识别之间的关联性为主题，通过对456名成渝地区创业农民开展调查发现，农民的信息获取能力对机会识别的经济性、识别效率具有显著影响，信息处理能力对机会识别的经济性影响虽然强于信息获取能力，但对机会识别效率的作用不明显，基于此研究人员提出，从拓展信息获取渠道、提高农民数据处理技术应用能力和借助投资咨询机构提高专业化数据处理水平三个方面出发增强创业农民的信息能力（高静，贺昌政，2015）。周宇飞等在对湖南省农民工返乡创业调查时发现，在日常生活中，农民工对网络的使用程度虽然很高，但是在其创业时，网络的使用率却普遍较低。根据对相关数据的统计分析发现，造成这种现象的原因主要是受访者的受教育程度（周宇飞，2017）。樊振佳等针对返乡创业人员的信息服务体系运用情况进行了系列调查，指出现有政府的信息服务体系尚不完善，因此造成信息服务的短板。在此基础上，从相关服务规范、服务主体职能界定等方面为改进信息服务体系提出制度性对策和建议（樊振佳，程乐天，2017；樊振佳等，2018）。综上，目前学术领域内对返乡创业人员在创业信息搜寻中的信息行为调查研究存在缺失。

信息搜寻行为是建立在信息需求感知的基础之上，围绕需求的满足而开展的信息行为（于良芝，2016），因此信息需求是信息搜寻行为的重要组成部分，也是信息搜寻行为研究的重点。蒂明斯（Timmins，2010）指出，信息需求可以简单地解释为客户需要知道什么。然而，从更广泛的意义上说，它被普遍用于表示客户/家庭知识的差距或不足，而这些差距或不足可以通过提供信息和/或教育来纠正（2010），这一理论与许多学者的观点相似（崔春莎，2004；Shen，2013；李枫林，吴敏，2015），即信息需求是一种心理状态。有些学者认为，信息需求是包含在信息和信息目标中的一种客观关系（刘济群，闫慧，2015），如德尔（Derr，1983）将信息需求定义为有助于获取真实的或合法的信息的状态。德尔对信息需求的定义与陆（Lu & Yuan，2011）的观点相似，认为信息需求描述了人们进一步感到需要充分处理给定任务的信息量，它反映出对某一特定问题的信息与信息充分性阈值之间的差距。从上述内容可以看出，对信息需求的定义，学界内尚未达成一致的意见。"信息需求"的概念不同于事物、住房等物质层面的需求，它是一个很复杂的概念（国佳等，2012）和相对广泛的定义，本书认为信息需求应该包含三个维度：一是信息主体在对初始问题或确定性陈述自行修改后提出的内容；二是所提供的任何信息实际上都有助于信息主体的工作；三是根据内部需要来评价信息的相关性，并将相关的信息传递给信息主体（O'Connor，2008；Case & Given，2016）。对推动信息需求产生的原因，我国学者王文韬等通过对相关文献的梳理，将信息需求动机分为心理导向溯源、任务导向溯源和信息素养溯源（王文韬等，2014）。凯斯（Case，2016）也有相似的发现，通过对泰勒（Taylor）、阿特金（Atkin）、贝尔金（Belkin）、库尔梭（Kuhlthau）和德尔万（Dervin）等学者相关文献进行分析，将信息需求动机分为寻找答案、减少不确定性和意义建构（2016）。

图书情报界学者在对信息需求理论进行深入探讨的同时，也对不同信息主体的信息需求展开了实证调查，如约瑟夫和波林以问卷的形式对90名澳大利亚赛车爱好者的信息需求和信息分享行为进行了调查，发现赛车爱好者的信息需求呈现动态性特征，其主要关注的内容为竞争信息、官方信息、有关未来赛事的信息、比赛注册信息、技术信息等（Joseph & Pauline，2016）。萨胡等通过访谈法和问卷调查法相结合的方法对印度12名天文学家和天体物理学家的信息需求进行研究，发现不同学术领域内的信息需求不同（Sahu，et al，2013）。杨雅和李桂华基于意义建构理论，采用深度访谈法从主观和客观两个层面对成都、昆明等地的100名农民工的信息需求情况进行调查，发现农民工信息需求呈现差异性，且会遇到内在和外在诸多障碍（杨雅，李桂华，2009）。信息主体不同，其信息需求呈现多元化，孙林山、王英等指出，信息主体的社会人口学特征、社会地位是影响其信息需求多元化的主要原因（孙林山，2006；王英，2015）。萨沃莱宁认为，行动情形（situations of action）、工作效能情境（context of task performance）和话语情境（the context of dialogue）是影响信息主体信息需求的主要因素（Savolainen，2012）。对返乡创业人员信息行为的研究，宏观层面上主要集中在政府政策的制定与实施、服务支持体系等方面；微观层面则聚焦返乡创业人员创业的现状、影响因素、障碍等方面，而对其在返乡创业过程中创业信息需求的研究不多。另外，在现有的研究中，农民工、大学生、退伍军人等人群往往被分开描述和分析，群体之间在创业过程中，信息搜寻行为的共性很少被深入讨论。基于此研究现状，本书对返乡创业人员的信息需求动机、表征、类型、影响因素以及特性开展调查。

上述研究在信息服务制度安排、服务主体与服务方式选取等方面存在共同关注领域，为相关问题的描述和解决提供了不同的视角。同时，依据其蕴含的信息服务设计理念，不难发现其存在一定的局限：第一，自上而下推动"系统为中心"的农村信息服务设计理念，对基础设施和技术普及关注较多，而对服务对象的信息效用关注较少。强调服务供给方主导的制度设计，服务需求方处于从属位置，缺乏服务对象赋能导向，难以保障预期服务效果。第二，自下而上的社群信息学服务设计理念，将社群（community）作为考察单元，强调面向弱势阶层的普遍服务，对个性化服务关注少，容易忽略贫弱社群中的处于相对优势人群的需求（如传统农村的创业者等）。第三，多元主体参与的信息服务设计理念，虽然强调服务途径和方式多元化以弥补前述两种理念缺陷，但在一定程度上存在对其协同机理和逻辑出发点关注不足的问题。

第六节　基础理论框架

对信息社会问题的关注是图书馆学情报学学科的传统。信息资源在不同社会群体的不均衡分布，导致部分人群在享受信息社会红利的同时另外一部分人群却处于被排斥的状态，这种社会现象可以被称为信息分化。基于对农民工等群体信息分化的研究，我们此前提出"可行信息能力"概念，以主体在信息分化中拥有的实质自由为其信息能力。鉴于"可行信息能力"这一概念的构建过程在前期已经出版的其他专著中有专门论述，本书仍然采用这一概念作为理论基础，仅对其核心要点进行陈述。

按照吉尔格的界定，"可行信息能力"重点关注个人和社群在日常生活中把握与利用信息资源的机会的能力，是信息主体在特定信息实践中所表现出来的实质自由。这一概念对信息主体的信息素养、可用资本和实际信息效用等方面的内容有所提及，这些方面虽然在现有文献和实践领域亦有所关注，但是并未纳入统一的研究框架。同时，吉尔格虽然并未对informational capability表现维度和关联因素做出明确界定，但其符合信息分化的基本研究取向，以这一概念为基础进一步探讨并修正的尝试是值得的。

为了避免与LIS领域已有的"信息能力"概念（往往指"信息素养"或其下位类概念）混淆，参照发展经济学中对"可行能力途径"（Capability Approach）的翻译，本书将"informational capability"称作"可行信息能力"，用来描述信息主体在特定信息实践中所表现出来的实质自由。可行信息能力与信息素养层面的"信息能力"存在质的区别，后者是信息主体具备的一种属性，较高的信息素养并不总是意味着较高的可行信息能力，因为信息素养能否转换为信息效用受制于诸多因素的制约，而可行信息能力则是在考虑上述制约因素的前提下信息主体所表现出的实际能力。

作为信息主体，为满足某种信息需求可以自由发挥的信息行为能力，可行信息能力受到信息主体所处的结构因素、能动性因素和具体情境等因素的共同影响。可行信息能力是信息主体在信息行为过程中的一种实质能力，并且与个人发展有相关联系。

基于对相关概念的梳理和理论基础的回顾，本书从整体性、以人为核心和关注效用的视角出发，对可行信息能力概念进行了重构，结合扎根理论对其关联因素的分析，构建出可行信息能力一般概念框架。尽管本书是从信息分化领域入手探索可行信息能力的概念，但由于可行信息能力与信息行为等领域的密切关系，也有可能对诸如信息行为、信息服务等问题产生解释力。

一、可行信息能力对信息分化的解释

信息贫困是信息分化领域的核心议题，可行信息能力有助于对信息贫困的界定。如何定义信息贫困是值得我们反思的首要问题。如果将其理解为绝对贫困，那就意味着是一种最低水平，即缺少维持基本生存的信息资源，实际上几乎没有人处在这种状态。相对贫困状态则是相比整个国家或其他类型的整体处于相对低下的水平，因此是一种相对状态。例如，那些在农村地区的"万事通"（消息灵通的人）在所在地区显然不是信息贫困人群，当他们刚刚前往信息技术发达的陌生城市地区务工时，很有可能被认为是所在城市的"信息穷人"，因为他们短时间内不能借助先进的设备和技术手段获取并利用主流文化认为重要的信息资源。从这个意义上讲，即使一个人现在被认定为"信息穷人"，也很有可能比一个几十年前的"信息富人"在信息获取和利用方面"富裕"得多。又如，有些人虽然拥有先进的智能设备（如智能手机、iPad等），或者居住在公共图书馆附近，但他们在日常工作和生活中，并不一定能有效利用这些设施或设备，使其在信息获取和利用方面表现出相应的优势。那么，这种情况下其可行信息能力并未因为结构性因素的优势而得到增强，从这个意义上看，信息贫困可以被视为可行能力的缺失状态，而这种缺失可能是来自结构性、主体能动性或情境多方面因素共同作用的结果。从可行信息能力出发，信息贫困是一种相对状态，与其他信息主体相比，某个信息主体的可行信息能力被剥夺或缺失的状态就是信息贫困。造成信息贫困的原因既有现有的经济条件、基础设施、制度建设等方面的结构因素，也有信息主体自身的能动性因素及情境因素。

二、可行信息能力对信息行为的解释

信息行为表现在信息需求、搜寻、感知、甄别、利用、汲取效用等环节，每个环节涉及的影响因素都很复杂，每个人都有可能在这个过程中"被边缘化"或者"感觉被边缘化"（每个人的信息行为客观效用和个人主观感受不同）。具有相同经济社会背景的不同人可能会在信息行为方面体现出优劣势的差异。例如，居住在同一个大学宿舍、学习同一个专业的大学生，有可能在信息感知与检索方面表现出显著差异，简单归因可以理解为是个人信息素养差异的结果。通过稍加分析，我们不难发现，这种将信息分化归结为内在原因或者外在原因的做法其实都是有失偏颇的，个人性格、发展需求、生活状态、任务驱动等都是我们应该考虑的因素，结构因素、能动性因素和情境因素都是不可偏废的方面。

基于可行信息能力视角，信息行为不应该被孤立看待，应该与其他行为和具体行为目的结合起来才有意义。对日常生活中的很多具体目标而言，信息可能只是其中的工具，如读者去图书馆借书之前获取索书号信息，最终目的是借到所需的图书，而不是对索书号信息本身的获取。同样，火车车次、停站、时刻、票价、余票量等信息对需要购买火车票的人来说都是关键信息，但最终这些信息都是为了成功买到所需的车票。对一个根本没有车票需求的人而言，能否获取这些信息对他而言并无影响。可行信息能力应最终指向信息行为带给信息主体的信息效用。可行信息能力采用整体性视角，将信息行为的结构因素、能动性因素和情境因素综合考虑，将信息行为视为与信息主体其他行为密切关联的过程，突破了传统行为模型从信息任务出发的视角。

三、可行信息能力对信息服务的解释

信息服务是通过向信息需求方提供相关信息进而满足其需求的过程。如果从服务对象的立场来看，这是一个信息效用汲取的过程。可行信息能力最终指向信息主体的信息效用。信息效用不仅取决于服务主体的服务水平，也跟服务对象的可行能力有重要关联，同样的信息对具有不同可行能力的信息主体带来的信息效用可能会有很大差别。例如，对某些希望放松身心的群体而言，利用智能手机观看电影、听音乐、阅读等行为，带来的更多的是正面的效用；有人则认为智能手机的利用带来了严重的负担，对费用升高、大量时间被占用、疲于处理信息而表现出焦虑的人群而言，同样的信息服务并不能带来一样的效用。因此，信息服务应当被视为一个信息效用的传递过程。服务主体需要具备相应的可行信息能力，同时需要针对服务对象的可行信息能力开展精准服务。

可行信息能力是信息主体能够满足自身信息需求的实质自由，体现为信息主体在相关因素影响下所表现出的功能性活动。可行信息能力涉及从信息需求产生到满足各个环节的具体能力和关联因素，既可以从信息行为的过程来描述，也可以通过信息行为的功能性活动清单来描述。

可行信息能力综合考虑了结构因素、能动性因素和情境因素，并且关注信息效用，实现了信息世界与生活世界的衔接。其中，结构因素主要包括经济条件、社会规范、政策法规、基础设施、信息资源等内容，能动性因素主要包括个人意识、技能、知识状态、社会网络等内容，情境因素主要包括时间、空间和场景等内容。可行信息能力不仅与信息主体的经济、社会、政治等地位状态有关联，而且与信息主体的实际发展需求相关，还具有独立分析的功效。

从可行信息能力角度理解信息分化，需要将结构因素、能动性因素和特定情境三者结合起来。这一点恰好是将可行信息能力作为信息分化问题研究的逻辑起点所具有的优势。此外，"可行信息能力"概念框架和一般

模型至少在一定程度上还原了信息分化问题的复杂性。将可行信息能力作为LIS学科相关研究问题的逻辑起点是值得尝试的，因为它具有相对更加丰富的内涵、关注个体发展的取向和重视与信息主体生活世界的衔接等特征，对描述和解释信息贫困、信息行为、信息服务等问题具有一定的理论创新贡献。

项目实施过程

　　围绕"以创新创业为导向，如何实施对返乡'双创'人员信息需求的精准服务"这一核心问题，截至2019年12月，本书通过田野调查与扎根理论、问卷调查、专家访谈、民族志等研究方法，先后在河南、安徽、云南、吉林、辽宁、四川、河北、山东、山西等地开展返乡创新创业信息服务专题调研，累计走访9省市20个区县的数十个村镇，开展实地调研50余次，采访150余人次，调研对象包括政府机构负责人、特色企业负责人、基层服务人员、城镇个体工作者、农村村民等相关人群。此外，在全国范围内针对返乡创新创业人员发放调查问卷，累计回收有效问卷661份。在面向农村地区返乡创新创业的信息服务领域，形成较为丰富的质性数据和量化数据。访谈提纲、调研问卷和田野调查地点分别见附录1、附录2和附录3。

　　基于上述质性数据和量化数据，本项目研究得以顺利开展并有阶段性成果公开发表。本章重点介绍自2017年项目立项以来连续三年田野调查实施过程，问卷调研实施过程将在第五章予以描述。

第一节　田野调查整体设计

一、调研地点

　　本书整体上遵循质性研究与量化研究相结合的途径，将田野调查作为主要方式，自2017年7月至2019年12月，陆续在全国11个省市开展调研活动，其中包括北京、天津等2个试调研区域。试调研区域包括北京市门头沟、延庆两区和天津市西青、静海、武清、宝坻、蓟州等五区，主要针对返乡创业人员和相关信息服务机构开展试点访谈活动，用以检验访谈提纲的信度和效度，并且为在农村地区开展相关调研活动做前期演练工作。整体而言，本书田野调查涉及的部分相关区域如图3-1所示。

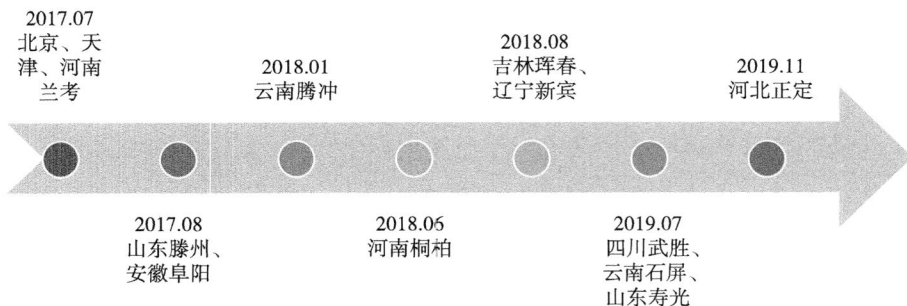

图 3-1　项目组田野调查实施地点分布

二、调研方式

个人访谈：当面访谈，笔记和录音；电话访谈，录音；网络访谈，微信记录。该方式在全部田野调查地点均得到应用。

焦点小组访谈：当面会议访谈，笔记和录音。该方式主要在安徽阜阳、云南石屏、吉林珲春、辽宁新宾等地部分调研地点使用。

参与观察：参与到受访者的工作和生活中，观察记录。该方式主要在河南兰考、安徽阜阳、云南石屏、辽宁本溪等调研地点使用。

个案记录：受访人员讲述经历，录音或笔记。该方式重点在河南兰考、河南桐柏、安徽阜阳等调研地点使用。

三、数据收集、存储与预处理

（一）数据收集

参与式观察大纲。记录时间、地点、主要角色及数据的主要属性，具体行为过程的描述等信息，采用现场记录和录音、拍照等手段相结合的方式开展。

访谈大纲。针对接受访谈的研究对象，结合半结构化的访谈大纲与其开展面对面交流，采用现场记录和录音为主的方式开展；必要时留下受访者联系方式，希望进一步跟踪调研。

焦点小组方案。在上述方案实施取得一定成果的基础上，更加聚焦有待完善的问题，设计可控的时间进度对受访对象开展调研，采用现场录音为主的方式。

（二）数据存储

访谈笔记等原始材料，转化为可编辑数据之后立即存档。

录音、文字、图片等数字化数据保存在个人电脑指定硬盘，同时在百度网盘、移动硬盘和U盘备份存储，每次更新及时完成同步备份。

（三）数据预处理

将访谈笔记转化为Word格式，并按照主题和时间建立索引。

将录音转化为Word格式，并按照主题和时间建立索引。

将图片配上文字说明，并按照主题和时间建立索引。

上述田野调查过程中，原则上当天收集的数据当天晚上预处理完毕，并做好归档。

第二节 返乡创新创业信息服务体系田野调查

针对返乡创新创业信息服务体系的田野调查，以2017年在河南兰考、郑州两地的调研为代表。整个调研活动持续一周。其中，在兰考县，对兰考WNH食品有限公司、兰考县西二里寨村、兰考县科学技术和工业信息化委员会、兰考县人民政府、兰考县人力资源和社会保障局、兰考县返乡创业服务中心、兰考众创空间等单位开展了深度访谈活动。在郑州市,对郑州市图书馆、河南省图书馆、郑州大学、精华教育科技有限公司等单位开展了深入的访谈或焦点小组访谈讨论活动。

一、河南省兰考县

针对河南省兰考县调研目的,本书内容主要集中在如下方面:一是通过实地调研,深入了解兰考县的创业信息服务体系;二是通过对兰考县案例的分析,推动全国图书馆信息职业服务升级,批判性地审视现有农村信息服务的特点,为本行业理性地界定自身在新农村建设中的作用提供依据;三是梳理农村地区返乡创业信息服务体系,为相关的制度设计和对策完善提供参考与建议,为其他地区的服务发展提供经验。在实践方面,对兰考县返乡创业信息服务体系进行考察和梳理,可以进一步了解其发展现状,并及时发现发展过程中存在的不足。同时,项目组结合自己的专业知识,对兰考县在发展过程中存在的问题和不足提出建议,这不仅有利于完善当地的信息服务体系,而且有利于促进当地"双创"的发展,还可以进一步为其他地区的服务或发展提供借鉴。对预防返贫、农村信息服务、创新创业服务等方面的制度设计和对策完善具有决策参考价值。另外,梳理农村地区返乡创业信息服务实践并提供参考案例,也有助于弥合精准信息服务实践领域可借鉴经验不足的缺口。

(一)调研地点及相关政策环境

兰考县位于开封、菏泽、商丘三角地带的中心部位,总面积1116平方公里,总人口达83万。这里是焦裕禄精神的发源地,也是习近平总书记第二批党的群众路线教育实践活动联系点,成为国家级扶贫开发工作重点县、国家新型城镇化综合试点县、河南省省直管县体制改革试点县、河南省改革发展和加强党的建设综合试验示范县。作为河南"一极两圈三层"中"半小时交通圈"的重要组成部分,兰考县经济的发展具备独特的便利条件。在农业发展方面,兰考农产品资源丰富,是全国商品粮生产基地县、全国绿化模范县、著名的"泡桐之乡",活立木蓄积量达300万立方。

2016年,河南省政府出台《河南省人民政府关于大力推进大众创业万众创新的实施意见》(以下简称《实施意见》),并采取五大措施,到2020年该省创新创业要从"小众"走向"大众",从"众创空间"走向"双创基地"、示范城市,成为全国重要的创新创业新高地。《实施意见》指出,通过突出抓好载体、主体、平台、服务、机制五个关键环节,来实施创新创业重大工程。

2016年,河南省委、省政府与国家人力资源和社会保障部签署共同推进河南省农民工返乡创业工作备忘录,双方将围绕农民工返乡创业,在强化创业培训、拓展资金支持渠道、加强创业服务、提升管理水平等方面加强合作。根据备忘录,双方共同推进河南省农民工返乡创业工作期限为2016年至2020年。相关负责人指出,"此次省部签署备忘录,必将为推动河南农民工返乡创业提供新的机遇、增添新的动力。此举将进一步完善创业政策体系、服务体系和保障体系,营造创业、兴业、乐业的良好环境,确保返乡创业农民工回得来、留得住、干得好"。

近年来,返乡创业农民工正成为创业创新群体中的一支生力军。目前,河南省农民工规模占全国的1/10,为农民工营造良好的创业环境,引导和扶持农民工返乡创业,成为河南省政府工作的重点。2016年,《河南省人民政府办公厅关于支持农民工返乡创业的实施意见》提出,要全面激发农民工返乡创业热情,使有创业愿望的农民工能创业、创成业,创新农业经营、促进产业融合,加大农村投入、提高生产能力,加快新型工业化、城镇化和农业现代化进程。

目前,全国各地掀起"大众创业、万众创新"高潮,许多农村外出务工青年纷纷返回家乡,投入新农村建设的广阔天地中来,成为"新乡贤"。兰考县众创空间为县域"双创"工作的开展做出了示范。2016年6月,兰考县政府投资创办的兰考众创空间开业。这里既有潮流的电子商务项目,也有高科技的工业机器人项目,还有教育信息化、智慧城市、光伏发电等与民生相关的普惠项目,据该众创空间负责人介绍,自2016年6月至2017

年7月，共吸引创业企业47家。兰考众创空间已成为当地"双创"领域的开路先锋，进而探索出借助当地优势资源，整合一线资源，实现多城联动、优势互补、合作多赢的县域"双创"新模式。

（二）返乡创业企业代表

项目组通过半结构性访谈和走访调查的方式，对兰考县返乡创业的典型企业——WNH集团的创业状况、信息获取情况等方面进行了详细的了解。

WNH集团是一家集农产品无公害种植、研发、生产加工、销售于一体的大型现代化民营企业，公司现有仪封创业园第一生产厂区、仪封乡刘岗村第二生产厂区，总占地108亩。WNH集团建立于2011年，其发展速度和规模以政策为主要导向。2014年，李克强总理提出"大众创业、万众创新"的"双创"发展方向。河南省及兰考县响应中央号召，相应出台一系列有关"双创"的政策，同时兰考县成为全国首批返乡创业试点地区，这带给以创业起家的WNH集团一个崭新的机遇。另外，为推进2020年全面建成小康社会的战略目标，河南省积极推进精准扶贫工作，兰考县成为河南省贫困退出机制建立后首个退出的贫困县。WNH集团就是在这样的宏观环境下进入了快速发展期，正如WNH集团党支部书记王世通所说"国家政策带给了我们新的发展机遇"，WNH集团的发展主要得益于"三位一体""四位一体""扶贫再贷款"等具体政策。

WNH集团对政策信息的获取渠道主要是参加政府组织的各类会议。WNH集团现今已经成为兰考县农业企业中的佼佼者，兰考县委、县政府以及主管部门农林局所召开的相关会议都会邀请WNH集团等龙头企业出席，故参加政府会议成为WNH集团获取政策信息的主要信息来源。另外，WNH集团还通过兰考电视台、政务微信公众号、政府网站等多种渠道获取政策信息。

一个正处于快速发展期的创业企业，不仅应了解政策信息，还应了解市场行情等有关信息。因此，收集产品信息、同类型企业对比、收集市场行情等信息成为WNH集团销售部的重要工作任务。此外，WNH集团常常受到政府部门的邀请，参加农博会、展览会等大型活动，这也成为其了解前沿技术等信息的重要渠道。在同行交流方面，兰考县在政府主导下组织兰考新型农业主题联合会、兰考扶贫企业联合会，以实现兰考本地知名大企业之间的互通有无。同时，建立各种微信群成为沟通交流的主要形式。

此外，值得一提的是兰考县推出"支部连支部"的特色精准扶贫政策，即将各机关、企业的党支部与贫困村支部实现对接，进行定点帮扶，通过"先富带动后富"的方式，推进扶贫工作。WNH集团在兰考县脱贫攻坚战中，一马当先，通过基地种植、进厂务工和无偿捐助等多种形式引领和帮助当地贫困户脱贫，WNH集团在此过程中的突出表现正体现出其以多种形式促进精准扶贫。其中，将返乡创业与精准扶贫二者进行有机结合，是项目组在兰考县田野调查中的重要发现。

（三）脱贫攻坚重点村

项目组前往兰考县仪封乡西二里寨村，实地调研返乡创业的农村基础。兰考县仪封乡西二里寨村是仪封乡的一个行政村，也是WNH集团"支部连支部"政策中的重点帮扶村。村内有沙石厂、粮油加工厂、丝厂、纯净水厂等企业，主要农产品有高粱、大白菜、葱、油桃、葡萄等。

项目组通过与仪封乡西二里寨村驻村干部访谈了解到，作为泡桐之乡，通过利用泡桐作为原材料发展器乐加工产业已成为该地区的主要发展方向。在离兰考县城以北20公里的固阳镇，器乐加工产业已经成为当地的特色产业，当地大多数农户都有自己的器乐加工作坊，一个家庭就形成一个"工厂"，当地农民即使不种地，每年也能够通过这种方式获得可观的收入。由此可见，因地制宜，通过利用当地特产——泡桐，进一步发展器乐加工产业，已经成为兰考县一种特色的"创新创业"的农业发展方式，这不仅给兰考县返乡创业企业及其他人员的创业带来了宝贵的经验，也让项目组对返乡创业的农村基础作出进一步的了解。

（四）当地政府

项目组走访了兰考县科学技术和工业信息化委员会、兰考县农林局、兰考县人力资源和社会保障局以及其下属的返乡创业服务中心，通过与其主要负责人进行半结构性访谈，对兰考县政府在兰考县返乡创业的信息服务体系中提供的支持和扮演的角色有了深入了解。

在对兰考县科学技术和工业信息化委员会主要负责人的访谈中，项目组了解到：现在政府积极出台有关促进创业创新的政策，"双创"企业的发展正是得益于这些政策，如兰考县委59号文件、县政府的119号文件等。兰考县目前有5家高企，兰考县的创新型企业主要从事木材加工，如器乐、家具，以及印刷、吊装机械等行业。兰考县每年申请专利达160项，各企业申请专利会得到省及县的补助和奖励，促进了兰考县的科技创新。兰考县科工信委在科技扶贫上，致力于不断提高宽带接入率，最终实现"村村通"宽带。由于电子商务可以将兰考县的各类产品销售到全国各地而受到各企业的喜爱，兰考县科工信委将推进"双创"工作的重点放在电子商务上。例如，在兰考县某村建立一个电商园区，返乡创业人员可以到这里来创业；在扩大政策信息传播方面，科工信委采取的方式主要为开展培训、口头宣传以及微信群通知。此外，兰考县科工信委致力于打造一个信息服务的一体化平台，包括网站和手机App两种形式，政府可借助这一平台发布各类政策信息、创业信息等，以方便"双创"人员更快捷地获取信息。

在与兰考县农林局相关负责人的访谈中，项目组了解到：兰考县农林局出台了一系列政策促进农业企业的创业，其中绿化是兰考县农林局的重点项目，农业设施补贴是重点的农业政策；在扶持农村创业方面，该局局长表示，由于受到资金、技术以及思想的限制，农户仅仅自己来发展往往会走很多弯路，政府的重视和龙头企业的带头作用会在农企发展中产生巨大的推动力。农林局在农村农企的电商之路上，重点培育利用电子商务进行生产经营的企业，帮助农企生产出更好的产品，利用电子商务这种模式去推广产品的销售。此外，兰考县成立农业广播技术学院，以及通过邀请农业厅、农科院的专家学者，采取讲座、会议、现场指导等形式帮助农企和农户解决在农村创业中遇到的问题。值得一提的是，农林局通过专门的专业技术人员下乡对农企和农户进行指导，故农企和农户直接到农林局来咨询的人较少。在政策信息传播方面，兰考县农林局主要采取的信息传播方式是政府会议，以及借助微信群、微信公众号等互联网手段传播相关政策。该局局长指出，采取微信群发布政策方式将产生信息冗余的问题，这会耗费农企和农户大量的时间来辨别有用和无用的信息。

在对兰考县人力资源和社会保障局（以下简称人社局）及其下属的返乡创业服务中心主要负责人的访谈中，项目组了解到：在政策信息传播方面，人社局主要通过将印刷的政策文件集直接分发到村子里的方式进行宣传，这一方式取得了良好的效果。同时，人社局积极利用政府网站，如兰考就业网、微信公众号"兰考人才"等渠道传播政策信息。值得一提的是，人社局开展"返乡创业之星"系列评选活动进行先进创业代表的评选，评选之后利用兰考电视台、广播电台、报纸、手机报等多种渠道进行宣传，传播先进经验，鼓励更多人进行创业。人社局主要负责人指出，在推行"双创"政策的过程中，还是有一些困难的，毕竟创业服务是综合性的，单靠人社局的力量是远远不够的，需要多个部门进行联合工作。人社局微信公众号发布的信息类型主要是政策信息和招聘信息，对信息传播的实际效果，负责人表示"尽管有些政策已经在政府网站上发布，但大家还是不知道，通过公众号了解相关政策会更加方便"。由此人社局将自己的信息服务平台建设集中在微信公众号"兰考就业"的维护和更新上，并因此获得了可观的关注量，这一微信公众号的粉丝基本来自兰考全县。在政府部门主导下，联合高级技工学校以及民营学校等，通过上课的方式，对"双创"人员进行一定的创业培训、技术培训等，由于课程有一定的难度并需要一定的时间，目前创业人员对培训的接受程度不高。此外，返乡创业服务中心负责人指出："返乡创业是个大趋势，在外面创业太难，不如家乡有政策优势，容易解决各种问题。同时返乡创业也是对家乡的一种建设，是一种带动，各方面问题都好解决。河南作为农业大省，好多人都选择返乡创业"。

（五）众创空间

项目组对兰考县众创空间的运营进行了解，并与其中的"双创"人员进行了沟通和交流。兰考众创空间是兰考县政府积极贯彻河南省委省政府关于加快自主创新体系建设的精神，通过引进专业众创空间服务机构，在兰考中心区投资建立的创业孵化机构。兰考众创空间可以为创业者免费提供经营场所、企业咨询、创业培训、行业交流、项目路演、资金对接、孵化对接、投资对接等"一站式"创业服务。兰考众创空间自2015年9月份开始营业，截至2017年5月，签约入孵企业注册资本合计3.75亿元，2017年第一季度实现销售收入3165万元。截至2017年5月，共签约入孵企业71家，其中高新技术企业12家，电子商务企业8家，文化创意企业9家，服务机构9家，中介机构5家，普通企业19家，大学生创业团队3个，所有入孵企业全部进入众创空间可带动就业300余人。总之，兰考众创空间可以为创业者提供了"一站式"创业服务，其在兰考县返乡"双创"的热潮中发挥着重要的作用。

二、河南省郑州市

（一）公共图书馆

调研组分别前往郑州市图书馆和河南省图书馆，并对河南省图书馆负责人进行了访谈，对河南省图书馆的运营情况有了大致的了解。相比崭新、现代、场地宽阔的郑州市图书馆，河南省图书馆显得规模较小且更富有年代感。

河南省图书馆目前的经费状况比较紧张。对本次调研的"大众创业、万众创新"主题，该馆负责人表示，他们一直想创建一个可以容纳中小型企业信息的数据库，但由于资源购置费紧缺，这个想法一直没能实现。该负责人觉得作为一个省级图书馆，有针对性地提供各种服务是非常有必要的，且至少要有相关的资源提供，但客观条件的限制使他不能着手做这件事。同时负责人还提到了图书馆的主动服务与被动服务，针对读者潜在的需求主动提供信息服务是图书馆的主动服务，而读者主动过来寻求帮助则是图书馆的被动服务，河南省图书馆的被动服务主要是在信息咨询方面为读者提供条件。另外，该图书馆内部不仅会定期对馆员进行培训，也会派馆员去参加国家图书馆和中国图书馆协会开展的专题服务培训，如图书馆立法决策方面的咨询服务、数字图书馆的推广等。

各地图书馆的建设取决于当地政府的财政状况，政府的拨款可以说是决定着图书馆的命运。河南省图书馆负责人表示由于财政的滞后，该馆不仅很多资源建设得不到保障、服务项目不能及时更新，建设新馆这件事也被一再推迟。河南省图书馆在1989年建立，距今已有30多年的历史了，馆内建筑采用的是20世纪80年代的设计理念，还是闭架书的方式。尽管在发展过程中，图书馆工作人员针对读者的需求在不断对馆内设施进行改造升级，但在突出现代性方面，省馆已经落后于仅投入使用三四年的郑州市图书馆。尽管很多省份都在修建新的省图书馆，但在河南省，这个项目还没有实质性的进展。

目前河南省图书馆开展的信息服务主要有以下几个方面，一方面是在窗口提供普通的咨询服务，如满足读者的文献需求等；另一方面是二次文献的提供服务，通过编辑《决策参考》和《文化信息参考》等资料，为政府部门以及普通读者提供咨询服务。在政策的上传下达方面，河南省图书馆开辟了一个专架，放置来自全国以及省内的政策文件。同时河南省图书馆还与国家图书馆进行合作，开展政府公开信息的保存工作。馆内举办的常规性活动较多，包括讲座、艺术展等，根据不同的节日举办相应的阅读推广活动。另外，图书馆还会定期对读者进行培训，如对老年读者开展ICT技术的培训，这些都符合一个现代化公共图书馆的要求。

（二）返创大学生代表

项目组组织焦点小组采访，来自郑州大学的本科生和硕士生同学分别讲述了他们家乡的"双创"事例，为项目组提供了大量新的素材。

创业代表 G 讲述了她从 20 世纪以来的创业故事，并表示自己和团队"永远在创业、永远在路上"。G 公司的一个非常重要的项目"智慧校园"，即以大数据为基础，为大学校园提供联网服务，使师生在校园中的生活能更加便利。创业代表 Y 讲述了他的团队建立"双创"管理平台的初衷和过程。他认为，现在的很多创业企业存活率低下、对创新要素整合不足、缺乏各种成功动力。因此他们致力于打造一个产教融合的创新创业平台，为新兴的创业企业提供所需资源。同时他认为，现在"产教融合创新、校企融合创业"的趋势，通过"互联网+"、信息化平台的方式进行承载，建立一个网上虚拟的孵化器，能帮助现在的新兴企业成长壮大。

此外，由当地返乡大学生开办的教育公司、幼儿园、农村电商平台、文化创意工厂等创业代表也接受了现场访谈。

第三节　返乡创新创业信息需求与信息能力田野调查

项目组关于返乡创新创业信息需求和信息能力的田野调查，以 2018 年在东北地区的调研为代表。整个调研活动持续近半个月。其中，在吉林省延边朝鲜族自治州珲春市、吉林省吉林市蛟河市、吉林省吉林市舒兰市、辽宁省抚顺市新宾满族自治县、辽宁省本溪市本溪满族自治县等地，对不同创业项目的创业者和基层领导开展了深入的访谈活动，对返乡创业信息服务不同主体，如政府机构、创业人员等进行访谈，调研东北地区返乡创新创业信息需求与信息能力。

一、调研地概况

此次调研从政府和创业个体入手，考察信息服务提供方和接收方各自的情况以及相互对接的情况，对提升创业创新信息服务体系的精确性、发挥返乡创业创新的作用具有重要意义。本书旨在通过考察东北地区返乡创业试点区县的创业创新信息服务需求和能力，科学审视当地信息服务政策，发现当前信息服务体系的不足。另外，通过走访创新创业人员，梳理出信息服务效用的关键影响因素以及信息服务接收者的关键特征，从而为创新创业信息服务体系的精确化和具体化提供意见与方向参考。

东北三省资源丰富，是新中国成立以来重要的重工业基地。随着20世纪80年代改革开放政策的实施，中国大地包括东北三省发生了翻天覆地的变化。21世纪以来，在深化改革开放、振兴东北老工业区的国家政策和2020年实现全面建成小康社会的宏伟目标下，一大批外出工作的东北人纷纷返回故乡，用自己的智慧和汗水，助力乡村经济振兴，促进贫困县脱贫致富，发展互联网商业和现代化农业，致力于东北地区的全面振兴和中国经济协调可持续发展。

习近平总书记在党的十九大报告中指出，要坚决打赢脱贫攻坚战，深入实施东西部扶贫协作，重点攻克深度农村贫困地区脱贫任务。2015年，国务院办公厅颁布《关于支持农民工等人员返乡创业的意见》（以下简称《意见》），通过系列政策鼓励农民工、大学生、退伍士兵等人员返乡创业。随后，各省市响应国务院号召，陆续出台支持返乡创业的政策，为创新创业提供便利。返乡创业的全面开展，有助于推进农业供给侧结构性改革，活跃农村经济；有利于发展新产业新业态新模式，推动农村一二三产业融合发展；有利于激活各类城乡生产资源要素，促进农民就业增收；返乡下乡人员创新创业，有利于将现代科技、生产方式和经营理念引入农业，提高农业质量效益和竞争力；返乡创新有助于振兴农村，缩小城乡在经济、文化、教育等方面的差距。对个人而言，返乡创业有利于减轻自身的就业压力、增加个人收入、维持家庭和谐，提升个人价值和幸福感。

国务院办公厅在《意见》中指出，返乡创业支持政策要强化信息技术支撑，在资金、人才、信息基础设施方面支持农村信息服务发展。随着时间的推移，资金、基础设施等条件逐渐成熟，而面向创业人员的创新创业信息服务体系精确性不足成为制约创新创业活动进一步发展的因素。因此，提升创新创业信息服务体系的精确性成为推动创新创业活动进一步发展、实现农村振兴的重要途径。自2015年6月起，国家发改委联合十部委开展支持农民工等人员返乡创业的试点工作。截至2017年11月，国家发改委等部门已经发布了三批全国返乡创业试点地区共341个，对全国返乡创业的有序推进起到了积极引领和示范作用。

2018年"中央一号文件"指出，要加强扶持引导服务，实施乡村就业创业促进行动，促进农村劳动力转移就业和农民增收。健全覆盖城乡的公共就业服务体系，加强扶持引导服务，实施乡村就业创业促进行动。同时实施数字乡村战略，做好整体规划设计，加快农村地区宽带网络和第四代移动通信网络覆盖步伐，开发适应"三农"特点的信息技术、产品、应用和服务，弥合城乡数字鸿沟。

二、调研方法

基于上述背景，此次调研重点对返乡创业的信息来源、信息渠道、传播机制等研究进行梳理，同时对当前返乡"双创"人员的典型案例、创业类型、创业现状等情况开展田野调查。选取吉林（珲春、蛟河、舒兰）、辽宁（新宾、本溪）返创试点作为调研地区，涉及的部分核心研究方法为如下几点。

（1）田野调查：选取吉林、辽宁两地为调研地域，实地观察并记录返乡创业信息服务基础设施、资源分布和服务现状。

（2）半结构化访谈：针对不同利益群体在返乡创业信息服务体系的角色定位、信息需求和信息能力开展访谈。

（3）民族志与行动研究：主要用于模型验证和对策研究阶段，选取返乡创业人员信息服务典型案例为分析对象，进行多维深度剖析，深入描述和解释研究问题。

三、调研内容

（一）吉林省珲春市

珲春市隶属于延边自治州，是一个少数民族聚居地。因其独特的地理优势，2016年，珲春市获批吉林省首批国家级返乡创业试点城市。珲春市劳动保障与就业促进局的负责人和项目组一起开展了一个小型的座谈交流会。在交流会上，负责人为项目组详细介绍了目前珲春市返乡创业的状况。据了解，珲春市目前返乡创业工作开展情况相对较好。市里各部门非常支持返乡创业工作，共有28个部门协同配合返乡创业工作。此外，珲春市积极搭建创新创业平台，已建立金马大学生创业园等孵化基地30余个，积极完成省级农民工返乡创业孵化基地的培训和培训中心的建设工作。

虽然珲春市的返乡创业工作开展情况相对不错，但目前仍存在以下几个问题待解决。首先，返乡创业类型主要以外贸、土特产销售、水产品加工类为主。珲春市虽然是与俄罗斯、朝鲜接壤的边境城市，但其没有独立的出海口，一般都借港出海。因此，受航线限制，珲春市与周边国家的贸易往来并不是很频繁。此外，由于珲春市当地缺乏大型工业类、科技类等企业，导致返乡创业类型比较单一。其次，珲春市返乡创业人数不多，返乡创业氛围不浓厚。珲春市人口基数比较小，同时许多外出务工或上学的人返回珲春市创业的特别少。虽然珲春市出台了许多政策支持返乡创业工作，但是不如长三角、京津冀地区支持力度大，因此对返乡创业人的吸引力不够。

为期一个多小时的交流会后，两位负责人带领项目组拜访了当地一位返乡创业人员Z女士。Z女士是一名留学大学生。她从韩国留学归国后，听闻珲春市针对大学生创业有政策支持，于是在人社局贷款后开了自己第一家化妆品店，店内主要销售韩国化妆品。Z女士说，她当时听闻人社局可以为大学生创业提供各种扶持政策时，特别激动。Z女士本来就想自己创业，但是没有资金，于是去人社局咨询后贷了款。目前，Z女士的化妆品店经营得很好，她正在准备开第二家店。

（二）吉林省蛟河市和舒兰市

调研组兵分两路，一队4人前往吉林省蛟河市开展实地调研，另一队

4人前往吉林省舒兰市进行调研。蛟河市和舒兰市是吉林省下辖县，同时也是国家级贫困县，近来，两地响应国家全面建成小康社会、精准扶贫政策的号召，开展了一系列扶贫工作。同时两地也出现了一些返乡创业的典型案例。

舒兰市调研分队主要采访了当地的出租车司机，了解当地出租车运营、支付、呼叫的相关机制，以及在互联网时代下，传统行业的转变与升级。蛟河市调研分队则深入当地菇娘果种植地，聚焦农民返乡创业实际，关注农村信息服务体系建设，了解返乡创业人员的信息利用情况。

蛟河市调研分队在当地负责人的引领下，前往调研目的地蛟河市南沟屯。当地农业合作社社长、农业种植技术员Z先生，分享他本人的创业经历和当地的农业发展状况，并畅谈未来当地特色农业经济的发展方向。访谈中，Z先生认为在农业种植中技术和经验极为重要，受访人多次参与当地政府的农业技术培训，并从中获益匪浅。

下午，蛟河市调研分队前往蛟河市区，采访从事汽修工作的个体经营户，了解店主从专业学校到外地工作再到回乡创业的发展历程，店主详细讲述个人创业中遇到的难题及相应的解决方法，以及未来的规划和打算，并谈及在当代互联网时代，店主如何利用快手、微信、百度等网络工具了解相关技术信息。

（三）辽宁省新宾满族自治县

项目组来到了新宾满族自治县北四平乡北四平村，经当地村委会介绍，项目组成员与村委会干部进行了一场小型座谈会。在座谈会上，村委会干部向项目组介绍了当地的创业情况。经过村干部的介绍，项目组了解到北四平村是一个省级贫困村，大部分青壮年劳动力已经外出务工，留守村民年龄较大，主要种植玉米、大豆等经济收益较低的作物。脱贫任务面临着劳动力和资金不足的困难。针对这一情况，村委干部提出了集体脱贫再帮扶个体贫困户的工作思路。在此思路指导下，当地开展了土地流转工作，建立农村合作社，承包了120亩土地作为合作社土地，并采用企业化模式管理合作社。由于当地无霜期短，土质为草碳土，并且空气、水源质量好，因此北四平村在乡政府的建议下，于今年的一月份开始种植蓝莓、草莓等水果。这一项目得到了乡政府的政策支持，乡政府为北四平村提供资金，并提供技术指导，培训当地居民有关蓝莓种植和采摘的知识。目前，当地第一季的蓝莓已经收获并且开办了第一届蓝莓节，也已经联系好之后蓝莓和草莓的销售商。在谈到未来的规划时，当地村干部提到周围几个村落也在种植蓝莓，并且时间更长久、经验更丰富，他们希望和周围的村落联合起来，共同推广"北四平乡"这一水果品牌。

在座谈会之后，项目组在村干部的带领下实地参观了北四平村的蓝莓种植基地和邻近村落的蓝莓采摘园。北四平村的蓝莓产业尚处于起步阶段，但邻近村落的蓝莓基地已经发展了十年。邻近村落除鲜果销售外，还开发了蓝莓采摘园项目，游客可现摘现吃，并且使蓝莓种植的产业链有所延伸，当地工厂还可以生产出蓝莓汁等商品。

（四）辽宁省本溪市小市镇

在小市镇，项目组前往"XWD"进行调研。项目组调研了解到，"XWD"2014年8月创立，在创业初期，主要是有3位合伙人进行日常的运营工作。由于"XWD"创业者对其大学所学的专业并不满意，才选择开始创业。截至目前，"XWD"团队共有9人，"XWD"主要在微信和淘宝上进行产品宣传和售卖，依靠较好的口碑以及回头客持续发展。当前，"XWD"主要以淘宝网站为发展要点，大量产品在淘宝网站上售出，节假日的时候主要在实体店推出"礼盒包装产品"，收入较为可观。

回首创业之初，创业者的家人给予他们很大的支持。不过创业者也表示在与政府的对接方面存在一些问题。创业者张先生表示"XWD"最初完全是他们独立在做，会定期去参加一些淘宝论坛和淘宝大学的课程，并学习网络技术，做到一定规模以后引起了政府的关注，登上了报纸等媒体平台，获得宣传契机。在当时，当地政府为了响应国家"大众创业、万众创新"的号召，将"XWD"作为一个典型案例，当地政府举办了相关论坛并且资助"XWD"3万元作为运营资金。最开始"XWD"的店面只有20多平方米，后来团县委建起了宽敞的"辽宁馆"帮助创业者们更好地进行运营。据了解，"XWD"的原材料供应商，在本溪当地有20多家，属于一种"现产现销"的模式。"XWD"现在采取"先试点，后扩展"的发展战略。在发展过程中，"XWD"的困难主要体现在以下三个方面：一是人力缺乏；二是当地物质资源缺乏；三是拓展业务有难度。他们将继续以地区为单位、以抱团发展为目标，而不仅仅依赖政府提供的资源。

"XWD"创始人表示，当地创业者并不多，最主要的原因是创业环境和条件差。第一，在大学生返乡以后，由于当地物资的缺乏，创业类型的选择难度大。第二，在政府的帮扶方面，政府不能够及时给创业者提供有效帮助。第三，当地人追求稳定安逸的生活，创业意愿低。总结来说，当地"返乡创业"的环境并不好，返乡人员对创业的态度并不积极。

（五）辽宁省本溪市汤沟风景区

项目组对本溪汤沟的个体商户进行随机走访，为了契合返乡创业的主题，访谈内容主要围绕着创业经历、创业感受、企业与政府部门的关系等。幸运的是，大多数企业主对项目团队的访谈话题十分配合，都能非常积极地说出自己的想法。汤沟是林区，风景优美，更可贵的是地热资源丰富，汤沟的温泉具有一定的疗养功效。因此旅游是当地的支柱产业，当地村民主要靠经营温泉酒店、农家院以及饭店生存。项目团队兵分两路，从当地的主要街道出发，随机进入马路两旁的商户进行访谈。为了保证抽样具有代表性，项目组成员既选择了当地经营历史较久的大型酒店，也选择了小型、偏僻的农家院，还选择了新开张的、风格清新的民宿。据一位在当地经营时间最久的旅馆老板说，汤沟的温泉疗养产业起源很早，从20世纪70年代开始，当地就已经有一批温泉旅馆，受到当时计划经济的影响，这些旅馆绝大多数都是辽宁省国企的产业，仅供其员工使用。20世纪80年代开始，这些旅馆纷纷开始转为私有，面向全社会开放。20世纪90年代，在政府的鼓励下，汤沟兴起了经营旅馆、饭店的热潮，大批个体经营在那时成立。但是，尽管汤沟风景优美，温泉也有较高知名度，但受到地理位置和交通条件的影响，很多客源被附近辽阳的温泉吸引。同时汤沟山区寒冷的冬季也限制了旅游旺季的长度，过了十一国庆假期后，客人就逐渐减少。

大多数受访者都有过外出打工的经历，他们多为当地人。谈起创业的原因，他们的回答多是对家乡的眷恋和对家人的牵挂，让他们不想在外奔波。有些受访者直言，创业过程最主要依靠的是自己的摸索，政府给予的帮助较为有限。政府对当地的返乡创业在主动服务方面较为欠缺，这似乎是东北地区较为普遍的现象。

第四节　返乡创新创业信息服务效果田野调查

基于2017—2018年对返乡创新创业信息服务体系、返乡创新创业信息需求与能力的调研，项目组在2019年暑期开展了以返乡创新创业信息服务效果为主题的田野调查活动，以四川省广安市武胜县、云南省红河哈尼族彝族自治州（以下简称红河州）和曲靖市、山东省潍坊市寿光市为代表，与当地返乡创业人员、基层政府工作人员、信息服务机构等相关主体开展专题访谈。

一、四川省武胜县

项目组实地走访四川省广安市武胜县赛马镇贫困户、参观赛马镇花椒种植基地并召开座谈会、与白坪乡政府相关负责人进行访谈并实地参观，开展返乡和创业信息服务效果的实地调研。此次调研以农村产业融合为背景，考察返乡创业信息服务效果，通过走访基层百姓的家庭了解他们的真实生活状况，进而了解返乡创业与乡村振兴的实质性融合，从而为政府扶持政策的进一步完善提供参考性意见。

项目组在赛马镇镇长的带领下，切实了解贫困农户的实际问题，详细了解了他们的生活情况、身体情况以及社会福利情况等，鼓励他们积极响应政府的号召，早日实现脱贫致富。项目组通过对武胜县荣华生态花椒种植专业合作社的调研发现，合作社共有500亩花椒基地，主要进行粗加工后销售，线下销售、线上引流。花椒在采摘后，90%风干，10%灭菌后在洞里储存，之前主要销往重庆、成都，现在还销往北京，利用信息化平台开展电子商务是其主要销售渠道。作为农村产业融合发展的一种有效方式，合作社在这里得到了很好的体现，同时该合作社对当地的脱贫工作也有很大的影响，有利于乡村振兴的发展。在座谈会中项目组了解到，通过成立合作社发展集体经济，可以解决土地撂荒问题，将固定资产变资源，为无法外出打工的病、残、贫困农民提供就业，是一举多得的一项举措。该镇书记说，乡政府非常重视合作社发展，但存在信息不对称问题，限制了合作社的发展与创新。通过引进公司，带来资金流，这是荣华生态花椒种植专业合作社未来努力的发展方向。合作社虽然可以成立自己的品牌，但得不到顾客的信任，就难以实现个人品牌商品出售，这个问题需要合作社在互联网上通过信息手段进一步提升其影响力来解决。

项目组在中滩众创空间企业家的带领下，来到武胜县中滩众创空间。众创空间是顺应用户创新、开放创新、协同创新、大众创新趋势，把握全球创客浪潮兴起的机遇，通过市场化机制、专业化服务和资本化途径构建的低成本、便利化、全要素、开放式的新型创业公共服务平台的统称。加强信息基础设施和平台的建设，保证关键信息资源的便捷传递，仍然是目前开展创新创业的重要工作。

二、云南省红河州与曲靖市

项目组通过实地走访云南省红河州石屏县、泸西县和曲靖市会泽县三县，与扶贫工作的不同主体，如政府机构、特色企业、村民委员会、贫困人群等进行访谈，对三县的返乡创业信息服务情况、精准脱贫进程、乡村振兴进程及各自取得的成效等情况进行了解，对国家和当地政府的政策支持、政府和企业以及群众三者之间的关系有一个比较完整的认识，从而调研云南地区返乡创业信息服务效果。

（一）石屏县

石屏县位于云南省南部，红河州西北部，总人口基数大，少数民族占比高。石屏县属于国家集中连片特殊困难地区——滇西边境片区县，是云南省扶贫开发重点县。全县共有3个贫困乡镇、45个贫困村，建档立卡贫困人口9660户、36221人。2014—2018年，累计减贫8991户、34285人，贫困发生率由2014年末的12.15%降至0.77%。2018年石屏县退出贫困县序列。

项目组选取当地具有代表性的豆制品企业——石屏县SH豆制品有限公司进行调研。调研过程紧扣此次调研主题，聚焦扶贫，向工作人员询问企业带动当地经济、就业等有关问题。近年来，为了便于政府管理，也为了方便各豆制品企业之间经验的相互学习、借鉴，政府进行统一规划，划分并建成豆腐园区，作为豆制品制作的集中区域。当地产业进行统一的管理，借助信息化平台逐渐提高了石屏豆腐的知名度。另外，就SH豆制品有限公司来说，原料大豆主要来自东北地区。近年来SH豆制品有限公司响应国家政策，在石屏县的贫困山区开展大豆种植的试点，通过大豆的种植带动该山区的经济发展。这种运作模式得益于完善的互联网基础设施和信息服务体系，当地政府不仅为豆制品产业的健康发展建立了专门的信息网站和微信公众号，当地信息运营商也积极投入其中提供基础服务。

郑营村有3户贫困户，其中2018年2户脱贫，2019年预计使最后1户脱贫。通过对每一户情况详细的介绍，项目组初步了解到国家一些扶贫的措施。村民中有2/3都是在县城周围打工，有1/3在村里务农或打工。在产业方面，将土地流转到养殖大户、种植大户的手中，进行统一的养殖和种植，村民除打工工资外，还可通过土地流转获得收入。村里主要发展旅游业，但目前郑营村的旅游资源还有待进一步开发和宣传，信息渠道也不够通畅。

在石屏县人民政府扶贫办，项目组组织召开专题访谈调研会议。在座谈会上，工作人员给项目组介绍了石屏县的基本情况、当地行之有效的攻克贫困壁垒的脱贫"八大战法"和当地政府未来几年的扶贫计划，以此来保证在农民脱贫之后不会出现返贫的现象。在这次座谈会中，项目队员积极参与，提出了各自的问题和看法。其中，借助信息基础设施提升当地扶贫脱贫工作效果，得到了与会者的广泛认同。

在宝秀镇，项目组实地参访了当地龙头企业——石屏县云龙绿色食品有限公司和苗水村的杨梅种植产业基地。在参观云龙绿色食品有限公司的过程中，项目组了解到该企业每天支付农户将近20万元的蔬菜收购金，公司年产值在7000万元以上，蔬菜销往中国的沿海地区、港澳台和东南亚等地区。利用互联网及时获取并分析相关信息来作为市场决策依据，是该企业赢得市场竞争的成功经验之一。

项目组前往哨冲镇开展当地文创产业调研。当地人向项目组介绍了国家级非物质文化遗产——彝族海菜腔，并带领项目组参观了已故国家级非物质文化遗产传承人阿加文先生家，并对其后人进行了访谈。受访人表示，由于地处偏远，文化品牌难以得到宣传是制约这一文创发展的瓶颈，他希望能有更完善的信息平台来进行推介。面向创新创业需求或产业发展的基层公共信息资源的均等化分配，仍然是这些地区存在的较为突出的问题。

（二）泸西县

泸西县为云南省红河州下辖县，先后荣获绿色中国·2014环保成就奖、全国青少年校园足球试点县、全国休闲农业与乡村旅游示范县、国家卫生县城等荣誉称号。项目组先后走访了国土资源局和扶贫办的脱贫攻坚大会战作战指挥部。在相关工作人员的耐心讲解下，项目组了解到泸西县是云南省88个贫困县之一，总人口有44万，其中农业人口有30多万。泸西县于2014年开始启动精准扶贫工作，开始之初全县贫困人口约5万余人，经过多年努力，该县贫困人口锐减至500多户，后续还将通过社会兜底保障等措施实现完全脱贫。

泸西县脱贫工作要想实现贫困家庭的"两不愁、三保障"，最主要的就是要实现产业的增收。除上述的脱贫政策外，泸西县特别注重产业和企业的增收，通过发展泸西高原特色现代农业以及实行土地流转制度，使农户有三个方面的收入：土地租金、农户入股之后的分红及农户在就业务工过程中的工资收入或发展家庭的种植业、养殖业的收入。对要发展种植业和养殖业的农户，政府可以提供贷款，农户不需要担保可以贷到3年内免利息的35000元。同时，工作人员还提到，在打完"脱贫攻坚"这场硬仗之后，接下来的工作将重点放在乡村振兴上，政府部门将继续努力完成接下来的工作，实现乡村振兴，其中信息化基础设施的改造和质量的提升将成为工作重点之一。

（三）会泽县

会泽县娜姑镇是项目组调研对象之一。娜姑镇位于会泽县西部，金沙江东岸，以礼河西岸，属乌蒙山区腹地，距会泽县城32公里，为会泽三大坝子之一。

项目组到达娜姑后，分别前往则补村委会和玫瑰种植基地。第一小组首先来到则补村委会，村委会负责人介绍，则补村位于娜姑政府驻地东南部，距镇政府1.2公里，与干沟集市、以礼河电厂生活区紧紧相连，国土面积10.3平方公里，平均海拔1950米，年平均气温13.5摄氏度，全村辖18个村民小组，共有3018户、8437人，为曲靖市第一大村委会。则补村为贫困村，有云南省办公厅的5位工作人员驻村帮扶。则补村人多地少，农作物以水稻、玉米、马铃薯、蚕豆为主，村民收入主要是以传统种养殖、外出务工为主，收入来源单一，增收致富困难。按照脱贫出列考核标准，2015年底，则补村建档立卡贫困人口有978户3374人，2018年，政府已经通过帮建房屋、兜底保障等方式对57户经济非常困难的贫困户进行扶贫，2019年这些贫困户实现脱贫，实现整村脱贫出列。

项目组了解到娜姑镇的盐水石榴产业发展极好，在整个云南省是一个非常有特色的创业产业。盐水村的石榴产业是村民自发种植发展起来的，现在已成规模，后期得到了政府的大力支持。据了解盐水石榴是从荷兰引进的，云南独特的气候、水质等条件使得其品质超过了原产地，且成熟时间提前，赢得了巨大市场。2019年，盐水村成立了石榴合作社，并且与农村电商等信息化平台有机结合，在销售方面有了很大改善，盐水石榴远销中国的港澳台及东南亚地区。

第二小组来到玫瑰园，调研玫瑰产业发展情况。玫瑰园现有500亩左右的种植面积，2014年首次种植70亩，2019年扩种430多亩，种植品种为食用玫瑰滇红，该品种为云南特有玫瑰品种，品质好，主要用于制作云南特色美食——鲜花饼。玫瑰园负责人说，玫瑰园刚起步的时候发展速度缓慢，缺少技术、边学边经营，走了很多弯路，且当时市场还未打开，没有进行深度加工，玫瑰自产自销，市场不好的时候出现过倾倒、丢弃鲜花的情况，企业损失严重。借助互联网销售平台和信息化管理手段，现在玫瑰园运营已走上正轨，栽培技术成熟，市场也打开了，参与玫瑰园种植的贫困户每年还有盈利分红，这种将种植业、加工业和服务业与信息化手段有机结合的做法在则补村的脱贫攻坚工作中发挥了重要作用。

此外，由于部分地区不适合居住和发展，当地政府按照中央对"一方水土养不起一方人"实施扶贫搬迁的决策，以及省委、省政府提出75%以上县城安置的要求，将易地搬迁进城安置作为实现特困地区群众脱贫的主要手段。会泽新城搬迁分为三期，一期已竣工，2018年搬迁5140户、20361人，2019年搬迁安置14732户、60724人，二期三期还在进行中。其中配套的互联网全覆盖、信息平台进社区等信息化举措在异地搬迁后的就业创业和脱贫致富过程中发挥了积极作用。

三、山东省寿光市

从政府和相关企业入手，项目组通过座谈会、半结构化深度访谈、参与式观察等方式对寿光特色农业发展模式进行考察，聚焦该模式发展下创业信息服务与乡村振兴实际痛点和难点，关注乡村振兴相关服务体系建设，从而为其他地区实现乡村振兴的农业发展提供参考。采取的调研方式包括：

（1）实地观察：选取上口镇、纪台镇、孙家集镇为具体调研村镇，通过实地观察与采访菜农，了解并记录寿光市菜农们蔬菜大棚种植情况以及信息化状况等。参观品牌蔬菜基地和高科技示范园，了解农业科技创新升级情况。

（2）问卷调查：通过发放问卷统计数据的定量研究法得到初始数据，方便后续进行多维深度剖析，深入描述和解释研究的问题。

（3）半结构化访谈：针对不同群体在乡村振兴政策下的角色定位，根据粗线条的访谈提纲开展访谈。

寿光市地处山东半岛中北部，历史文化悠久，优势产业突出，先后荣获"全国文明城市""国家卫生城市""国家环保模范城市""中国金融生态城市""国家生态园林城市"等荣誉称号，是江北地区唯一荣获"中国人居环境奖"和"联合国人居奖"的县级市。寿光是全国蔬菜大棚的发源地，自从30多年前引进蔬菜大棚技术以来，如今的寿光拥有蔬菜大棚20多万个，并且通过持续的技术改进研发出第六代蔬菜大棚，成为名副其实的"中国蔬菜之乡"和"中国蔬菜集散中心"。

（一）自然资源和规划局

寿光市人口约110万，蔬菜大棚有25万个。寿光市一直被称为"蔬菜之都"，这里每年出产的蔬菜，能满足1000万人的全年蔬菜需求。当地的农业以蔬菜大棚种植为主，政府也相当重视"寿光模式"下"乡村振兴"战略的实施。

座谈会上，寿光市自然资源和规划局负责人为项目组介绍了寿光市自然资源规划的基本情况、政策导向以及面临的相关问题。项目组了解到寿光市政府对乡村振兴十分重视，积极出台一系列助力乡村振兴的措施。自然资源和规划局近期为助力乡村振兴，正在开展"多规合一"村庄规划编制试点项目，意在鼓励工商资本下乡，推动村庄规划建设，带动村庄发展。实施寿光市农村新型社区和新农村发展规划也一直是寿光市的目标，自然资源和规划局将对村庄发展现状进行全面分析，合理判断农村人口转移和集聚趋势，提出农村新型社区和新农村建设发展的总体目标、发展策略以及数量和布局方案；对具有重大历史文化遗存和鲜明特色村庄的发展和保护提出引导性建议；提出城乡道路、给水等各类基础设施和教育、文化等公共服务设施配套措施；从宣传、管理、连续性、投资和土地使用制度等方面提出实施规划的对策和措施。

该负责人从自然资源的角度解释了寿光成为"蔬菜之都"的先天条件，即农业是第一产业，是所有工业的根基，而自然资源则是农业赖以生存发展的基础，所以自然资源一定要保护好。此外，寿光市市委书记还向我们介绍了寿光市的基本自然资源情况，尤其是土地与蔬菜大棚的利用情况。例如，寿光市的南部土地相比北部来说要更肥沃一些，是蔬菜大棚的主要密集地。自然资源虽是先天的，但利用是人为的。节约和合理开发利用农业资源，实现农业资源的可持续利用，是实现寿光市农业可持续发展的关键所在。

（二）品牌蔬菜生产基地

寿光农业发展集团有限公司是寿光市蔬菜产业的代表性企业，它的经营范围非常广泛，包括蔬菜产业链各个部分，即运营市政府授权范围内的国有资产；城乡基础设施建设；农村土地整理；种植、销售及网上销售农作物、林木及种苗；农副产品生产、经营；会议及展览服务；知识产权服务；信息系统集成服务；物联网服务；农、林、牧、渔专用机械制造；教育咨询服务；农业技术研发、推广；农产品市场管理；农业观光旅游；普通货物道路运输；承揽温室工程、水利工程；房地产开发、经营；生产、销售农用薄膜、饲料、种子；销售化肥、农药等，总而言之，寿光农发企业十分具有参观意义，直观展现寿光市蔬菜产业的缩影。项目组要参观的，是该集团运营中的生产环节——蔬菜大棚种植。

园区内的大棚与一般农户自建的大棚有较大差别。从外观上，园区的蔬菜大棚从新旧程度、高度以及薄膜等直观材料上明显比项目组在路边看到的农户自己建的蔬菜大棚更现代化。于是，项目组迫不及待提出了进入大棚内部参观的请求。在园区技术负责人张先生的带领下，项目组进入一个刚移植完"樱桃番茄"品种蔬菜的大棚内进行参观。水肥一体机、物联网系统、遥控棚被等十分先进的大棚设施出现在项目组眼前，张先生讲解道，现在用一部手机既能灵活控制塑料大棚的多个通风口、风大风小，也可按温度、湿度自动调节。不仅如此，用手机还可以控制水肥一体化机把养料输送到每一棵苗的根部，智能化把大棚打造的更像"蔬菜工厂"里的一个"车间"。张先生指大棚上吊下的灯说："不光这些，我们园区的大棚和农户的大棚相比，还有一个特别之处，就是率先应用了两种新式'武器'：植物生长补光灯和土壤物理调温设施。"张先生同时告诉我们，普通农户的一个蔬菜大棚的造价是20万元，而农发集团园区的蔬菜大棚造价为70万元，确保蔬菜品质。参观完大棚后，张先生带项目组参观了技术办公室，在这里通过监控平台，可以实时监测蔬菜大棚里的各种情况。

随后园区另一位负责人李经理就集团运作模式、蔬菜种植技术及品质把控、寿光高品质蔬菜品牌计划，以及中国农业现状为项目组进行了介绍。李经理表示蔬菜的品质是最重要的，目前寿光市已经制定了全市范围内的蔬菜检验标准，下定决心要打造出寿光的高品质蔬菜品牌。同时农发集团也制定了从选种、育苗、种植到销售的一系列严格的标准，来确保品质的精准把控。农发集团将紧紧围绕"打造高端蔬菜品牌，提升寿光蔬菜品牌竞争力"这条主线，重点实现高端蔬菜产销、园区建设运营、融投资建设、智慧农业建设、蔬菜产业资源整合等5个方面的多点突破，担当作为，狠抓落实，将相关政策贯彻到底，落实到位，加强创新，全面开启寿光高端蔬菜品牌建设的新高潮。

（三）蔬菜高科技示范园

寿光蔬菜高科技示范园是国家4A级旅游景区，是集科技开发、科普教育、技术培训、试验示范、种苗繁育等于一体的多功能蔬菜科技示范基地。同时它也是国家级农业科技园区，园内各色景点星罗棋布，南方的水果、北国的蔬菜应有尽有。造型别致的欧式建筑、引领时尚的现代温室、科技领先的克隆工艺、智能控制的工厂化育苗、模式各异的品种展示，以及一年一度的国际蔬菜博览会，都是现代农业观光旅游考察的重要内容。

（四）中国寿光农产品物流园

"清晨两三点，正是寿光物流园的交易高峰期。"物流园综合办公室负责人对项目组说，"正常情况下，清晨五点，这里所有的菜就都卖完了，但因为现在是整个寿光市的淡季，六个交易厅我们只开放了四个，交易可以持续到下午两点。所以现在已经九点了，你们还能看到交易情况依旧是很热烈。"项目组跟着负责人走进一号和三号交易厅，甘肃马铃薯、江苏甘蓝、内蒙古大蒜、广东苦瓜、云南芸豆、海南蔬菜……载着全国各地的蔬菜的货车和三轮进进出出，忙个不停。"20世纪90年代，寿光主要卖本地菜，后来卖出规模和口碑，外地菜也不断拉过去一起卖。当时，上海运过去的花菜，刚下高速就被菜贩截住，整车被包下来。冬天南方菜卖去北方，经过寿光；夏天北方菜销往南方，也经过寿光。寿光菜到北京、天津和湛江，有自己的'绿色通道'。一车菜从寿光运到天津，5个半小时就能到。前一天晚上还在山东大棚里的果蔬，第二天就可以摆上京津市民的餐桌，甚至上到韩国、日本的餐桌。"负责人提起这些颇为自豪，他说："在寿光，既没有买不到的菜，也没有卖不掉的菜。"

项目组不仅了解到物流园作为中国最大的蔬菜集散中心、价格形成中心、信息交易中心、物流配送中心和全国最权威的蔬菜标准形成中心对寿光当地农业产业的带动性影响，也更进一步地了解到物流园作为政府产业整合立项的工程，成为寿光蔬菜产业各方收益的基点，助力乡村振兴。物流园项目采取交易、存储、配送、商业、居住、办公、休闲多功能混合互动模式，有着非常好的运营前景。

（五）寿光市农业农村局

项目组到达寿光市农业农村局并了解到，农业农村局为创新"寿光模式"注入新的时代内涵，采取了五个主要做法。一是紧抓"品牌化"这个关键，加快由增产导向向体制导向转变，破解农民持续增收的问题。二是紧抓标准化这个核心，加快由技术输出向标准模式输出转变，破解核心竞争力缺乏的问题。三是紧抓组织化这个龙头，加快由家庭分散生产向适度规模经营转变，破解抵御市场风险能力弱的问题。四是紧抓"智慧化"这个重点，加快由传统种植向科技引领转变，破解生产力不高的问题。五是紧抓"融合化"这个方向，加快由"一产独秀"向三产融合发展转变，破解产业效率低下的问题。接下来，张主任还为项目组介绍了与乡村振兴有关的另一个办公室，继续深入了解其他情况，如《寿光市实施乡村振兴战略三年行动计划（2018—2020）》等政府文件。

（六）三元朱村

三元朱村是全国冬暖式蔬菜大棚的发祥地。一进村，项目组便在村口遇见了三元朱村的党支部王书记。他是中国大棚蔬菜生产的领头人，1989年，他带领村民率先在寿光成功试验了日光温室蔬菜种植生产技术，并引发了寿光乃至全国的蔬菜"白色"革命。随后，项目组在王书记的带领下参观了他的办公室，听他讲述当年学习和推广大棚技术时的故事。三元朱村村民不光自己学科技、用科技，还承担着向全国推广蔬菜种植技术的责任。随后，项目组在解说员韩女士的带领下，在展厅中详细地了解王书记对蔬菜大棚技术的贡献以及寿光蔬菜大棚的发展历程。走出展厅，项目组成员漫步在平整的村路上，看着整齐的多层楼房、丰富多样的农作物和规划整齐的道路，不仅感受到了三元朱村人民富裕充实的生活，也更加深刻直接地感受到蔬菜大棚种植给乡村带来的希望和幸福。

总而言之，在不同地域的农村地区，创业活动已经成为当地脱贫攻坚和发展经济的重要途径。宽带中国、农村电商、公共文化服务均等化等战略和政策的实施，使得这些地区的创业活动与信息化过程彼此交融，互相促进。同时，伴随着信息基础设施的完善，信息资源的丰富和信息服务的深入推进和均衡发展，仍然是脱贫攻坚和返乡创业工作的重中之重。此外，进一步提升返乡创业人员的信息能力，提升信息资源转化为现实生产力的能力，也是当前的现实问题。本书将立足田野调查相关质性数据，提炼出科学问题，在后续章节分别开展相关研究。

返乡创新创业信息服务体系 04

当前我国正处于社会转型的关键时期，也是我国涉农信息服务改革与发展的重要时期。我国各级政府均加大对涉农信息服务的支持和投入力度。参考可行信息能力概况框架，信息服务体系构成了返乡创新创业的外在因素，特别是政策、制度等结构性因素对农村地区创业信息服务形成明显的制约，本章将从包括"中央一号文件"在内的政策、信息服务体系构建现状和相关信息服务主体等方面开展分析。

第一节　信息服务政策分析

"中央一号文件"连续多年把农业信息服务工作作为现代农业和社会主义新农村建设的一项重要内容。特别是2008年，"中央一号文件"明确提出要"积极推进农村信息化、健全农村信息服务体系"。在2018年的乡村振兴战略中，明确指出农村信息化建设等涉农信息服务对振兴乡村的重要性与必要性。"中央一号文件"多次强调涉农信息服务，要求健全涉农信息服务体系，充分说明涉农信息服务的重要性。涉农信息服务政策文本作为我国涉农信息服务的指导性文件，对我国涉农信息服务的发展具有计划、指导、引领的作用，具有指导性、权威性的特点，是涉农信息服务发展的重要保障。然而，因为我国农民群体基数大，分布广泛，各地经济发展水平不一致，涉农信息服务实践水平差距大，导致其话语体系的构建仍面临着巨大挑战。因此，无论是实践层面还是理论层面，都有必要对涉农信息服务政策话语进行分析和研究。本章旨在探讨我国自1980年以来涉农信息服务政策核心话语的建构及其演变，对我国涉农信息服务政策话语体系的意义建构过程进行剖析，并试图从外部因素（如政治、经济、社会文化环境等）和内部因素（话语实践的变化与发展）对涉农信息政策话语的变迁进行解释，为未来涉农信息服务政策的研究、制订和实施提供参考。

一、研究设计

政策是政党和国家为实现一定历史时期的任务而制定的行动纲领、方针和准则，是为达到一定政治目的而采取的策略方针，是政党或国家意志的体现，是一定历史时期内相关社会群体实施相关社会活动的依据和指导方针，对社会成员和群体具有一定的制约性（孙国华，1997）。政策是国家或政党意志的体现，其文本话语表述实质上体现出政府对相关社会活动的指向性、引导性意图，可能是明确表达的要求，也可能是暗含意义的隐喻。涉农信息服务政策文本是涉农信息服务发展的重要保障，总是显性或隐性地影响涉农信息服务的推进与发展。

话语指一个领域根据特定的历史发展、文化演变和制度性规则（区别于语法规则），运用语言材料表达意义、建构知识的各种陈述的集合，是我们在谈论特定领域和学科的事物或题目时形成的陈述的集合。例如，法律、政策、规则、统计数据、研究文献等（于良芝，2016）。话语在文本和实践上具有强烈的权势关系与意识形态倾向，一个领域的话语一旦形成，它就决定对特定事物或题目表达的"合法性"。通过对话语进行分析，可以帮助我们揭示话语"合法性"的建构过程及其历史局限（于良芝等，2016）。

目前政策话语分析研究主要分为作为诠释工具和作为批判工具两类（李亚等，2015）。作为诠释工具的政策话语分析从意义维度对政策文本、政策现象和政策问题进行分析与诠释，认为意义的初建、传播、冲突、变迁决定了政策的演变；作为批判工具的政策话语分析虽然也从意义维度进行研究，但重点关注揭示现实政治制度的局限性，尤其是权力—知识关系的构建，从而探讨现有政策的必要性和其他公共政策可选择性。英国语言学家诺曼·费尔克拉夫（Norman Fairclough）在继承和创新法国哲学家福柯（Michel Foucault）话语—权力思想（福柯认为，话语不单是纯粹的语言形式，而是始终与话语实践相联系的，是陈述的集合，具有建构性、互为话语性和互文性的重要特点）的基础上，结合系统功能语言学思想以及西方话语理论的许多研究成果，开创了在"文本、话语实践和社会实践"三个向度上的话语分析体系，以社会实践和文本为研究对象，强调研究话语的建构和社会实践，侧重语言的社会属性和实践特征，使其成为一种社会的、历史的研究方法（胡雯，2009）。

基于上述背景，本章提出以下研究问题：自1980年以来，我国涉农信息服务政策核心话语体系是如何建构和变迁的，以及对应的话语性实践是如何表现的？

本章运用费尔克拉夫话语分析框架（诺曼·费尔克拉夫，2003），从文本、话语实践、社会实践三个向度对1980年以来我国涉农信息服务政策核心话语的演变进行分析。结合研究问题，本章形成"社会语境—文本—话语实践"三向度话语分析框架，对历年"中央一号文件"核心话语演变进行分析，包括：

（1）社会语境向度：指对涉农信息服务政策话语形成的外在制约条件——政治背景、经济环境、社会文化和技术背景等进行分析。特定的社会语境下，由于政治目的的不同，统治阶级会产生不同的政策话语建构需要，从而实现其对各种社会群体的社会活动的引导。社会实践向度分析将话语置于话语—权力关系之中，侧重话语的社会语境分析，包括政治背景、经济环境、社会文化和技术背景等，注重话语形成的社会背景因素。

（2）文本向度：关注文本语言分析，是微观层次上的分析，描述具体文本的语言学特征，包括语法、语义和语词表达等。本章选择的文本分析对象是中央政府发布的、关于"三农问题"的共20个历年"中央一号文件"（1982—1986年、2004—2018年）。其中2011年为《中共中央 国务院关于加快水利改革发展的决定》，不具有完整政策文本分析意义，予以剔除，因此文本分析对象共19个，本章获取其中涉农信息服务话语，并对其进行编码和归类，形成多个核心话语并观察其演变特征与规律。"中央一号文件"成为事关"三农"问题政策文件的专有名词，是解读"三农"问题的重要文献来源。因此，选取历年"中央一号文件"中有关涉农信息服务的核心话语，将其作为研究的依据，具有逻辑上的可行性（如表4-1）。

（3）话语实践向度：阐释文本生产过程、分配过程和消费过程，是宏观层次上的分析，侧重文本分析和社会实践的联系，包含话语实践成果与话语实践不足等。

表4-1　1980年以来指导"三农"工作的"中央一号文件"列表

编号	年份	文件名称
D01	1982	全国农村工作会议纪要
D02	1983	当前农村经济政策的若干问题
D03	1984	关于1984年农村工作的通知
D04	1985	中共中央、国务院关于进一步活跃农村经济的十项政策
D05	1986	关于1986年农村工作的部署
D06	2004	中共中央 国务院关于促进农民增加收入若干政策的意见
D07	2005	中共中央 国务院关于进一步加强农村工作提高农业综合生产能力若干政策的意见
D08	2006	中共中央 国务院关于推进社会主义新农村建设的若干意见
D09	2007	中共中央 国务院关于积极发展现代农业扎实推进社会主义新农村建设的若干意见
D10	2008	中共中央 国务院关于切实加强农业基础建设进一步促进农业发展农民增收的若干意见
D11	2009	中共中央 国务院关于2009年促进农业稳定发展农民持续增收的若干意见
D12	2010	中共中央 国务院关于加大统筹城乡发展力度　进一步夯实农业农村发展基础的若干意见
D13	2012	中共中央 国务院关于加快推进农业科技创新持续增强农产品供给保障能力的若干意见
D14	2013	中共中央 国务院关于加快发展现代农业 进一步增强农村发展活力的若干意见
D15	2014	中共中央 国务院关于全面深化农村改革加快推进农业现代化的若干意见
D16	2015	中共中央 国务院关于加大改革创新力度加快农业现代化建设的若干意见
D17	2016	中共中央 国务院关于落实发展新理念加快农业现代化 实现全面小康目标的若干意见
D18	2017	中共中央 国务院关于深入推进农业供给侧结构性改革　加快培育农业农村发展新动能的若干意见
D19	2018	中共中央 国务院关于实施乡村振兴战略的意见

二、第一阶段政策核心话语及其演变

自1980年以来，我国涉农信息服务经历了服务对象的丰富化、服务主体的扩大化、服务内容的多样化以及服务模式等转变，基于这种转变，本研究将涉农信息服务政策发展分为两个阶段，第一阶段为1982—1986年，第二阶段为2004—2018年。

（一）社会语境向度分析

20世纪80年代，我国政治、经济、文化等各种体制处于重建和恢复状态，政治形势逐渐趋于平稳。该时期，经济发展成为全社会的首要任务。农村改革开始进行，中央高度重视"三农"问题，连续5年发布了与"三农"问题有关的"中央一号文件"。此时，城市改革也在大刀阔斧地进行，相较城市改革，农村改革并没有获得同样的关注，其改革力度和规模都难以岂及城市改革。由于城市发展需要从农村提取剩余，农村需要对城市进行补贴，涉农信息服务发展并未获得足够的支持和投入。随着农业经济地位的下降，中央政府逐渐将农村农业服务任务转移至地方政府，鼓励农村服务的市场化经营，导致涉农信息服务软硬件设施建设的边缘化。另外，由于户籍制度的限制，城乡人口流动少，城市的辐射带动作用小，涉农信息服务在很大程度上囿于农村区域。从技术背景看，农村信息基础设施主要依赖电话、广播、电视设施。

（二）文本向度分析

基于对5年间"中央一号文件"的分析和对政策文本内话语相关文本的摘取，得到相关表述并对其进行编码和分类，本章提取出涉农信息服务对象、涉农信息服务主体和涉农信息服务内容与模式三类涉农信息服务核心话语，据此分析这一时期我国涉农信息服务核心话语演变显现的特征与规律。同时，对5个文件中的高频词进行统计（由于政策文本陈述时常省略服务主体，因此对涉农信息服务主体陈述将不进行词频统计，下同）以观察涉农信息服务主题、内容及话语秩序，这一阶段高频词如图4-1所示。

图 4-1　1982—1986 年"中央一号文件"涉农信息服务高频词分布

1982—1986年时期，除服务对象"农民"外，"技术"一词出现频率最高，主要话语搭配包括"服务""推广""教育"，表现出我国涉农信息服务的主要手段——"农业技术推广"，涉农信息服务主要是为了满足农民对农技信息的需求，这符合这一时期我国社会技术发展的情况，也反映出这一时期对涉农信息需求认识的不足。此外，涉农信息服务对象以一般性农民群体和干部为主。这些高频词一起构成这一时期我国涉农信息服务政策文本的话语秩序。

1.涉农信息服务对象

对 1982—1986 年间"中央一号文件"涉农信息服务对象相关表述进行梳理、提取并编码归类，结果如表 4-2 所示。

表 4-2　1982—1986 年"中央一号文件"涉农信息服务对象涉及文本及其编码归类

表述概念	编码	涉及文本
农民	一般农民群体	农民（D01），农业生产者、劳动群众、社员（D02），农民（D03），农民（D04），农民（D05）
	特殊农民群体	农村知识青年（D03），农村知识青年（D05）
专业户	专业户	专业户（D01），专业户（粮食专业户和从事开发性生产的专业户）（D03）
农村基层自治单位及其工作人员	基层干部	基层领导和干部（D02），基层主要干部（D03），基层干部（D05）
农业科技人员	农业科技人员	农村科技人员（D03）
企业	企业	乡镇企业（D05）

由话语分布情况大体可知，1982—1986年间我国涉农信息服务对象为农民、专业户与干部，一般农民群体农民为纯粹的信息接收者，接收来自中央及各级党委和政府所提供的各种信息，基层干部则既是上级信息服务的接收者（如接收上级信息服务机构的信息服务能力培训），又是下级信息服务的提供者（向农民和专业户提供信息服务）。除此之外，随着当时我国国内教育的发展、高考制度的重新开放，国家更加注重对农村建设人才的培养，对农村知识青年的信息服务也愈受重视。

2.涉农信息服务主体

对5年间"中央一号文件"涉农信息服务主体相关表述进行梳理、提取并编码归类（限于篇幅原因，编码过程与结果略去），编码结果显示：首先，涉农信息服务主体有中央及地方各级党委和政府及其工作人员、集体组织、农业科技人员、科研机构、农民技术员等，与涉农服务主体基本一致（其中农业科技人员、科研机构相当于涉农服务主体中的专业人员），展现了政策话语的一致性和连续性。其次，我国农民信息获取渠道在很大程度上依赖"熟人"，因此，农民本身也成为涉农信息服务主体，并在政策文本上给予引导和支持。再次，由于这一阶段城市改革如火如荼进行，城市发展居于首要地位，城市对农村的支持和带动作用十分微弱，在政策话语上表现为仅有1985年简单提及"城市企业"，并未对城市作用进行定位与要求。最后，从20年代50年代起，为了支持农技信息服务，我国建立了农业科技人员制度，从而在相关文本中多次出现"农村/农业科技人员"，也体现出政策话语的互文性（intertextuality）和互为话语性（interdiscoursivity）。

3.涉农信息服务内容与模式

首先，此阶段的涉农信息服务内容以生产经营信息和文化信息服务为主，农业生产经营信息以农技推广和农业市场信息为主，包括向农民推广农业科学技术和最新成果、开展群众性的技术协作和科普活动（1982），普及农业科技知识，推广科技成果（1983）等。其次，这一时期，政府对农民和农业的信息需求有了更加深入的认识，诸如"……技术、信息、信贷等各方面的服务，已逐渐成为广大农业生产者的迫切需要（1983）"等话语多次强调了农民信息需求的出现与变化，政府意识有了大幅的提升。最后，尽管户籍制度有所限制，城市建设依然在某种程度上为涉农信息服务提供了重要的平台，如"大中城市要将建立沟通市场信息、组织期货交易的农副产品贸易中心纳入城市建设规划（1984）"等话语。对文化信息服务，在此阶段的"中央一号文件"中多以隐喻方式呈现，如"加强农村各种文化、卫生设施的建设（1983）"等话语，其主要实现方式是修建农村图书馆、图书室。

结合这一时期社会语境背景分析，1982—1986年间"中央一号文件"对信息服务的表述多用"恢复""健全""改善""充实""试行"以及"促进"等词，试图恢复及重建涉农信息服务体系，对各种涉农信息服务也是"积极支持与指导"的态度。总而言之，这一时期的核心话语在文本表述上表现为涉农信息服务主体和对象类型少、涉农信息服务层次较低。

（三）话语实践向度分析

在以城市经济发展为主要目的的政策话语导向下，这个时期涉农信息服务的话语实践表现为涉农信息服务基础设施的建设与发展。《中国农村统计年鉴1985》和《中国农村统计年鉴1986》显示，部分服务站点较1980年相比呈下降趋势，如农业技术推广站站点1984年为14035个，1985年为14242个，1986年为14425个，每年增加200个左右，而1980年则为15114个，比1986年多近700个。由于当时电信业纳入经济改革领域，在商业利益的驱使下，农村逐渐被边缘化。尽管这一时期广播电视业有了极大的发展，但总体而言，农村信息基础设施还是相对落后，相关数据见表4-3。

表4-3　20世纪80年代我国农村信息基础设施建设情况表

	单位	1980	1983	1984	1985	1986
农业技术推广站	个	15114	N/A	14035	14242	14425
农村乡镇文化站	个	N/A	4050	4036	47577	49815
农村集镇文化中心	个	N/A	7956	9236	10172	10586
农村装用电话户数	万户	79.9	81.9	86.4	93.1	99.9

	单位	1980	1983	1984	1985	1986
农村装用电话机数	万部	132.4	133.7	138.6	149.9	161.8
农村信报站	万处	N/A	N/A	N/A	N/A	22.2
农村村级广播室	个	N/A	175766	197249	212508	225420
农村通广播的村数	个	594047	542050	563227	554451	549712
小片广播网	个	100152	28095	21549	19950	21114

数据来源：1980—1984年数据来自《中国农村统计年鉴1985》（国家统计局农业统计司，1986），1985—1986年数据来自《中国农村统计年鉴1986》（国家统计局农业统计司，1987），由笔者整理归纳编制。

该阶段话语实践不足主要原因是涉农信息服务财政投入不足、信息服务的意识与能力不足，对各类型的信息需求未能安排主要服务主体，从而造成同一种信息需求多个主体负责、部分需求无人问津的现象。在信息服务的内容上，该阶段更多关注经济领域的信息需求，忽视农民、农村、农业领域对其他信息的需求，从而呈现上述话语实践。

三、第二阶段政策核心话语演变分析

（一）社会语境向度分析

2004年，中央再次发布有关"三农"问题的"中央一号文件"。"三农"问题进入新的历史发展阶段，农业深化改革进程开启。2005年，"中央一号文件"提出"坚持'多予少取放活'的方针……加强农业综合生产能力建设"，表明原有社会语境中从农村提取剩余以促进城市发展的社会实践发生转变，农村发展成为农村经济发展的主题；同年10月，党的十六届五中全会指出要按照"生产发展、生活宽裕、乡风文明、村容整洁、管理民主"的要求建设社会主义新农村。2006年，"中央一号文件"提出要真正实行"工业反哺农业、城市支持农村"的方针，推进社会主义新农村建设。2018年，"中央一号文件"的主题为"实施乡村振兴战略"，农村发展在社会整体发展中比以往更加受到重视。城乡交流和城乡一体化发展的要求，使涉农信息服务既成为国家和社会经济发展的需要，也成为农村经济发展的必然要求。

（二）文本向度分析

本章对2004—2018年的14个"中央一号文件"进行梳理，提取其中涉农信息服务核心话语并进行编码归类（限于篇幅，略去编码表展示）及高频词统计（词频≥3），结果如图4-2所示。

图4-2　2004—2018年"中央一号文件"涉农信息服务高频词分布

在这一阶段，一般性农民群体依然是涉农信息服务的主要对象，农民工、涉农企业等特殊群体也是涉农信息服务重要对象；"服务"一词在2004—2018年"中央一号文件"中共出现了294次，最高频次为37次（2013年），远高于"领导""管理""指导"等命令式话语表述，这体现出与"服务型政府"话语在政策文本中的一致性；"服务"主要话语搭配为"信息服务""文化服务""培训服务""技术推广服务"等，体现出涉农信息服务主要的服务方式及服务手段；"信息"从一开始的"信息服务"话语搭配，到"信息平台""信息技术""信息网络"等话语搭配，体现出我国涉农信息服务与时俱进，服务手段不断拓展，应用水平逐渐提高。这些高频词一起构成我国新时期涉农信息服务政策文本的话语秩序，限制了我国新时期涉农信息服务话语建构的边界，形成我国新时期涉农信息服务政策话语体系的基本框架。

1. 涉农信息服务对象

编码结果显示，尽管农民和干部依然是主要对象，但与80年代涉农信息服务对象相比，该阶段有以下较大变化：

（1）多样化

涉农企业和农业相关专业组织（农民专业合作组织、农产品专业合作组织）成为重要的服务对象，一是由于过去多年来我国"三农"信息服务有了较大的发展，对农民和干部的信息服务既有了一定的经验，也有了较为成熟的机制；二是由于我国经济的发展，涉农企业和农业专业合作组织已经存在并且需要支持；三是在一定程度上，涉农企业和农业相关专业组织既起着连接纽带的作用，也可以承担针对农民的信息服务，起着辐射带动作用。在2004年后几年"中央一号文件"中多次提及农产品出口企业，这也是新出现的涉农信息服务群体，原因在于2001年我国加入WTO，国际贸易出现并取得了多方位的发展，农业领域的国际贸易发展时间短，亟需对其进行信息服务，尤其是国际农产品市场信息和市场准入，甚至是国际贸易纠纷方面的信息服务。

农民工作为涉农信息服务对象出现。尽管1980年的政策已经在一定程度上表现出对城乡人口流动的宽容，农村劳动力在城镇享受相关权利（教育、居住、自由迁徙）和落户却是在2001年中央政府小城镇户籍制度改革后，才有了政策保证。这也就解释了尽管在20世纪80年代我国就有了农民工/务工农民这一群体，但在2000年左右人们才谈及对这一群体的信息服务问题。

基层服务队伍作为对象出现，尤其是农村教师、医生和农技推广人员。随着社会整体的进步，教育、卫生和科技领域愈加受到社会重视。与我国经济发展模式相同，教育、卫生和科技领域的发展也是从城市开始，再向农村扩散。同时这些领域较为特殊，具有强烈的知识密集型特点，于是教师、医生、农技推广人员的信息服务就变得尤为重要。

（2）对象群体的内部分化

作为主要对象，在长久的发展中，农民和干部这两个群体内部逐渐分化。农民群体首先是在地域上出现分化，根据上文，农民群体不仅包括生活在农村地区的居民，而且城乡地域被打破，部分农村劳动力开始向城市转移，对这一部分人的信息服务始终是涉农信息服务承担的责任，如在其外出务工前对其提供劳动力市场信息、技能培训以及其他信息等。近年来针对返乡农民工再创业的信息服务体系构建引起了很大的讨论。对留在农村地区生活的农村居民而言，其内部也出现了分化，尤其是农村弱势群体，如儿童、妇女、老人、身患职业病的农民工和残疾人陈述的出现。

对干部群体，农村党员干部的信息服务在农村干部队伍信息服务中尤为突出，我国农村党员干部远程教育工程作为典型，其目的依然是为了解决"三农"问题，即促进农村信息化。农业经营主体由专业户向龙头企业、农产品出口企业、农民合作社、家庭农场、供销合作社等转变，也使得涉农信息服务对象——农业经营主体信息服务逐渐细化。同时指导范围也从广域指导（全国范围内）向地区性指导（如2008年强调对中西部农村和边疆地区骨干教师的远程信息服务、近年来强调对"老少边穷"地区农民的信息服务等）转变。

（三）农民群体知识水平不断提升

如上文所述，20世纪80年代我国涉农信息服务对象中农村知识青年实现了基于知识水平的农民群体的第一次分化，随后有关农民知识水平的话语表述为农村大中专毕业、中高等学校毕业生、高校毕业生、留学归国人员等，同时我国农村教育的发展情况，表明我国农民群体的知识水平在不断提升，而针对这一群体的信息服务也应不断提升其层次。

1.涉农信息服务主体

这一阶段我国涉农信息服务主体的演变有以下特征：

第一，中央及各级党委和政府在我国涉农信息服务中始终占据着主导地位，各部门包括农委、科委、计划、财政、物资、文化和信息等，这些是开展涉农信息服务的支柱部门。

第二，集体层次上，农村合作组织（供销合作社、农产品合作组织）、基层管理队伍、地区性合作经济组织、农村服务组织都是涉农信息服务的主力。

第三，农业科技人员、农村科技人员、农技推广人员及科技特派员，陈述发生变化但性质未变，农业科技推广人员在涉农信息服务方面起着十分重要的作用。

第四，教育（高等院校、农业院校）、科研（研究院、科研所、农业科研机构）等事业单位在科技信息推广和服务方面起着至关重要的作用。涉农企业，尤其是龙头企业、经营性农业信息服务企业、涉农中介服务组织，起着重要的辐射带动和引导作用。近年来，随着"智慧农业""农村信息化""互联网+""数字农业"等概念的兴起和发展，电商企业、文化产业等相关企业更加注重涉农信息服务领域。

第五，社会力量逐渐参与。从早期的公益性农业机械推广机构、科技普及协会，各行业的志愿者队伍，到如今的公益性社会团体、农村公益基金会，社会力量不断渗入到涉农信息服务中。2018年的"中央一号文件"强调，鼓励社会各界投身乡村建设，要发挥工会、共青团、妇联、科协、残联等群团组织的优势和力量，发挥各民主党派、工商联、无党派人士的积极作用。

第六，政府不断引导和鼓励农民满足自身信息需求。涉农信息服务主体的规模在不断扩大，类型在不断丰富，层次在不断深入。同时，部分涉农信息服务主体也担任信息服务对象的角色，如农村党员干部在农村党员干部远程教育机制下就是信息服务的使用者，农业技术推广人员在科技特派员制度下是信息服务的接受者。涉农企业在发展中需要从政府、行业组织或协会获取市场信息，这些信息服务获取的最终目的是提升信息服务主体的服务能力和水平，从而更好地为农民提供信息服务。

2.涉农信息服务内容与模式

在农村居民生产经营信息需求（如技术信息、经济信息、市场信息等）

的信息服务中，所有涉农信息服务主体均发挥了作用。作为在涉农信息服务主体占据主导地位的中央及各级党委和政府，始终可以提供多种类型的涉农信息服务。例如，针对农民的科技推广机制、科技特派员制度、气象信息服务机制，针对农村劳动力的职业技能培训和信息服务机制、农民工就业信息和劳务信息服务，针对农村基层服务队伍的信息素质培养和信息服务能力提升计划、农村党员干部的农村远程教育计划，针对涉农企业的相关服务，如技术推广服务、市场信息预测通报服务，针对涉农集体性组织的信息通报服务和信息服务能力培育计划等。从2004年起，中央和地方开始安排专门资金，支持农民专业合作组织开展信息、技术、培训、质量标准与认证、市场营销等服务。同时发挥重要作用的还有涉农集体组织（农村合作组织、基层管理队伍、地区性合作经济组织、农村服务组织）、教育科研等事业单位、涉农企业、公益性科技推广机构等社会力量以及农民自身。

在农民和农村居民其他信息需求（如医疗卫生信息、教育或助学信息、社区生活信息等）的信息服务中，中央及各级党委和政府依旧发挥着主导作用。例如，对农村远程教育平台、远程医疗系统以及其他农村信息服务平台等社会化服务体系的构建，尤其是针对农民文化信息需求的农村图书室、农家书屋等基层文化服务机构、广播电视"村村通"、农村电影放映工程、文化信息资源共享工程等。政府在这里更多的是提供涉农信息服务发展的路径与条件支持，实践角度则由其他涉农信息服务主体来执行，如基层干部、基层服务队伍、部分涉农企业和志愿者队伍等。

（四）话语实践向度分析

这一时期，话语实践体现在：一是各种信息服务机制的建设与健全，2003年，"农村党员干部现代远程教育工程"启动，随后一直是我国农村党员干部重要的信息服务平台。2004年，"村村通电话工程"开始实施，农村信息化基础设施取得重大发展。2005年，商务部启动"万村千乡市场工程"，持续推进农村电子商务。2006年，"广播电视村村通工程"（第二轮）开启。农业部、工信部等按照"六个一""五个一"等标准建设农村综合信息服务平台。2009年，科技部、中组部、工信部联合启动国家农村农业信息化示范省建设。二是话语实践呈现规模大、覆盖范围广、水平高的特征。目前，我国"县有信息服务机构、乡有信息站、村有信息点"的农业信息服务格局基本形成，农村信息服务机构实现全覆盖。农业部、工信部、文化部等相关部门在全国部署涉农信息采集点达8000多个，远程收集和提供各行业与领域的涉农信息。政府开设了互联网政务、微信服务、政务微博、政务头条号等多种互联网信息服务渠道，多方面满足"三农"信息需求。三是存在话语不足的问题，表现为国家长期的"多取少予"政策派生出的"上面千条线，下面一根针"的农村信息供给方式，对涉农信息服务的长期发展有着十分不利的影响。尽管现有政策已经试图构建农民自身提供和满足其信息服务的话语体系，但由于各地经济文化发展和城乡发展差距仍十分巨大，话语的引导性意图仍然难以实现。

四、政策核心话语演变特征

通过对我国历年"中央一号文件"的分析，发现我国是通过服务对象相关陈述，以明确服务归宿、服务主体相关陈述，确定服务归属、服务内容和模式相关陈述，明确服务主题来构建涉农信息服务话语体系的。由于陈述方式的演变，我国涉农信息服务从整体来看，具有延续性和一致性、跳跃性和间断性、延伸性和发展性等多维度特征。

（一）延续性和一致性

政策话语的延续性和一致性是对话语互文性与互为话语性的讨论。互文性和互为话语性是指话语体系对历史性话语实践的继承、改造和创新，体现出话语构建的一致性。

自1980年以来，我国涉农信息服务政策核心话语的延续性和一致性表现为部分涉农信息服务对象、主体和服务内容的一致性。从涉农信息服务对象来看，农民和基层干部为涉农信息服务的主要接收者，这在历年政策文本中都有提及，且每年表述概念差异性较小，不同时期的表述基本保持一致；从涉农信息服务主体来看，自1980年以来，中央及各级党委和政府始终是涉农信息服务主体的主导力量，集体组织、科研和科技服务机构、相关企业、基层服务队伍和农民自身，是我国涉农信息服务主体的重要组成部分，在话语演变上也保持对上一年或是过去几年文本语言的继承和延续；从涉农信息服务内容来看，农业科技信息服务和文化服务是我国涉农信息服务内容的核心，每一年的涉农信息服务都会有所涉及，并依据社会语境特征进行改造和创新；从服务模式来看，一直是以政府为主导，其他力量辅助和支持来促进我国涉农信息服务的发展。

（二）跳跃性和间断性

从"中央一号文件"涉农信息服务两个阶段的话语分析看，前一个阶段重点在对农业经济信息和科技信息需求的满足，主要服务对象群体相对简单（农民和干部），同时服务主体侧重政府及其延伸机构，服务手段侧重传统媒体。在第二个阶段，信息需求的覆盖面已经从生产和经济领域扩展到经济、社会、政治、文化等多个领域，服务对象群体不仅呈现多元化特征，服务主体也扩展至包括政府、企业和第三部门在内的多元供给主体，服务手段转向互联网和传统媒体并行的局面，其中的政策话语呈现出显著的跳跃性特征。

在两个阶段之间的十多年时间里，我国农村经济社会取得了长足的发展。无论是涉农信息服务主体能力与意识，还是服务对象的接受能力与意识都有了很大程度的提升和增强。在技术上，1986年我国农业部开始组建农业部信息中心，农牧渔业信息管理系统成为我国农业服务信息化的先驱。1994年我国正式接入互联网，同年，"金农工程"提出并开始实施。这些都表明涉农信息服务受到足够重视。这些关键性的实践活动未能及时体现在"中央一号文件"中，当"三农"问题以"中共一号文件"再次出现的时候，呈现出有别于前一阶段鲜明的间断性特征。

（三）延伸性和发展性

政策核心话语的延伸性与发展性是指对政策话语的发展与创新。在我国涉农信息服务政策核心话语演变中，延伸性与发展性表现为涉农信息服务对象的多样化拓展（除农民工群体、除基层干部外的农村基层服务队伍，如教师、医生、文艺工作者等）和部分涉农信息服务对象的内部分化（如一般农民群体分化出弱势群体、农民工群体等，涉农企业开始以企业性质为划分依据进行个性化信息服务）。涉农信息服务主体的规模不断扩大，类型不断丰富，层次不断深入，涉农信息服务内容呈现制度化、规模化、个性化特征，涉农信息服务服务体系的形成，都是对过去涉农信息服务政策话语的创新与发展。不同时期的社会语境与话语实践经验形成新的陈述集合，从而构建与成就不断革新及发展的我国涉农信息服务政策话语体系。

五、政策未来话语方向

涉农信息政策文本话语是涉农信息服务政策制定者依据特定的社会性（如历史性、文化性、制度性等）规则，运用语言构建知识、表达意义的陈述集合。由前述分析不难发现，涉农政策话语演变呈现出相对稳定的渐进特征，对当下涉农信息需求的回应，越来越注重服务对象的"可行信息能力"（樊振佳，程乐天，2017）。可行信息能力是信息主体能够满足自身信息需求的实质自由，受到结构性因素和能动性因素的共同制约。当前涉农信息服务政策话语主要集中在经济条件、基础设施、信息资源等结构性因素方面。面对农业生产、农村生活、返乡创业等多重信息需求，未来的涉农信息服务政策在继续完善结构性因素的同时，应当更多关注服务对象的能动性因素，如信息意识和信息技能的增强和提升。因此，涉农信息服务政策话语的方向体现在：一是文本上保持其科学性、一致性和连续性，并且注重话语体系的健全；二是同一指向的涉农信息服务政策可能涉及多元服务主体，不同服务主体的政策话语的逻辑连贯性更加完整；三是在话语实践中，多元行动主体的实践活动趋向更加高效的协同性。

通过上述分析，我国涉农信息服务可以划分为1982—1986年以及2004—2018年两个阶段，第一阶段由于恢复重建阶段，户籍制度严格限制、农业经济地位下降、涉农信息服务意识薄弱等因素导致涉农信息服务主体和对象类型少，涉农信息服务层次低、内容少，基建总体发展缓慢。第二阶段由于"工业反哺农业、城市支持农村"方针和社会主义新农村建设开始实施、户籍制度放开促进人口流动、经济全球化促进农业活动区域的延伸，以及各种信息技术的发展，使得涉农信息服务不局限于传统的农民、农业活动以及农村地域，其对象呈现多样化特征，服务主体规模扩大、类型丰富、层次深入，服务内容呈现制度化、规模化、个性化特征，涉农信息服务服务体系逐渐形成。总体上，我国涉农信息服务政策话语呈现具有延续性和一致性、跳跃性和间断性、延伸性和发展性等多维度特征。

三个向度的分析表明，尽管政策已经构建出具有指导性意图的话语体系，但是实践却未能表现出来，这种偏差体现出我国涉农信息服务存在的一些问题。在未来工作中，基于政策话语的演变特征把握，在特定话语体系中构建提升信息服务对象可行信息能力的对策将成为进一步研究重点。例如，尽管由于"中央一号文件"的政策指引，从中央到地方各级政府和社会主体几乎都参与了涉农信息服务体系建设，但到达乡镇层次及其以下就很难保证所需资源的有效配给，在村民自治组织这一层级这种资源的匮乏就更加显著，这种局面导致相应信息服务平台和信息服务手段既难以在"最后一公里"真正发挥作用，信息服务的水平和质量也难以满足农民多样的信息需求。此外，即使政策文本做出某种意图，"多头"参与导致的权责不一致也可能导致话语实践无法成就。

第二节　信息服务体系构建

我国启动信息化工作以来，农村地区基础设施和信息服务的贫弱状况有所改观，借助现有的信息服务体系有效获取和利用相关信息是农村创业人员开展创业活动的现实要求。同时，在ICT变革实现新突破的发轫阶段和数字红利充分释放的扩展阶段的"十三五"时期，做好农村创业信息服务也是政府和相关信息服务部门的要务。

本章基于如下两个前提进行研究。其一，政策文本是一定时期内相关社会主体行动的指南，即社会部门、个人等主体会按照政策的引导去实施与政策一致的行动，从而实现政策的目标。面对农村"双创"背景，这种前提体现在来自政府、企业、社会组织、个人等不同主体对农村创新和创业的扶持、响应、服务和参与。其二，相关社会主体的行动相对政策而言，存在一定的时滞和偏差，需要适时对相关社会主体加强引导或对政策表述作出调整。由于政策相对实践活动具有一定的超前性，在其实施过程中不同社会主体对政策的理解、接受和反应需要一定的时间，而且有可能基于不同的利益诉求，在政策实施过程中出现偏差。因此，我们在对农村创业信息服务体系进行考察时，既需要对有关政策文本进行解读，挖掘其深层次"隐喻"的内容，以此理解农村创业信息服务体系的"应然"状况，也需要基于农村创业信息服务的田野调查，分析"实然"与"应然"之间的差距，以此作为建议策略完善或修改的依据。

面对上述现实背景和前提，本章试图从图书馆信息职业视角关注社会信息问题，并以保障信息有效查询和获取（Yu, 2015）为出发点，关注并回答如下问题：现有相关政策文本中面向农村创业的信息服务体系是如何构建的？目前已经基本形成的农村信息服务体系和"双创"服务体系能否满足当下农村创业的信息需求？面对"双创"背景下的农村创业需求，农村信息服务体系应当如何发展和完善？基于上述问题，本章的研究目标是通过对农村创业信息服务主体、信息渠道、依托平台、服务方式等方面进行梳理，为不同信息服务主体在农村创业信息服务中的职能界定提供参考，并据此提出农村创业信息服务体系完善的对策及建议。

本章对创业政策文本和田野调查两个方面开展研究，文本分析对象主要是中央和地方部门发布的可公开获取的政策文本，田野调查是笔者对天津郊区农村和相关服务机构的实地调研。目前已经基本形成的农村信息服务体系，在很大程度上是由从中央到地方相关部门自上而下推动的结果，不同地域的农村信息服务体系存在较多的共性，因此本章构建的对策建议在更广范围内具有一定的推广价值。

面向农村创业的信息服务，至少存在以公共政策为代表的政府部门话语和以创新创业实践为代表的实践经验话语等两种话语体系。其中，政府部门话语体系强调利用公共政策来实现对社会事务的管理和引导，即突出相关主体"需要做什么和怎么做"；实践经验话语则更多从具体情境的实践主体利益出发，更加注重公共政策对农村创业带来的实际影响，进而表现出"实际做什么和怎么做"，相关主体的实践活动和认知可以被视为对公共政策的反馈。面向农村创业信息服务的现实，有必要结合上述两种话语体系实现对现实问题的全面理解和把握。

一、研究设计

（一）对象界定与问题描述

农村通常指主要从事农业劳动的居民生产和生活的地域。同时，在特定政策话语体系中，它往往指代与城市相对的一种社会区域。处于农村地区的居民既可以从事种植业等传统农业，也可以从事特种养殖、加工、物流等其他生产或服务活动。

传统意义上，农村地区的居民被笼统冠以"农民"的称谓，其实是将生产劳动分工和居住地域两个维度混为一体，在这个意义上，"农民"与"农村居民"具有相同内涵。当前中国语境下的农民，从广义上讲，包括整个第一产业（包括农林牧副渔等行业）的劳动者，从狭义上讲，是指居住在农村地区并在家庭联产承包责任制土地权属背景下从事农业生产劳动的人群。从狭义概念出发，农民在分配给自家的土地上从事农业生产劳动属于本职劳动，而此外的诸如专业养殖、加工、服务、餐饮、销售等活动可列入农村创业活动范畴。基于这一界定，创业人员（Entrepreneur）不完全等同于"创客"（Maker），后者指勇于创新并将创意转化为现实的人，创新是其本质属性；而前者的外延相对宽泛，为了实现创业目标而采用新的劳动方式的群体都可以归入此类，既包括基于创新创意的"创客"群体，也包括通过探索、模仿、尝试等方式进入新领域，或者采用新方式、新工艺在原有领域从事生产服务活动的群体。例如，原来从事传统农作物种植的农民转变为无公害果蔬种植的专业户，我们可称之为农村创业人员，而将艺术设计与果蔬种植结合起来提供创意瓜果的人群则可以称之为"创客"。随着"双创"活动在农村地区的开展，具有创业信息需求的农村创业人员应当归入哪一类信息用户，如何梳理其信息服务需求并采取相应的保障机制，越来越成为一个复杂的问题。

涉及农村创业信息服务的对口政府部门，包括农村农业、人力资源和社会保障、信息化、发展改革、科学技术、文化广播新闻、民政、财政、税务等部门，公共信息服务部门包括公共图书馆、信息（情报）所及其他社会组织。就天津地区而言，天津市农业农村委员会（以下简称"天津市农委"）作为农村农业事务行政管理归口部门，与信息化、公共服务、贫困帮扶等政府职能部门共同处理辖区内农村创业的信息保障行政事务，各级公共图书馆、信息所（中心）、农科院所等组织在一定程度上承担着信息保障的社会责任。

本章的研究问题包括：一是对相关政策文本进行分析，提取其中关于农村创业信息服务的表述和"隐喻"；二是基于对相关主体在农村创业信息服务过程的实践活动观察和访谈，分析不同主体在农村创业信息服务体系中的角色及其对政策的响应；三是对比政策与实践的差距，梳理完善农村创业信息服务体系的建议。

（二）数据采集

政策文本：通过中国政府网（www.gov.cn）、相关部委网站和地方政府信息公开专栏等政务信息公开途径，获取包括国务院、相关部委及地方等涉及"双创"、信息化、扶贫脱贫等相关主题的政策文本。

田野调查：采用观察法对农村村民自治组织、信息服务机构、创业服务组织等进行考察，并对涉及上述机构或组织的相关人员进行访谈，包括农村创业人员、村干部、驻村干部、大学生村官和信息服务机构人员等人群。

（三）分析框架

本章基于对相关政策文件的分析，提取其中关涉农村创业信息服务的内容，形成农村创业信息服务的政策依据，继而依据田野调查的质性数据描述当前农村信息服务体系及相关主体的反馈。同时，通过比较分析现实实践与政策依据，反思当前农村创业信息服务的政策框架和信息服务体系，提出有针对性的完善策略。

二、农村创业信息服务的政策文本分析

政策文件是一定时期内政府和社会相关主体实施相关活动的依据，其本身的文本表述体现出决策部门对相关社会活动的引导意图。这种文本表述可能是明确表达的要求，也可能是暗含意义的隐喻。由于农村创业的信息服务体系问题涉及"双创"、"三农"、信息化和扶贫脱贫等主题。因此，本章选取的政策文本为主要基于上述四个方面的"国发""国办发"及相关部委和天津地方的16份政策文件，其中"编号"为便于文本分析所作的随机流水序号，具体如表4-4所示。

表4-4 文本分析涉及的政策文件

编号	文号	标题
L01	国发〔2015〕32号	国务院关于大力推进大众创业万众创新若干政策措施的意见
L02	津政办发〔2016〕7号	天津市人民政府办公厅印发贯彻落实国务院关于大力推进大众创业万众创新若干政策措施意见任务分工的通知
L03	国发〔2015〕53号	国务院关于加快构建大众创业万众创新支撑平台的指导意见
L04	国办发〔2015〕47号	国务院办公厅关于支持农民工等人员返乡创业的意见
L05	国办发〔2016〕84号	国务院办公厅关于支持返乡下乡人员创业创新促进农村一二三产业融合发展的意见
L06	国办发〔2015〕9号	国务院办公厅关于发展众创空间推进大众创新创业的指导意见
L07	农加发〔2015〕3号	农业部关于实施推进农民创业创新行动计划（2015—2017年）的通知

编号	文号	标题
L08	农办加〔2015〕17 号	农业部办公厅　共青团中央办公厅　人力资源社会保障部关于开展农村青年创业富民行动的通知
L09	农办加〔2015〕9 号	农业部办公厅关于加强农民创新创业服务工作促进农民就业增收的意见
L10	津政办发〔2015〕73 号	天津市人民政府办公厅关于进一步做好新形势下就业创业工作的实施意见
L11	国发〔2015〕23 号	国务院关于进一步做好新形势下就业创业工作的意见
L12	国办发〔2015〕78 号	国务院办公厅关于促进农村电子商务加快发展的指导意见
L13	国办发〔2016〕87 号	国务院办公厅关于完善支持政策促进农民持续增收的若干意见
L14	国发〔2014〕40 号	国务院关于进一步做好为农民工服务工作的意见
L15	国发〔2016〕73 号	国务院关于印发"十三五"国家信息化规划的通知
L16	国发〔2016〕64 号	国务院关于印发"十三五"脱贫攻坚规划的通知

（一）政策文本中的农村创业信息服务利益相关主体

相关政策文本中，农村创业信息服务涉及的利益相关主体主要包括三类：服务对象群体、服务责任主体和服务参与主体。其中，服务对象群体实际指农村创业人员（不同政策文本的表述概念有所区别，见表4-5），而服务责任主体则一致落实为政府相关部门（主要为农业、信息化、科技、文化等行政管理部门），社会组织、行业组织、企业、第三方服务机构等作为参与主体与政府部门协司做好相关服务工作。

表4-5　政策文本中农村创业信息服务对象群体

序号	表述概念	涉及文本
1	农民	L05、L07、L09、L10、L11、L12、L13、L15、L16
2	（返乡）农民工	L03、L04、L05、L09、L11、L13、L14
3	农村青年	L01、L02、L04、L07、L08、L10、L11
4	返乡创业人员	L01、L02、L04、L05
5	（返乡）大学生	L04、L05、L08、L15
6	（返乡）退役军人	L04、L05、L09
7	大学生村官	L07、L09、L15
8	农村劳动力	L02、L10、L11

序号	表述概念	涉及文本
9	基层创业人员	L01、L02
10	新型职业农民	L07、L13
11	（农村）贫困户	L15、L16
12	农村居民	L02
13	农村妇女	L04
14	下乡人员	L05
15	农村能人	L09

由政策文本中农村创业信息服务相关利益主体的分布情况大体可知，服务提供的责任主体与传统农村信息服务体系的责任主体基本一致，仍然为与"三农"问题相关的行政部门。强调通过政府购买服务等途径鼓励行业协会、产业联盟等行业组织和第三方服务机构等社会主体共同参与，有可能成为农村创业信息服务方式创新和服务体系完善的突破点之一。农村创业信息服务对象的表述在不同政策文件中有所差别，不难发现，不同概念之间并非完全互斥关系。例如，"农民"在通常意义上等同于"农村居民"，而"返乡创业人员"实际包含"返乡创业的农民工、大学生、退役军人"等群体。而且，这些对象并未强调"创客"，而是以更加务实的态度对农村创业人群进行界定。从政策文本整体来看，任何具有创业潜力的农村人群都应当纳入农村创业信息服务体系，这一点毋庸赘言，通过政策文本对特定群体的强调不难发现，返乡创业人员（包括农民工、大学生、退役军人等）和农村青年应当作为重点服务对象。这些人群在文化知识、社会阅历、创新潜质等方面的优势，使得他们更容易成为农村创业的成功者。

（二）政策文本中有关农村创业信息服务的内容及特征

通过对政策文件中涉及农村创业信息服务的相关文本进行梳理（受篇幅所限略去编码过程展示），相关表述归结为表4-6所示。

表4-6　相关政策文件关涉文本及其编码归类

类属	编码	原始文本
平台与基础设施	发布平台	◆ 建立创业政策集中发布平台（L01、L02）
	创新平台	◆ 提高各类……创新平台和基地的服务能力……（L03）
	基层服务平台	◆ 加强基层服务平台和互联网创业线上线下基础设施建设（L04）
平台与基础设施	基层综合公共服务平台	◆ ……进一步推进县乡基层就业……农村基层综合公共服务平台、农村社区公共服务综合信息平台的建设（L04） ◆ 支持……、信息服务平台、……建设（L13）
	创业创新平台	◆ 努力搭建农民创业创新平台。……依托农业部"信息进村入户试点"等平台……（L07）
	信息平台	◆ 推进农村社区综合服务设施和信息平台建设，……（L05）
	基础设施	◆ 支持电信企业加大互联网和移动互联网建设投入，改善……宽带网络基础设施和服务体系。……（L04） ◆ 加快推进信息进村入户工作（L12、L15） ◆ 加强农村基础设施建设（L12） ◆ 加快农村及偏远地区网络覆盖（L15） ◆ 增强农业信息化发展支撑能力（L15）
资源	信息资源	◆ 加强创业创新信息资源整合（L01、L02） ◆ ……拓展乡村信息资源、……为基层创业提供支撑（L01、L02）
	知识	◆ 加强创业创新知识普及教育，……（L02） ◆ 丰富信息内容服务，普及农业科技知识，……（L15）
	科技	◆ 加快公共科技资源和信息资源开放共享（L03）
	数据	◆ 加强政府数据开放共享，……（L01、L02）
服务	公共服务	◆ 提升公共服务能力。积极开展面向返乡下乡人员的政策咨询、市场信息等公共服务（L05） ◆ 针对……特殊人群的实际需求，整合利用网络设施、移动终端、信息内容、系统平台、公共服务等，积极发展网络公益……（L15） ◆ 推进农村社区信息化建设，推动城乡信息服务均等化，缩小城乡数字鸿沟（L15）
	电子商务	◆ 支持农民依托平台网络发展电子商务（L07） ◆ 实施"互联网+"现代农业行动，大力发展农产品电子商务，提高农村物流水平（L13）

类属	编码	原始文本
服务	技能培训	◆ 面向返乡下乡人员开展信息技术技能培训……支持返乡下乡人员利用……新一代信息技术开展创业创新（L05） ◆ 对农民、合作社和政府人员等进行技能培训，增强农民使用智能手机的能力（L12） ◆ 支持农民创业创新。……实施农民工等人员返乡创业培训五年行动计划。……（L13） ◆ 开展农民手机应用技能培训，提升农民信息化应用能力（L15）
	应用开发	◆ 鼓励……面向返乡下乡人员开发信息应用软件，……（L05） ◆ 加快推进网络扶贫移动应用程序（App）开发使用（L15）
	服务模式	◆ 完善专业化、网络化服务体系（L01、L02） ◆ 积极推动社会公共众扶。提高各类公益事业机构、创新平台和基地的服务能力……（L03） ◆ 进一步健全农民创业创新服务体系。……为农民创业创新提供综合性服务（L07） ◆ 大量开展专业类服务，……开展信息服务和各类公益活动。……开展信息引导（L07） ◆ 加快公共就业信息服务信息化。……推进政府、社会协同提升公共就业服务水平（L11） ◆ 大力推进信息进村入户，拓展"12316"的"三农"综合信息服务（L15） ◆ 建立健全社会组织参与扶贫开发的协调服务机制，构建社会扶贫信息服务网络（L16）

由表4-6可以看出，相关政策文本中涉及农村创业信息服务的相关规定集中体现在平台与基础设施建设、资源建设和服务建设这三个方面，在内容方面体现出如下特征。

1.强化农村信息基础设施和综合服务体系建设

多份政策文件明确指出推进"信息进村入户"工作，与对电信服务提出的"提速降费"要求相得益彰，为农村信息基础设施和互联网服务普及提供了保障。发布平台、创新平台、基层服务平台、基层综合公共服务平台、创业创新平台的建设，虽然在名称和功能侧重点上有所差异，但信息采集、组织、发布等功能是基本一致的。此外，当下新技术的服务向农村延伸也得到进一步凸显，例如，对大力发展"互联网+"和农村电子商务、农村物流等方面的强调。

2.注重信息资源整合与共享

传统农村信息服务注重农业技术推广等内容，资源内容和传播渠道相对单薄。在"双创"背景下，加强创业创新信息资源整合，拓展乡村信息资源，加强创业创新知识普及教育，丰富信息内容服务，加快公共科技资源和信息资源开放共享，以及加强政府数据开放共享等要求被明确提出，为农村创业信息服务体系的完善提供了资源建设的指导方向。多源信息的整合与共享机制成为当下农村创业信息服务的重点任务。

3.鼓励多主体参与服务供给

综合服务和专业服务并重发展，特别是旨在提升创业能力的培训服务被提上重要地位。例如，天津市农委、国家统计局天津调查总队等六部门在2016年4月发布的《关于印发2016年促进农民增收政策措施的通知》中规定："对农民创业提供免费创业培训、创业能力测评、提供创业项目、创业指导、政策咨询、法律援助以及提供创业担保贷款等一条龙服务"。在倡导由政府主导的公益性和均等化服务的同时，鼓励行业协会、产业联盟等行业组织和第三方服务机构等社会主体参与服务供给，由政府和社会协同提升农村创新信息服务水平。

（三）政策文本中农村信息服务的隐喻表述

前一节对政策文本显著提到的相关文字进行梳理，这是一种直接提取文本进行理解的方法。由于政策文本的简约和精炼特征，对未能直白表达的文本，通过挖掘其背后的"隐喻"，同样有助于对其中关涉农村创业信息服务的内容的把握。隐喻，既是一种语言现象，也是一种认知现象。莱考夫与约翰逊认为，隐喻本质是通过B事物来理解和体验A事物（Lakoff G & Johnson M，1980）。隐喻可以被用作分析和理解文本的工具。相关文本及其隐喻的梳理见表4-7。

表4-7　相关政策文件关涉文本及其隐喻分析

编号	类型	年份	原始文本	隐喻
L01	中央	2015	◆ 构建……政策环境、制度环境和公共服务体系，…… ◆ 加强创新公共服务资源开放共享，…… ◆ 大力发展第三方专业服务。……不断丰富和完善创业服务。 ◆ 鼓励开展各类公益讲坛、创业论坛、创业培训等活动，丰富创业平台形式和内容。…… ◆ 支持电子商务向基层延伸。……推动农村依托互联网创业。鼓励电子商务第三方交易平台渠道下沉，带动城乡基层创业人员依托其平台和经营网络开展创业。…… ◆ 支持返乡创业集聚发展。……形成各具特色的返乡人员创业联盟。	信息服务纳入公共服务；创新公共服务资源开放共享的途径为信息公开；第三方专业服务包含信息咨询服务；公益讲坛、创业论坛等相关活动信息发布需要平台支撑；电子商务的前提是信息渠道通畅；创业联盟信息涉及多个主体，需要便捷有效的信息渠道；信息产品和信息服务属于公共产品和服务
L02	天津	2016	◆ 增加公共产品和服务供给，为创业者提供更多机会。 ◆ 发展创业服务，构建创业生态…… ◆ 推动农村依托互联网创业。鼓励电子商务第三方交易平台渠道下沉，带动城乡基层创业人员依托其平台和经营网络开展创业。…… ◆ 深入实施农村青年创业富民行动，支持返乡创业人员……开展创业，完善……发展环境。	信息产品和信息服务属于公共产品和服务；信息服务是创业服务内容；电子商务前提是信息渠道通畅；发展环境包括政策支持、财政优惠、信息服务等
L03	中央	2015	◆ 鼓励……农民工返乡创业园等加快与互联网融合创新，……鼓励各类线上虚拟众创空间发展……	虚拟众创空间依赖互联网等信息基础设施；信息服务属于创业公共服务；创新与创业对接需要信息保障
L04	中央	2015	◆ 完善农民工等人员返乡创业公共服务。……依托基层公共平台集聚政府公共资源和社会其他各方资源，组织开展专项活动，为农民工等人员返乡创业提供服务。…… ◆ 引导返乡创业与万众创新对接。……为农民工等人员返乡创业提供科技服务，……	返乡创业服务包括信息提供服务；科技信息服务是科技服务重要形式
L05	中央	2016	◆ 开展创业培训。实施农民工等人员返乡创业培训五年行动计划和新型职业农民培育工程、农村青年创业致富"领头雁"计划、贫困村创业致富带头人培训工程，开展农村妇女创业创新培训，……有针对性地确定培训项目，实施精准培训，提升其创业能力。……	创业培训是信息服务的形式；精准培训以明确创业人员信息需求为前提

续表

编号	类型	年份	原始文本	隐喻
L06	中央	2015	◆ 支持创新创业公共服务。	创业公共服务包括信息服务
L08	部委	2015	◆ 提供综合性服务……	综合性服务包括信息服务
L09	部委	2015	◆ 坚持政府推动、政策扶持、农民主体、社会支持相结合，……建立完善农民创新创业服务体系，…… ◆ 积极提供农民创新创业各类专业服务。依托现有的乡镇企业服务中心、创业服务中心等服务机构，……为农民创新创业提供……专业和综合类的服务。	信息服务隶属创新创业服务体系；专业服务包含信息咨询服务；综合服务包括基本信息服务
L10	天津	2015	◆ 支持农民创业……支持农民网上创业……推进农村青年创业富民行动。 ◆ 强化公共就业创业服务。健全公共就业创业服务体系，完善公共就业创业服务制度，强化公共就业创业服务能力建设。……	网上创业以互联网等基础设施和互联网技能为前提；公共就业创业服务体系包括信息服务体系
L11	中央	2015	◆ 强化公共就业创业服务。……提高服务均等化、标准化和专业化水平。	公共就业创业服务包括信息服务
L14	中央	2014	◆ 完善和落实促进农民工就业创业的政策。……扶持农民工返乡创业。……。完善城乡均等的公共就业服务体系，有针对性地为农民工提供政策咨询、职业指导、职业介绍等公共就业服务。……将农民工纳入创业政策扶持范围，……	咨询服务属于信息服务；政策服务属于信息服务
L16	中央	2016	◆ 培育电子商务市场主体。将农村电子商务作为精准扶贫的重要载体，把电子商务纳入扶贫开发工作体系…… ◆ 提高贫困人口创新创业能力。深入推行科技特派员制度，……引导支持科技人员与贫困户结成利益共同体…… ◆ 加强公共文化服务体系建设。	电子商务前提是信息渠道通畅；创新创业能力包含信息能力；公共文化服务体系涉及公共信息服务

尽管在原始政策文本中，信息服务的相关内容有可能被"公共服务""综合服务""宣传""推广"等话语所包含或替代，通过分析这种"暗喻"对信息服务的要求，在一定程度上有助于把握政策文本对农村创业信息服务体系的要求。表4-7列举的政策文本尽管来源不同，但其对创业信

息服务的隐喻基本可以归纳为如下类别：一是信息产品与服务，以及公共产品与服务的关系，特别是信息服务与公共创业就业服务、综合服务之间的关系。由于信息在当前社会的普遍性，信息服务在很多语境中被默认为公共产品和服务的组成部分。二是创业信息服务与第三方专业服务的关系。由于领域的交叉性，"政策服务""科技服务""咨询服务"等由相应专业机构提供的专业服务，实际上与信息服务都存在重合或包含关系。三是创新创业公共服务资源开放共享与信息公开的关系。创新公共服务资源开放共享的途径为信息公开，政府信息仍然是创业信息服务的关键来源。四是创业信息服务渠道与电子商务的关系。创业信息渠道通畅是电子商务开展的前提，电子商务的开展为进一步拓展创业信息服务渠道提供了契机。五是创新与创业对接和信息保障之间的关系。实现创新向创业的转化过程，需要以完备的信息保障为前提。

此外，从政策文本的隐喻还可以抽象出创业信息服务内容、创业信息服务类型、创业信息渠道等命题的构成要素。

①创业信息服务内容：创业信息服务的具体内容，至少包括创业咨询、创业培训、科技信息、政策信息、网络接入等内容。

②创业信息服务类型：创业信息服务依据服务方式而呈现出不同表现，至少包括创业信息平台、创业讲坛和论坛等具体服务类型。

③创业信息渠道：创业信息服务从服务主体到服务对象的通道，至少包括创业联盟、虚拟空间、电子商务平台、相关活动发布平台、线上虚拟众创空间等不同渠道。

通过上述隐喻分析不难发现，现有政策提供了相对完备的政策框架，其中不仅涉及创业信息服务的基础设施、服务平台、相关制度等结构性因素，也覆盖激活创业者能动性因素的创业培训等内容。在这个意义上，农村地区创业信息有效查询和获取的诉求至少在现有政策层面得到了回应。

三、不同主体对农村创业信息服务的认知

基于对部分农村创业情况的田野调查（数据来源见表4-8），提取村干

部、农村创业人员、信息机构工作人员等不同主体对农村创业信息服务的看法，作为质性分析的依据。

表4-8　田野调查质性数据来源

调研序号	调研地点	对象	主要内容
1	XQ	村干部、创业人员	农村基础信息设施、图书室、信息源、信息渠道等
2	NH	创业人员	创业类型、信息需求、信息获取来源等
3	JZ	农创服务机构	基础设施、服务内容、服务对象等
4	WQ	农创空间	服务对象、服务形式、信息资源等
5	JH	特色种植户	创业类型、信息需求、信息获取来源等
6	JN	返创大学生	创业类型、信息来源、信息需求等
7	BD	特色种植户	创业类型、信息来源、信息需求等
8	WQ	花卉种植	创业类型、信息来源、信息需求等
9	JH	创业服务机构	服务对象、服务形式、服务内容等

农村创业形式多样，覆盖面广，包括农村电商、电器零售、农产品加工、农村超市、特色食品、家庭农场、特色果蔬和花卉种植、特色养殖、乡村旅游、机械维修、书报亭、社区服务、居家养老、幼儿园、文艺演出等方面，表现出利用农村资源、面向农村服务、体现农村特色的特征，更加注重增收、致富等经济发展目标。其中既包括创新性较高的"创客"创新创业，也包括传统农业和副业在新形势下做出的探索。

（一）农村基础信息服务设施虽然相对齐全，但服务效果不一

随着"信息进村入户"等农村信息化工程的稳步推进，天津地区农村宽带互联网、移动通信等基础信息服务设施已经齐全。例如，笔者在XQ区A村调研时发现，该村虽为天津市贫困村，但"全村互联网覆盖100%，全村各个路口监控摄像头实现无死角布控，村委会大院设有监控室，通过20余块显示屏可一周7天24小时无间断监控。村民学校（党员活动室、天津远教终端站点）配有远程会议摄像头、液晶显示屏、触摸屏、台式计算机等数字化设备。村委会设有图书阅览室，藏书量1000余册"（访谈记录编号：TJ160801）。从基础设施方面看，相应的硬件准备已经处于较高的水

平。然而，除互联网外，A村的大部分信息设施集中存放在村委会大院，在笔者调研的一个工作日内并未发现有居民前往使用。同时，根据笔者的观察，居委会大院设有门卫，平时大门处于关闭状态，如有事进入需要门卫许可。这种相对封闭的物理空间管理方式，或许是导致居民不愿意或者难以接近公共信息设备设施的原因之一。

据该村干部A1表示，作为"全国一村一品示范村"，该村的冬瓜和萝卜颇有影响力，其中冬瓜还获得过市农委颁发的"金农奖"。村里成立具有创业性质的合作社，由村长担任企业领导，希望将如此具有优势的农产品推向更大的市场。然而，目前全村蔬菜主要靠附近的农产品批发市场发往天津市区及其他省份销售，以农户自行联系为主。零星农户尝试电子商务，在网上销售萝卜等农产品，但目前尚未形成规模。村干部A2指出，目前村里各项信息基础设施和服务基本到位，为农村创新创业提供了广阔的平台，现在大家还在摸索阶段，尚未形成规模效应。

同样在A村，部分特色蔬菜种植户反馈，乡镇和村里对创业确实提供公共服务，如专题政策宣讲、技术讲座等，"村里大喇叭是个重要的信息渠道，村民了解村里的重要信息还是靠它"（访谈记录编号：TJ160802）。位于村委会大院的广播站仍然是村民认为获取信息最重要的渠道。面对互联网、移动互联网等手段，不少人的态度仍然是"好玩但不一定好用，真假难辨"（访谈记录编号：TJ160803）。互联网作为娱乐工具的功能深受居民认同，但其在创业信息服务方面的显著效果却未能形成共识。

（二）信息资源相对丰富，但缺乏整合和针对性

结合农村地区已有的信息服务基础设施和服务体系，加上互联网、移动互联网和社交媒体的普及，农村创业相关的信息资源在数量和种类上都呈现出丰富的状态。

结合田野调查数据，与农村创业人员相关的创业机会、投融资、政策、市场动向、技术应用、科学知识、技能培训、竞争合作等信息，来自包括政府部门、传统媒体、社交媒体、人际网络等不同信息源的信息，对信息

质量、准确性等方面的判断已经构成"信息超载"情境下部分农村创业人员的负担。例如，"（信息）真真假假太乱了，……怎样才能想了解啥就能获得啥，而且保证获得的信息不是假的，我天天都在琢磨这个问题"（访谈记录编号：TJ160803）。"现在的网络很方便，各种社交媒体也很方便，但那些都仅仅是工具，很快就会被（信息）淹没，根本找不到北"（访谈记录编号：TJ161101）。这些反馈表达了上述困惑。

（三）农村创业信息服务渠道有限，创业人员依赖"自服务"

如果对现有信息服务体系无法形成有力的认同，农村创业人员就会转向其他渠道寻求信息满足。如同A村部分创业人员更多依靠自己探索一样，WQ区的B村一名从事特色花卉的创业人员表示："当初创业的点子，听南边一个亲戚说的，……因为信得过就干了"（访谈记录编号：TJ160811），并且在创业过程中遇到资金周转和花卉病虫害等问题时，他首先尝试的途径还是"懂行的亲戚朋友""在信用社上班的朋友""人缘和交际圈子"。当问及是否向农技站等专业组织寻求服务时，受访者指出"找过农技站，人家毕竟还是公家人，办事得慢慢靠（等）""不到万不得已，一般不轻易麻烦人家（政府部门或下属的机构）"（访谈记录编号：TJ160811）。值得一提是，WQ拥有农村创业示范基地和众创空间等先进的创业服务平台，但不少受访者认为"里面环境不赖，有空调有咖啡，很高档""不是谁想进就能进""不如在小酒馆谈生意方便"（访谈记录编号：TJ170101）。

返乡大学生J从2015年开始着手实施自己的创业计划，创业的想法"来自家人偶然的提醒"，但真正有了创业动机之后，需要"了解更多的政策信息、融资信息、市场信息、供应链信息等，除依靠父亲的关系网络外，还借助了不少自己的人脉资源。每天有大量时间用于各种沟通，手机和电话几乎不断"（访谈记录编号：TJ161001）。这种创业虽然可以从多个创业服务渠道获取信息，但前提仍然是以家人、亲戚等信得过的人际网络为铺垫。

利用人际网络获取创业信息服务在很多受访者身上得到体现，组织提供的信息服务之所以未能获得广泛认同，原因之一便是个别服务机构表现出较为明显的"行政部门"特征，而让普通创业者望而却步，其在深层次上更体现出农村创业信息服务组织缺乏有效的精准服务设计。

传统媒体、互联网及社交媒体、人际网络这三类信息源是迭代关系，在信息数量方面互联网及社交媒体无疑处于显著优势地位，但在信息质量和可信度方面并不存在明显的优劣之分。在个别情况下，由于社会资本的影响，人际网络在一定意义上比其他信息源更容易受到农村创业人员的青睐。

四、现有信息服务体系

（一）农村创业信息基础设施与服务

农村专业信息服务涵盖技术推广、农产品加工、市场拓展等面向农业生产和农村经济发展的特定渠道信息，综合信息服务则是将农村文化娱乐、医疗健康、日常生活等方面的信息服务统一纳入更加宽泛的服务。根据前文对政策文本的分析，现有"双创"政策文本中"农村创业人员"虽已经作为创业创新主体占有一席之地，但作为"双创"保障的信息服务却未能与金融、税收、技术转移等方面一同被置于显著地位，而是处于话语弱势地位甚至沉默状态。表面上看，农村创业拥有来自农村信息化和"双创"等多元政策的交互关照，旨在推进农村信息化进程的农村信息服务体系和"双创"背景下的服务体系（如创业咖啡、众创空间、孵化器等基础设施和服务平台）的构建，实际上尚未形成与农村创业人员信息需求的有效对接，这类专业信息需求反倒处在信息化、扶贫脱贫、创业创新等多重话语体系的夹缝中而显得无所适从。作为专业信息服务的农村创业信息服务，需要体现出其服务对象和服务主体的精准性。农村创业信息服务最终演变为创业者"信息自服务"，这种现象在当下对"双创"高度重视的政策环境下是难以理解的。

来自结构方面的因素仍然在很大程度上制约着农村创业信息的传递和

获取。政府主导的"双创"服务政策在农村地区已经取得显著进展，涉农主题的"创客空间""创新工坊"等物理实体及其服务便是该政策的产物。在面向农村创业信息服务方面，这些设施与业已存在的乡镇图书馆（室）、农家书屋、文化活动室等农村文化信息基础设施类似，作为基层基础设施体系的组成部分而存在，往往与基层权力体系存在一定的依附关系，普通村民对其关注和利用程度尚未取得预期效果。此外，由于"千条线"与"一根针"的关系，上级主管部门对农村基层基础设施的完善要求，令部分基层单位不得不在有限的空间挂上各种牌子以示呼应。然而，与经济发展、基础设施建设等显性指标相比，信息服务由于其效果的隐性化而往往在农村地区显得不是那么凸显，而是被边缘化。

（二）对农村创业者信息能力关注不足

可行能力是阿马蒂亚·森用来解释贫困和发展问题的重要概念（Sen，1999），表现为人类行为的实质自由（substantive freedom），即在具体情境下实际上可以享有的自由。参考这一概念，个体在信息行为方面的可行能力（樊振佳，2014）至少涉及信息主体的信息意识、信息技能、可用资本等内容，是人们的信息行为在一定语境中所具备的行为能力。也就是说，农村创业人员实际上能获得什么样的信息和从中获取什么样的效用，并不完全取决于其自身信息素养或者信息本身，而是结构因素和能动性因素共同作用的结果。农村创业人员群体相对庞杂，需求多元与能力分化并存，缺乏精准性的信息服务注定无法有效满足其创业信息需求。只有在信息用户的主观建构过程中，信息才能获得其价值，这个过程与用户所处的具体情境密切相关。信息资源的丰富，并不必然意味着信息服务的到位和成功。并非所有信息主体都清楚自己要什么，并能够有效获取和利用信息，很多人在信息洪流面前并未意识到实际上已经陷入别无选择的信息困境。

目前，基于"双创"背景下的中央、地方和行业三类主体发布的政策文本分析，农村创业者在政策话语体系中的"双创"主体地位得到确认，特别是返乡创业的农民工、大学生、退役军人等特殊群体在农村创业关注对象中被提升到突出地位。同时，这种话语同时表达出如下隐喻：这些在政策文本中被凸显的农村地区创业人员并非是传统意义上的农村居民，他们至少有外出务工、求学、参军等经历，与固守在农村的居民相比，他们有更高的个人素养（包含信息素养）和更丰富的社会资本，从而也具有更高的创业成功可能性。这些人群在知识结构、信息素养和人脉关系等方面与传统农民相比虽具有整体优势，但由于受根深蒂固的城乡二元分化等结构性因素影响，他们在实际获取和利用创业信息方面仍然受限于农村地区已有的信息渠道。此外，来自经济、政治等方面的优势有助于保证和巩固相应人群在信息方面的优势，反之亦然。例如，村干部、农业合作社社长等职务如果由同一个利益群体成员担任，那么该利益群体对自上而下途径的信息就具有独特的获取优势，并且有过滤扩散的权力。如果信息主体拥有结构性资源的优势，那么在信息获取和利用方面就会拥有更多的可行能力。这就意味着，在这种情况下信息资源不再是自由流动且共享的资源，很有可能成为既得利益的维护工具。

在农村创业情境下，不同创业主体的信息需求和信息能力存在很大差异，政策制定者有必要将信息需求的复杂性以及信息能力的不平等考虑到信息服务体系的完善对策之中。那么，农村创业信息服务体系建设不只是以信息提供为目标，而是重在以信息用户（农村创业人员）的"赋能"（empowerment）为导向，即增强他们在创业过程中获取和利用信息的可行能力。

（三）基层信息服务组织的缺位

与传统农村信息服务体系相比，政府已经意识到自身无法承担起全部的信息服务职能，在相关政策文件中明确表示通过"政府购买服务"等方式引入社会组织等其他社会主体参与相关服务的提供，这是一个有利于激活农村创业信息服务体系的举措。然而，当下社会力量介入仍然显得薄弱，还有待进一步发展壮大。不同参与主体在农村信息服务体系中的角色和职能定位，及其如何实现协同服务，都是兼具理论和现实意义的问题。

作为一种专业性的常设服务机构和基层公共文化服务的载体，乡镇图书馆和乡村图书室，由于广泛分布和深入基层的特点，有望承担起农村创业基层信息服务组织的职能。然而，由于我国现有公共文化政策讨论农村图书馆服务主要集中在基层公共文化服务层面，与"公共图书馆服务应该覆盖所有人"向农村延伸这一目标距离尚远，实质上无法真正履行公共图书馆信息服务的职能。那么，在农村地区，图书馆作为信息服务主体在这种意义上是缺位的。然而，这并不意味着公共图书馆在农村创业信息服务体系中无所作为，相反，由于其普遍性、综合性和公益性等属性，相比其他的信息服务主体其具有更加包容的服务定位。在农村地区公共图书馆如果能真正发挥其职能（而不仅仅停留在图书室意义层面），基层公共图书馆有望承担起农村创业信息服务集成平台的角色。

此外，尽管信息服务在现有政策文本中并未得到显著体现，在很多语境下被"公共服务""保障机制""基础设施"等文本所代替或涵盖，但在具体机制表述中其实质上是强调来自政府、市场和社会组织等不同主体的信息服务功能。然而，田野调查数据分析表明，现有的创业信息服务体系与政策文本的隐喻存在明显的缺口，特别是有针对性的公共信息服务处于缺失状态，服务提供主体的角色定位亦处于模糊状态。当前面向创业的单向服务体系和面向农村的信息服务体系，均无法有效适应当前农村创业的需求。

五、信息服务体系建议

结合上述分析，本章就农村创业信息服务领域在实践方面提出建议如下。

一是依托现有农村信息服务体系，整合相关创业信息资源，建立健全面向农村创业的综合信息服务和专业信息服务机制。已有的信息服务体系基本上是各个条块系统"自上而下"的制度安排，这样的安排在一定程度上会造成对实际信息需求的反馈难以落实，行政安排往往优先于农村创业者的实际需求，导致信息服务的效果难以保证。职业的公共图书馆或信息中心有望提供统一平台，将乡镇图书馆纳入公共图书馆体系，充分发挥图书馆公共文化、信息服务、空间服务等功能，并将公共图书馆功能向农村延伸。

二是关注农村创业人员的信息需求情境，提升精准服务能力。农村创业人员在信息获取和理解方面的可行能力存在差异，信息服务主体的功能应从信息服务提供向同时关注创业人员在具体创业情境下获取和采纳信息的真实能力转变。

三是理顺政府、市场、社会组织、农村创业人员等不同主体的角色定位，建立协同联动的农村创业信息服务体系。政府部门下属的服务站等机构主要负责科技推广，市场化组织提供网络等基础设施，社会组织承接部分政府职能参与公共服务，专业信息机构负责信息资源管理服务和综合性信息服务，在保证普遍均等服务的基础上，与相关部门协同承担创业信息专业咨询工作。上述不同服务依托公共信息服务平台（如专业公共图书馆等）实现"一站式"服务供给。

综上，农村创业信息服务体系应当由现在的面向创业和面向农村转向面向农村创业者，以创业者创业信息需求为出发点开展信息服务，进而推进农村创业人员在创业过程的"赋能"，这是未来农村创业信息服务的趋势。因而，有必要摒弃传统的单一视角，采用综合考虑创业环境的结构性因素和创业人员能动性因素的综合性视角，进一步对农村地区创业信息服务进行考察。

第三节　政府返创信息服务

以农民工、大学生、退伍军人等为代表的返乡创业人群，日益成为推动农村地区经济社会发展的中坚力量，针对返乡创业的信息服务建设和完善在保障返乡创业效果和推进扶贫脱贫进程中都扮演着关键角色。此外，《国务院办公厅关于印发政府网站发展指引的通知》（国办发〔2017〕47号）明确提出，要将政府网站建成"更加全面的政务公开平台、更加权威的政策发布解读和舆论引导平台、更加及时的回应关切和便民服务平台"，并要求"乡镇、街道和县级政府部门的信息、服务和互动资源原则上要无缝融入县级政府门户网站各相关栏目,由县级政府门户网站统一展现,实现信息、服务和互动资源的集中与共享。"针对农村地区返乡创业试点区县政府网站"双创"信息服务现状开展调研,具有现实意义和理论探索价值。

阿马蒂亚·森提出,"可行能力途径"(capability approach)(Sen,1982)理论用于描述和解决贫困与发展问题,可行能力反映了一个人在各种选择中实现特定功能的实质自由,即在特定情境下受结构性和能动性因素影响所具有的实际行为的能力。以此为理论基础,"可行信息能力"概念作为信息分化的学术概念得到初步构建和探讨(樊振佳,程乐天,2017)。政府网站及相关政务社交媒体,既是信息时代政府服务的窗口,又是"双创"服务的重要信息平台,与实际政务服务相辅相成。通过对政府网站及相关政务社交媒体内容考察,既能反映政府"双创"信息服务水平,也能在一定程度上作为体现政府"双创"服务的关键指标。政府通过政府网站或政务社交媒体向返乡创业人员开展信息服务,是影响返乡创业人员创新创业活动效果的关键结构性因素之一。

本节核心问题聚焦在列入返乡创业试点的国家级贫困区县政府在线信息服务,采取描述性研究与探索性研究相结合的途径,选取入选返乡创业试点地区(简称返乡创业试点)的贫困区县政府网站,及相关政务社交媒体平台作为考察对象,对其他农村地区"双创"服务具有参考价值。同时,在鼓励返乡"双创"的政策背景下,描述政府"双创"信息服务的实践现状,探讨现有农村地区返乡创业试点政府信息服务对返乡"双创"信息服务体系的影响,对农村地区返乡"双创"的信息来源、信息渠道、传播机制等方面进行梳理,为提升精准服务对策构建提供实证基础。

一、研究问题与调研对象

本研究将"列入返乡创业试点的国家级贫困区县政府在线'双创'信息服务现状"这一核心问题,进一步分解为如下具体任务:描述区县政府门户网站主页、政府门户网站主页链接的相关部门网站和政府门户网站主页链接的政务社交媒体的"双创"信息提供情况。其中，具体考察每一类别在是否提供"双创"信息、"双创"信息的类型、"双创"信息的更新频率三个方面的情况。基于上述描述性研究，进而对当前区县政府在线"双创"信息服务存在的问题开展探索性对策研究。

政府门户网站及其链接的相关部门网站、政务社交媒体共同构成政府信息服务的关键平台，对农村地区上述信息平台在"双创"方面的信息服务能力进行研究，在一定程度上可以反映当地"双创"信息服务的水平。根据国家发展改革委等部门发布的第一批、第二批返乡创业试点名单和国务院扶贫办发布的《国家扶贫开发工作重点县名单》，选取第一批、第二批返乡创业试点与贫困区县名单交集的区县，将其共计48个政府网站及政务社交媒体作为考察对象，采用网络调研方法采集有关数据，并据此展开描述性和探索性分析。

依据研究问题初步确定网络调研的具体内容，共设置15个题项，主要从县政府门户网站主页、政府门户网站主页链接的相关部门网站和政府门户网站主页链接的政务社交媒体这三个方面分别开展调研。在正式启动网络调研之前，笔者随机选取其中6个区县网站开展预调查，依据在预调查中遇到的问题及结果，修改并确定最终的网络调查题项。第一轮正式网络调查开展时间为2017年7月；第二轮网络调查为随机回访，开展时间为2017年9~10月。两轮调查的对象及其政府网站"双创"信息简况如表4-9所示。

表4-9 农村地区返乡创业试点区县网站"双创"信息简况

农村地区返乡创业试点区县		政府门户网站主页"双创"信息类型	主页链接相关部门网站主页"双创"信息类型	主页链接政务社交媒体"双创"信息类型
河北省	魏县	表格下载	时事新闻/政策发布	无
	威县	时事新闻	无	无
	滦平县	教育培训	无	无
	平泉市	无	无	无
	阜城县	无	无	无
山西省	武乡县	无	无	无
	省岚县	政策解读	无	无

农村地区返乡创业试点区县		政府门户网站主页"双创"信息类型	主页链接相关部门网站主页"双创"信息类型	主页链接政务社交媒体"双创"信息类型
内蒙古自治区	巴林左旗	无	时事新闻/政策发布	无
吉林省	汪清县	时事新闻	时事新闻/政策发布	无
黑龙江省	绥滨县	无	时事新闻/政策发布/教育培训/省外资讯/互动访谈	无
	兰西县	无	无	无
云南省	南华县	无	无	时事新闻
陕西省	澄城县	时事新闻/就业招聘	无	时事新闻/政策发布
	紫阳县	时事新闻/政策发布	无	时事新闻/政策发布/就业招聘/教育培训
	商南县	无	无	无
安徽省	太湖县	时事新闻/政策发布/政策解读/"双创"人员案例展示	无	无
	阜南县	无	时事新闻/教育培训/名单公布	无
	泗县	无	时事新闻/政策发布/教育培训	无
	金寨县	无	时事新闻	无
江西省	宁都县	时事新闻/政策发布	无	无
	于都县	时事新闻	无	时事新闻
	遂川县	无	时事新闻/政策发布	无
四川省	阆中市	无	无	时事新闻
重庆市	黔江区	教育培训	时事新闻/政策发布/就业招聘/教育培训	无
	开州区	时事新闻/政策发布/教育培训	时事新闻/政策发布/教育培训	无
河南省	兰考县	无	无	无
	宜阳县	政策发布	无	无

农村地区返乡创业试点区县		政府门户网站主页"双创"信息类型	主页链接相关部门网站主页"双创"信息类型	主页链接政务社交媒体"双创"信息类型
河南省	光山县	政策解读	无	无
	沈丘县	无	无	无
	平舆县	无	无	无
湖北省	郧西县	政策解读	时事新闻/政策发布	无
	麻城市	政策解读	时事新闻/政策发布	无
	巴东县	无	无	无
甘肃省	环县	时事新闻/政策发布	无	无
	安定区	时事新闻/政策发布/就业招聘	无	时事新闻/政策发布
	陇西县	无	无	无
	渭源县	无	无	无
	省康县	时事新闻/政策发布	无	时事新闻/"双创"人员案例展示
贵州省	正安县	无	时事新闻/政策发布	无
	印江县	教育培训	时事新闻/政策发布/公告公示	无
	兴仁市	无	无	"双创"人员案例展示
	台江县	无	时事新闻/政策发布	时事新闻
	荔波县	无	无	无
新疆维吾尔自治区	阿图什市	无	无	无
宁夏回族自治区	盐池县	无	时事新闻/教育培训/省外资讯	无
	同心县	政策发布/政策解读	时事新闻/政策发布	"双创"人员案例展示
青海省	大通回族土族自治县	无	无	无
	化隆回族自治县	无	无	无

注：受限于表格篇幅，部分调查题项未在表中体现，其分析结果在下文展示。

二、信息服务现状

（一）政府门户网站主页"双创"信息提供现状

本章研究农村地区返乡创业试点区县政府门户网站主页"双创"信息的提供情况，主要从是否提供信息、信息的类型、信息的更新频率三个方面入手。研究发现，主页提供"双创"信息的政府门户网站仅有21个，占所有政府门户网站数量的少数，占比为43.75%。上述数据至少表明，部分农村地区返乡创业试点区县政府门户网站在"双创"信息提供方面是缺位的。

政府门户网站主页"双创"信息的类型如表4-10所示，"双创"时事新闻和政策发布这两种类型居多，还包括政策解读、表格下载及创业人员案例介绍等其他信息类型。其中，有6个区县政府门户网站主页提供了政策解读类型的"双创"信息，占比为28.57%。政府门户网站主页侧重对时事新闻和政策发布类型"双创"信息的提供，在一定程度上也体现出政府对就业招聘、教育培训、政策解读等类型的"双创"信息提供不足。

表4-10 政府门户网站主页"双创"信息的类型

"双创"信息类型	时事新闻	政策发布	就业招聘	教育培训	其他
数量	11	9	2	4	7
比例（%）	33.33	27.27	6.06	12.12	21.21

表4-11反映的是政府门户网站主页"双创"信息的更新频率，本章将调查时间与最新一条"双创"信息的日期差作为测量更新频率的标准。在主页提供"双创"信息的政府网站中，在3天内更新"双创"信息的超过40%，在7天内更新的超过50%，网站"双创"信息更新频率较快。但是，更新周期超过30天的占比为19.05%，部分政府门户网站在"双创"信息更新频率上仍需进一步提高。

表4-11 政府门户网站主页"双创"信息的更新频率

"双创"信息更新频率	<=3天	3～7天	7～30天	>30天
数量	9	2	6	4
比例（%）	42.86	9.52	28.57	19.05

（二）政府门户网站主页链接的相关部门网站的现状及其补充作用

用户在浏览网页时不仅会浏览网页自身，而且会浏览网页出站链接，即网页出链，网页出链的质量对网页自身具有重要的影响。可以说，政府门户网站主页出链的"双创"信息的提供对政府门户网站主页的"双创"信息服务有重要的补充作用。研究发现，门户网站主页有相关部门网站链接的网站数量与没有链接的网站数量持平，各占50%。然而，具有有效相关部门网站链接的门户网站数量则仅为18个，占比37.5%。通过出链提供"双创"信息的网站数量为17个，占具有有效链接网站总数的94.44%，占所有网站的比例为35.42%。

表4-12反映的是通过门户网站链接进入的相关部门网站主页"双创"信息的类型。其中，"双创"类时事新闻比例高达100%，政策发布高达82.4%，可见主页提供的"双创"信息以时事新闻和政策发布类型为主。此外，"双创"信息类型还包括省外资讯、互动访谈、公告公示等。这在一定程度上反映出政府网站对就业招聘、教育培训、省外资讯等类型创业信息的发布有待加强。

表4-12　通过门户网站链接进入的相关部门网站主页"双创"信息的类型

"双创"信息类型	时事新闻	政策发布	就业招聘	教育培训	其他
数量	17	14	1	6	4
比例（%）	40.48	33.33	2.38	14.29	9.52

通过门户网站链接进入的相关部门网站主页"双创"信息的更新频率，如表4-13所示。在提供"双创"信息的门户网站主页链接的相关部门网站主页中，在3天内更新"双创"信息的超过40%，在7天内更新的超过45%，这表明链接的相关部门网站"双创"信息更新频率较快。

表4-13　通过门户网站链接进入的相关部门网站主页"双创"信息的更新频率

"双创"信息更新频率	<=3天	3~7天	7~30天	>30天
数量	7	1	7	2
比例（%）	41.18	5.88	41.18	11.76

（三）政府门户网站主页链接的政务社交媒体的现状及其补充作用

随着移动终端的普及和社交媒体网站利用率的快速提高，政务社交媒体成为政府提供信息服务的新方式、新途径，对电子政务信息服务有重要的补充作用。研究发现，政府门户网站主页有链接到政务App、微博、微信公众号等政务社交媒体的和没有进行相关链接的网站数量持平，各占50%。通过门户网站链接进入的政务App、微博、微信公众号等提供"双创"信息的社交媒体网站数量为10个，占有链接的网站总数的41.67%，占所有网站总数的20.83%。

表4–14反映的是通过门户网站链接进入的政务App、微博、微信公众号等提供"双创"信息的类型，表明政务社交媒体提供的"双创"信息仍以时事新闻为主。

表4–14　通过门户网站链接进入的政务App、微博、微信公众号等
提供的"双创"信息的类型

"双创"信息类型	时事新闻	政策发布	就业招聘	教育培训	其他
数量	8	3	1	1	3
比例（%）	50	18.75	6.25	6.25	18.75

表4–15反映的是通过门户网站链接进入的政务App、微博、微信公众号的"双创"信息的更新频率，表明门户网站"双创"信息的更新频率相对及时。在提供"双创"信息的政府网站主页链接的政务社交媒体中，在3天内更新"双创"信息的达到30%，在7天内更新的达到50%，然而亦有30%是在一个月以上更新信息的。鉴于政务社交媒体信息普遍更新及时的显著特点，这说明政府门户网站主页链接的政务社交媒体"双创"信息更新较慢，仍需显著加快。

表4–15　通过门户网站链接进入的政务App、微博、微信公众号等
"双创"信息的更新频率

"双创"信息更新频率	<=3天	4～7天	8～30天	>30天
数量	3	2	2	3
比例（%）	33.33	22.22	22.22	33.33

三、基层政府信息服务反思

将政府网站信息服务置于返乡创业信息服务体系中加以考察，区县级政府门户网站或相关政务社交媒体是公共信息服务平台的关键组成部分（樊振佳，程乐天，2017）。结合《国务院办公厅关于印发政府网站发展指引的通知》的相关要求，"相关业务部门要积极利用政府网站发布信息、提供服务，确保所提供信息内容权威、准确、及时""县级政府部门原则上不开设政府网站，通过县级政府门户网站开展政务公开，提供政务服务"，政府网站的主要功能集中在信息发布、解读回应、办事服务和互动交流四个方面。

（一）区县政府网站"双创"信息服务的角色制度性缺位或不到位

用户信息需求产生于时空环境下人面临问题时的情景与解决问题需要达到的情景之间的差距。因此，用户需要一个由信息支撑的桥来消除这种差距，信息服务人员或信息系统的设计就是要帮助用户构筑这个桥梁（李枫林，2014），政府门户网站要帮助创业人员构筑两种情景的桥梁，通过提供多样多元的"双创"信息，来满足不同用户的不同需求。

研究结果显示，对象网站在不同程度上存在角色制度性缺位或者不到位问题，如有的政府网站没有提供关于"双创"的信息，而提供相关信息的网站没有增设对其有补充作用的相关部门或政务社交媒体的链接；有的政府网站提供的信息类型比较单一，或者信息类型占比不太均衡。这种不足缺乏相应制度的引导或规制，进而存在改进动力不足或导向缺失的风险。同时，提供相关信息的政府网站或链接到的相关部门和政务媒体，信息更新的频率有待进一步提高。门户网站及链接相关部门或政务媒体的"双创"信息提供不足，直接导致"大众创业"的公共信息保障缺乏实施基础，进而构成返乡创业人员有效获取"双创"信息的"结构性"制约因素（闫慧，2017）。

（二）政府网站信息服务存在短板，加剧"双创"领域信息不平等风险

返乡创业人员主要包括农民工、大学生、退伍军人等返乡群体，鉴于已有的结构性差异，不同创业群体在接触和获取相关信息方面的信息分化现象是客观存在的现实问题。然而，"大众创业"旨在充分释放大众的创新创业潜能，尽量构建并维持一个相对公平的信息环境是保障实现"双创"目标的前提条件。

区县级政府是"双创"政策落地的着力点，其网站既是相关政策和重要信息的权威发布平台，也是当地返乡创业人员的关键信息源，更是构成返乡创业信息服务体系的重要组成部分。区县级政府网站"双创"信息服务缺位或不到位，进而构成当前返乡创业信息服务体系的短板，在公共信息供给方面缺乏结构性保障，有可能导致"双创"信息资源的"精英俘获"（elite capture）现象发生。所谓精英俘获，是指某些居于优势地位的人通过不平等的权利进入资源分配过程，最终获取了大部分的资源收益，导致本应该共享的资源被个别人占有（Bardhan & Mookherjee，2000）。一旦发生精英俘获现象，就意味着信息资源在创业人群的不平等分布存在进一步加剧的风险，这显然与"大众创业"的核心旨趣相悖。

（三）政府在线"双创"信息服务参考性对策构建

针对上述问题，结合政府在线"双创"信息服务的现状和特点，本章提出以下制度性对策和建议：

（1）结合当地"双创"需求，明确政府供给"双创"信息内容及频率

结合当地"双创"实践信息需求，制定政府在线"双创"信息内容范围及其更新频率，并纳入电子政务建设考核指标。作为人们获取或浏览信息较为直接的途径，政府网站及相关社交媒体应该主动提供有关"双创"的信息，并且提供多样化的信息。时事新闻和政策发布等作为基础性信息是必不可少的，但考虑到用户的真正需求，政府门户网站需要增加更多具

有实用性和辅助性的信息，如教育培训和政策解读等信息。同时，为了保证信息的时效性，政府门户网站主页应及时更新相关信息，让用户在有效时间内更好地利用信息。

（2）加强"双创"信息提供主体责任和服务途径的制度建设

鉴于政府门户网站主页的外部链接会对其信息服务质量产生影响，人社部等相关负责"双创"实践推进的政府部门，在一定程度上对政府门户网站主页的信息服务起到补充作用，当用户没有在门户网站搜索到自己想要获取的信息时，从相关链接获取信息的可能性会增加。因此，政府门户网站应提供相关部门的链接，且该链接是有效的，即用户可以通过此链接获取有关"双创"的高质量信息。增设相关部门的有效链接，不仅会扩展用户获取信息的通道，还会提高用户查找信息的效率，对政府部门来说，可以提高自身的服务水平，有利于政府部门网站的建设；对用户来讲，可以获得高效便捷的服务，有利于"双创"实践活动的开展。

随着移动通信技术的快速发展，手机终端和互联网的发展都有了长足的进步。依赖移动智能终端的政务社交媒体作为传播信息的重要渠道，为信息服务的发展提供了新的方向。其中，以政务 App、微博和微信公众号为代表的社交媒体，已经成为公众获取信息的重要平台。因此，政府在供给"双创"信息服务时应更多考虑用户获取信息的习惯，增设关于政务社交媒体的链接，实现信息服务的多元化，同时，政府不仅要意识到政务社交媒体的重要性，还应努力建设一个开放的政务社交媒体，保证该平台可以为用户提供多样化和高时效性的"双创"信息，让更多的用户可以通过多元途径获取多样化的信息。

在预防返贫和鼓励"双创"的宏观政策背景下，本章通过梳理农村地区政府网站信息服务现状，从整体上把握现阶段农村地区返乡创业信息服务现状，为提升精准服务对策构建提供实证基础，具有现实意义和理论探索价值。本章选取入选第一批、第二批返乡创业试点中的 48 个国家级贫困区县政府网站及相关政务社交媒体为调研对象，主要从其政府门户网站"双创"信息提供情况、链接相关网站的"双创"信息提供情况、链接的政务社交媒体的"双创"信息提供情况等方面进行数据采集并开展分析，进而将调研结果置于返乡创业信息服务体系加以考察。研究发现：一是现有县政府门户网站至少在其"双创"信息供给者角色方面存在制度性缺位或不到位。面对政府信息提供的不足，返乡创业者需要寻求其他渠道，在增加信息搜寻成本的同时，也容易导致公众对政府公信力产生怀疑。二是政府网站信息缺位或不到位，造成当前返乡创业信息服务体系的短板，导致公共信息供给方面缺乏结构性制度保障，存在进一步加剧"双创"领域信息不平等的风险。

返乡创新创业人员信息能力

参照前文构建的可行信息能力概念框架，本章运用描述性分析对返乡创新创业人员的信息能力做出描述性分析，为精准化信息服务提供分类依据。

第一节　问卷设计与发放

一、可行信息能力问卷设计

概念化是从观察通向概念的桥梁，它通过指定一个或多个指标，赋予概念明确的意义。同时这个过程还涉及概念的不同维度，也就是将反映概念的不同指标划分到不同的类别中。例如，信息主体在信息活动中的可用资本是否会影响信息效用，就需要明确可用资本可以用哪些指标来衡量，这些具体的指标可以按不同维度分为经济资本、社会资本、文化资本等。通过概念化过程形成可测量的指标，也就是变量，每个变量的属性要满足完备（选项包含所有可能的情况）和属性互斥（特定观察结果只能归入某个唯一的属性）两个特征。

参考信息能力一般模型，本章将对返乡创业人员的问卷调研测量指标集中在基本信息活动、信息能力培养、信息能力主观感知三个方面进行概念化操作和指标确定，再加上受访者个人基本信息，问卷整体包括四个部分：

A部分为基本信息活动：不仅包括设备拥有、信息技能、信息活动内容等，也包括信息获取途径、设备／设施使用经历、设备拥有情况、设备／设施使用场合、使用互联网经历、使用手机经历、使用移动互联网经历、日平均使用时长和信息活动内容，其中，部分题目设置有"其他"开放选项，受访者可以根据个人实际情况选择多项或补充相关信息。

B部分为信息能力培养：从社会资本、文化资本、经济资本、具体情境等方面设置题目，包括遇到困难情况及解决情况、培训参加情况、信息利用影响因素、费用情况、终止学业时间、自学情况、公共信息空间利用情况。

C部分为信息能力主观感知：包括信息价值、信息敏感性、设备依赖、环境条件影响、用途、信息表达、信息甄别、社会资本使用、文化资本使用、经济资本使用、心理感受、归因、时间、空间、主动性、自我效能等方面的题目，全部为李克特量表题型，分值1至7，递进表示对题干陈述的认可程度，全部题干基本按照维度集中编制，个别题干为检验作答认真度、照顾作答习惯和防止作答疲劳作出的局部调整（如做出反向表述等）。

D部分为受访对象基本信息：包括性别、出生年份、教育背景、工作状态、生活状态、发展目标等。

二、问卷预调研

针对返乡创业人员的问卷预调研主要集中在2017年12月，具体实施过程如下所示。

2017年12月初，在河南、安徽、天津等地针对部分返乡创业人员发放在线文件90份，利用IBM SPSS 20.0对问卷的Cronbach α 系数进行初步检验，调整了个别Cronbach α 系数值在0.6以下的题目表述和选项设置，针对受访者反馈意见删除或修改个别题目，并根据预调研受访者的建议对问卷题项设置做出局部调整。

此外，在正式投放问卷之前，笔者还利用"问卷星"（www.sojump.com）网络服务，模拟网络填写环境，邀请15位大学本科生对每一道问题进行了填写测试，修改了个别选项的设置，特别是关联题目之间的跳跃关系。

三、问卷发放

在预调研对问卷修改的基础上，本研究制作个体信息能力调查问卷，调查对象确定为返乡创业人员，2018年5月至9月采取"滚雪球"方式面向对象群体采集样本数据，问卷发放主要包括以下途径：

（a）现场发放：将打印好的问卷在预先联系好的场地发放，并当场回收，主要实施地点为田野调查地点。

（b）网络发放：调查问卷通过"问卷星"发布，通过短信、微信、Email、QQ等途径向河南、安徽、辽宁、吉林、云南、山东等地的返乡创业人员发去链接，请他们在线填写。利用"问卷星"提供的功能下载原始数据。

通过上述途径，回收纸质问卷182份、网络问卷530份，共计712份。

四、问卷剔除与数据清洗

对纸质问卷按照如下规则剔除作废的问卷：（a）作答题目不足2/3，即有1/3及其以上的题目未作答；（b）有明显的胡乱作答嫌疑（如连续10道题以上只选择同一个选项）；（c）问卷填写过于潦草以至于难以识别；（d）由访问者观察到的受访者极度不认真填写情况（如不阅读题目直接快速勾选选项）。

网络问卷由于在回收时已经设置了回收规则，故在回收的问卷中不存在上述（a）和（b）问题。将纸质问卷转化为Excel文档后与网络调研问卷数据合并，并根据已经设置的校验题目剔除作答不合理的问卷，问卷中包括部分逻辑关联题目，如"是否参加过培训"与"参加的培训方式"，存在前者为"是"后者才成立的逻辑，如果受访者前面选"否"而后者仍做出选择的话，可视为作答不认真。若受访者作答前后逻辑不一致的情况出现3次及以上，则视其问卷为无效问卷。无效问卷及剔除共计75份，有效问卷共计637份。

第二节 信息能力描述

一、基本描述

问卷获得的样本数据在一定程度上可以反映研究对象群体特征，下面从样本的人类学信息和问卷的信度和效度对问卷数据进行概括描述。

（一）样本基本信息

关于样本的基本信息主要来自问卷中D部分的问题选项，在有效回收的637份问卷中，基本人类学信息如表5-1所示。值得一提的是，受访人员在选择返乡创业之前，绝大部分都有前期工作经历，前期工作经历主要集中在制造业（38.2%）、餐饮住宿（35.2%）、物流仓储（25.6%）、金融保险（24.3%）和教育培训（22.9%）等领域；前期工作地点集中在省会/副省级城市（53.2%）、直辖市（46.3%）、普通地级市（37.1%）、县级市或县城所在地（22.3%）和乡镇（11.2%）。

表5-1　受访样本人口学和社会学基本数据（N=637）

特征问题	选项	频数	百分比（%）
性别	男	317	49.8
	女	320	50.2
学历	初中及以下	8	1.3
	高中/中专/技校	33	5.2
	大专	112	17.6
	本科	446	70.0
	硕士及以上	38	6.0
年龄	25岁及以下	182	28.6
	26～30岁	212	33.3
	31～35岁	147	23.1
	36～40岁	75	11.8
	41岁及以上	21	3.3

续表

特征问题	选项	频数	百分比（%）
前期工作	6个月以下	98	15.4
	6个月以上1年以下	59	9.3
	1年至3年以下	186	29.2
	3年至5年以下	123	19.3
	5年及以上	171	26.8
创业阶段	酝酿与机会识别	144	22.6
	初步创立	263	41.3
	扩大成长	182	28.6
	成熟运营	44	6.9
	转型发展	4	0.6
创业行业	制造业（如农产品加工）	117	18.4
	建筑业（如建筑装修）	41	6.4
	物流仓储（如快递运输）	69	10.8
	旅游服务（如住宿餐饮）	122	19.2
	种植养殖（如特色花卉）	63	9.9
	家政服务（如养老服务）	19	3.0
	电商网点（如淘宝店）	124	19.5
	文化创意（如文化产品）	40	6.3
	其他行业	42	6.6
创业地域	华北地区（京津冀晋蒙）	120	18.8
	东北地区（黑吉辽）	31	4.9
	华东地区（沪苏浙闽赣皖鲁）	232	36.4
	华中地区（豫鄂湘）	88	13.8
	西南地区（川渝云贵藏）	54	8.5
	西北地区（陕甘宁青新）	15	2.4
	华南地区（粤桂琼）	96	15.1
	其他地区	1	0.2
返乡创业原因	城市务工机会少	76	11.9
	返乡创业资源多	339	53.2
	返乡创业政策支持	357	56.0
	家乡人脉广	302	47.4
	自身能力得到展现	292	45.8
	更好照顾家庭	302	47.4
	其他	16	2.5

（二）信度和效度描述

本问卷的信度和效度分析主要针对量表部分（问卷的 C 部分）进行测量。

信度（Reliability）即量表的可靠度，一般用 Cronbach α 系数来衡量，该系数用于衡量量表项目之间的内在一致性，α 取值区间在 0~1，当 α >0.8 时，表示该量表具有很好的信度；当 α 取值在（0.7~0.8］时，表示该量表的信度较好；若 α 取值在［0.6~0.7］时，表示该量表也可以接受但需改进；若 α 取值小于 0.5 时，则该量表的信度不能被接受。本研究借助 Cronbach α 系数对量表的题项做信度检验，利用 IBM SPSS 20.0 计算本研究的检验结果如表所示，本问卷量表整体 α 系数为 0.926，说明本问卷量表问题目具有很高的内部一致性，见表 5-2。

表 5-2　量表整体信度检验（Cronbach α 系数）

Cronbach α	N of Items
0.926	49

效度（Validity），用来衡量问卷的有效性，一般用因子分析中相应指标的适切性量数（KMO）来判定。KMO 检验用于检查变量间的偏相关性，KMO 值越接近于 1，变量间的偏相关性越强，因子分析的效果越好。通常情况下 KMO 值应大于 0.6，当 KMO 值大于 0.7 时，效果比较好。

本问卷量表效度检验结果如表 5-3 所示，总体 KMO 为 0.921，表明变量间具有很好的共同性，适合作进一步的关联分析。

表 5-3　问卷效度检验（KMO 和 Bartlett 的检验）

KMO Measure of Sampling Adequacy	0.921
Bartlett's Test of Sahericity approx chi-square	9647.154
df.	1176
Sig.	0.000

二、创业信息活动

受访的返乡创业人员对设备拥有的情况表明，接近 98.1% 的受访者都有手机的使用经历，约91.7%的受访者有过电脑使用经历，约54.3%拥有iPad等平板电脑，约31.2%拥有可穿戴数字设备，在信息设备拥有方面具有较好的分布。受访者对创业信息的关注类型主要包括创业机会、金融服务、土地政策、市场行情、财政税收、公共服务、技术信息、人才信息等；创业信息获取途径主要包括传统媒体、特定App或微信公众号推送、政府门户网站、专业信息网站、公共场合显示屏、专业人员咨询、开会交流等。在上述方面，受访者的选择情况如表5-4所示。

表5-4　受访样本创业信息活动（N=637）

特征问题	选项	频数	百分比（%）
创业信息类型	创业机会	504	79.1
	金融服务	361	56.7
	土地政策	144	22.6
	市场行情	455	71.4
	财政税收	262	41.1
	公共服务	298	46.8
	技术信息	395	62.0
	人才信息	318	49.9
	其他	4	0.6
创业信息途径	报纸、广播、电视等传统媒体	349	54.9
	特定App或微信公众号推送	463	72.7
	政府门户网站	330	51.8
	专业信息网站	377	59.2
	公共场合显示屏	101	15.9
	专业人员咨询	307	48.2
	开会交流	106	16.6
	其他途径	1	0.2
日创业信息搜寻时间	2小时以内	233	36.6
	2小时至4小时内	280	44.0
	4小时至6小时内	97	15.2
	6小时至8小时内	22	3.5
	8小时及以上	5	0.8

样本数据显示，尽管互联网或移动互联网是主要途径之一，报纸、广播、电视等传统媒介仍然在返乡创业人员信息获取行为中占据较为重要地位。数字化手段与传统手段共同构成了返乡创业人员信息活动的基础。

三、信息支持

在受访者中，约93.9%的人表示在使用信息设备或信息利用过程曾经遇到困难，在面临信息获取困难的时候，受访者最常用的解决方式是自己摸索尝试（占比76.1%），求助于同事、同学、朋友等身边的人的占比71.5%，求助于专业客服人员的占59.4%，求助于家庭成员的占比36.7%。由此可见，创业信息获取过程求助于社会资本的情况占据了绝大部分情况。

针对造成创业信息获取困难的制约因素，除自身条件外，69.4%的受访者将因素归结为信息太多而找不到其想要的有用信息，另有60.9%的受访者将因素归结为虚假诈骗信息多而影响其辨识。此外，相关服务不到位（约45.2%）、方法难以掌握（约40.5%）和基础设施不到位（约42.2%）也是受访者认为重要的影响因素。在这种情况下，相关培训就显得格外重要，有83.74%的受访者表示曾参加过相关培训，创业信息服务培训情况如表5-5所示。政策宣讲、技能培训、机会提供、金融风险等方面的培训构成为主流，工作单位、政府部门、设备厂商、所在社区、当地图书馆和志愿者组织成为相关培训提供的主体。

表5-5　创业信息服务培训情况（N=637）

特征问题	选项	频数	百分比（%）
培训内容类型	创业政策宣讲	365	57.3
	创业机会提供	337	52.9
	金融风险知识	270	42.3
	管理技能培训	338	53.1
	计算机网络使用培训	177	27.8
	专门软件的使用	205	32.2
	信息检索培训	141	22.1
培训主办机构	工作单位	256	40.2

特征问题	选项	频数	百分比（%）
培训主办机构	所在社区	227	35.6
	当地图书馆	184	28.9
	志愿者组织	161	25.3
	设备厂商	220	34.5
	群众自发组织	100	15.7
	政府部门	240	37.7
	其他	10	1.6

绝大部分（98.8%）受访返乡创业人员表示，仍然会自学相关的信息查找和获取技能，特别是46.5%的受访者表示会有计划去经常自学。自学的方式主要体现在上网查找（88.7%）、自己看书（65.0%）、向人请教（57.7%）和参加辅导（52.6%）等方式。提供这些基本条件的机构或部门包括创客空间、创业服务站、培训机构、图书馆等，受访者对上述机构或部门的熟悉情况如表5-6所示。

表5-6　创业信息服务机构或部门（N=637）

机构或部门	频数	百分比（%）
创客空间	247	38.8
创业服务站	274	43.0
创业培训机构	382	60.0
图书馆	369	57.9
其他	2	0.3
不清楚	28	4.4

受访者自身对信息能力的认知测度主要基于本问卷C部分的信息能力主观认知量表，采用李克特7级量表，描述性结果如表5-7所示。

表5-7　返乡创业者信息能力主观认知分布

	Min	Min F	Max	Max F	Mode	Mode F	Ave	AD	VA
C1	1	17	7	60	5	91	4.80	1.620	2.625
C2	1	9	7	84	7	84	4.99	1.582	2.503
C3	1	4	7	122	7	122	5.52	1.388	1.925

	Min	Min F	Max	Max F	Mode	Mode F	Ave	AD	VA
C4	1	4	7	103	7	103	5.29	1.418	2.011
C5	1	20	7	59	4	90	4.58	1.674	2.802
C6	1	75	7	48	1	75	3.85	2.028	4.114
C7	1	39	7	32	5	93	4.28	1.723	2.968
C8	1	30	7	128	7	128	5.21	1.858	3.452
C9	1	62	7	39	5	68	3.80	1.918	3.678
C10	1	16	7	101	7	101	5.24	1.609	2.588
C11	1	11	7	83	6	100	5.17	1.522	2.317
C12	1	18	7	76	5	100	5.01	1.587	2.518
C13	1	19	7	73	6	105	5.06	1.604	2.574
C14	1	21	7	116	7	116	5.24	1.729	2.990
C15	1	42	7	51	5	91	4.34	1.814	3.292
C16	1	15	7	67	5	110	4.97	1.522	2.316
C17	1	9	7	83	6	101	5.20	1.485	2.206
C18	1	57	7	35	3	71	3.70	1.886	3.557
C19	1	6	7	79	6	107	5.26	1.376	1.894
C20	1	18	7	71	6	95	5.00	1.571	2.466
C21	1	14	7	75	5	102	5.05	1.538	2.366
C22	1	17	7	57	5	96	4.76	1.623	2.635
C23	1	15	7	60	6	101	4.96	1.529	2.339
C24	1	16	7	57	6	98	4.90	1.537	2.364
C25	1	13	7	61	5	111	4.94	1.524	2.324
C26	1	3	7	90	6	104	5.26	1.428	2.041
C27	1	14	7	61	5	103	4.90	1.549	2.401
C28	1	8	7	61	6	113	5.09	1.449	2.101
C29	1	13	7	92	6	93	5.17	1.579	2.493
C30	1	38	7	43	4	92	3.99	1.817	3.301
C31	1	35	7	62	4	71	4.28	1.874	3.513
C32	1	32	7	36	5	106	4.65	1.666	2.776
C33	1	31	7	49	6	99	4.68	1.715	2.941
C34	1	55	7	27	4	71	3.59	1.789	3.201

注：min 指最小值；min F 指最小值频数；max 指最大值；max F 指最大值频数；mode 指众数；mode F 指众数频数；Ave 指均值；AD 指标准差；VA 指方差。

来源：作者利用 IBM SPSS 20.0 自行整理。

上述量化数据将在下文基于SPSS 20.0开展分析，用来检验相关假设并用作进一步提取关键关联因素的依据。

第三节　信息能力因素讨论

对本研究涉及的定类和定序变量，本节采用交互表（Crosstabs）检验两个变量之间是否相关。该检验的原假设是：两个变量之间没有关系；研究假设是：两个变量之间有关系。以设备拥有情况与信息能力关系为例，原假设是：设备拥有情况对信息能力没有关系；研究假设是：设备拥有情况对信息能力有关系。一般用卡方（Pearson Chi-Square）对变量的交互表进行检验，通常情况下，显著性系数Sig. ≤ 0.05，则拒绝原假设，即认为两个变量相关；反之，则认为两个变量不相关。对因变量为定距变量，自变量为定类变量或定序变量的数据，采用单因素或双因素方差分析，采用这种分析方法一般要求Sig. ≤ 0.05方可认为自变量对因变量存在显著性相关。

一、结构性因素

基于信息能力关联因素假设，本研究将返乡创业人员信息能力关联因素中的经济因素、制度因素和信息内容因素归入结构因素分析，研究发现如下几个结果。

（一）经济资本对信息能力的显著性

结合问卷题项设置，这里将自变量（即SPSS交叉表分析的"行"）设置为设备拥有，将信息能力认知设为因变量。由此表明，iPad等平板设备拥有情况、设备选择自由和网络接入自由对信息能力显著相关。手机、个人电脑、可穿戴设备等拥有情况与信息能力之间则不具备显著相关关系。

（二）制度对信息能力的显著性

结合问卷题项设置，这里将自变量（即SPSS交叉表分析的"行"）设置为制度限制，因变量（即SPSS交叉表分析的"列"）设置为信息能力认知。制度限制对信息能力之间的Pearson Chi-Square值为55.113，Sig.=0.022＜0.05，所以，制度限制对信息能力有显著性差异。

（三）信息内容对信息能力的显著性

结合问卷题项设置，这里将自变量（即SPSS交叉表分析的"行"）设置为信息活动内容，因变量（即SPSS交叉表分析的"列"）设置为信息能力认知，研究发现：信息活动内容（电话或短信）对信息能力之间的Pearson Chi-Square值为10.924，Sig.=0.091＞0.05，所以，信息活动内容（电话或短信）对信息能力无显著性差异。

信息活动内容（新闻、娱乐信息）对信息能力之间的Pearson Chi-Square值为20.794，Sig.=0.002＜0.05，所以，信息活动内容（新闻、娱乐信息）对信息能力有显著性差异。

以此类推可得出结论：除新闻娱乐信息、股票基金信息外，绝大部分信息活动内容对信息能力不存在显著相关关系。

二、能动性因素

本研究将返乡创业人员信息能力关联因素中的社会资本因素、文化资本、信息素养、信息经历和个人特质因素归入能动性因素分析。

（一）社会资本对信息能力的显著性

结合问卷题项设置，这里将自变量（即SPSS交叉表分析的"行"）设置为：信息活动求助对象、从外界获得帮助、向他人提供帮助、不依赖外界帮助、接受他人提供信息内容和向他人提供信息内容，因变量（即SPSS交叉表分析的"列"）设置为信息能力感知。

在社会资本对信息能力显著性方面，返乡创业人员遇到技术使用困难时往往主要依赖自己摸索或者放弃使用，我们通常理解的社会资本（如家人、朋友、同事、同学等）与其未表现出显著相关关系。但是，在自我感知的信息互助（包括技术帮扶和直接信息提供）方面，返乡创业人员却表现出显著的互动倾向，并且这种互动对信息能力有显著相关关系。

（二）文化资本对信息能力的显著性

结合问卷题项设置，这里将自变量（即SPSS交叉表分析的"行"）设置为：学历层次、是否培训、培训主体、培训内容、自学、自学方式、知识结构，因变量（即SPSS交叉表分析的"列"）设置为信息能力感知。

针对返乡创业人员群体，文化资本中的学历层次、工作单位组织的培训、有关设备操作和专门软件的培训内容、离校时间、是否自学、上网查找和在线培训的自学方式及知识结构等因素对信息能力有显著相关关系，其他培训主体、其他培训内容等因素则不存在显著相关关系。

（三）网络使用经历对信息能力的显著性

结合问卷题项设置，这里将自变量（即SPSS交叉表分析的"行"）设置为：互联网、手机、移动互联网和每天投入时间，因变量（即SPSS交叉表分析的"列"）设置为信息能力感知。

针对返乡创业人员群体，网络和设备使用经历各个指标对信息能力均有显著相关关系。

（四）信息素养对信息能力的显著性

结合问卷题项设置，这里将自变量（即SPSS交叉表分析的"行"）设置为：热点信息敏感、新信息敏感、关注信息敏感、信息有用性识别、信息真伪识别、信息理解、信息有用的效能感知、信息效用的效能感知、能力与需求匹配感知、表达能力、发布能力、渠道依赖，因变量（即SPSS交叉表分析的"列"）设置为信息能力感知。

在信息素养相关因素中，除传统媒体（如报纸、广播、电视等）外，其他因素均对返乡创业人员信息能力有显著相关关系。

（五）个体特质对信息能力的显著性

结合问卷题项设置，这里将自变量（即 SPSS 交叉表分析的"行"）设置为：性别、年龄和生理因素，因变量（即 SPSS 交叉表分析的"列"）设置为信息能力感知。

个人特质方面的人口学因素均未对返乡创业人员信息能力有显著相关关系，生理原因和年龄对信息能力有显著相关关系。

三、具体情境

本研究将返乡创业人员信息能力关联因素中的时间、空间和场景因素归入具体情境因素分析。

（一）时间对信息能力的显著性

结合问卷题项设置，这里将自变量（即 SPSS 交叉表分析的"行"）设置为信息活动时间和信息搜寻时长，因变量（即 SPSS 交叉表分析的"列"）设置为信息能力感知。研究发现，返乡创业人员日工作时长未对信息能力产生显著相关关系，信息活动时间投入对信息能力有显著相关关系。

（二）空间对信息能力的显著性

结合问卷题项设置，这里将自变量（即 SPSS 交叉表分析的"行"）设置为网吧、图书馆和务工所在地，因变量（即 SPSS 交叉表分析的"列"）设置为信息能力感知。

返乡创业人员务工所在地（如直辖市、副省级城市、省会、地级市、县级市、乡镇等）对信息能力虽无显著相关关系，但工作地点或居住地点附近是否有图书馆或网吧等公共信息空间，以及他们对这些公共信息空间的使用经历对其信息能力有显著相关关系。

（三）场景对信息能力的显著性

结合问卷题项设置，这里将自变量（即SPSS交叉表分析的"行"）设置为信息活动场景和职业领域，因变量（即SPSS交叉表分析的"列"）设置为信息能力感知。研究发现，针对不同的具体场景，特定职业行业场景因素对返乡创业人员信息能力有显著相关关系，而像工作单位、公共场所等场景对信息能力则未显示显著相关关系。

此外，信息能力与未来发展意愿之间的Pearson Chi-Square值为25.369，Sig.=0.115＞0.05，所以，信息能力与未来发展意愿无显著性差异。返乡创业人员信息能力与收入水平的Pearson Chi-Square值为62.281，Sig.=0.000＜0.05，所以，信息能力与收入水平有显著性差异。

四、关键因素提取

根据前面的检验结果，将各个具体假设的检验结果汇总如表5-8所示。结构因素方面，月信息活动费用支出、年设备费用支出、设备选择自由和网络接入自由、制度限制、新闻娱乐信息等方面对信息能力存在显著相关关系。能动性因素方面，在自我感知的信息互助（包括技术帮扶和直接信息提供）方面，返乡创业人员表现出显著的互动倾向，并且这种互动对信息能力有显著相关关系；学历层次、工作单位组织的培训、有关设备操作和专门软件的培训内容、是否自学、上网查找和在线培训的自学方式及知识结构等因素对信息能力有显著相关关系；网络使用经历各个指标对信息能力均有显著相关关系；在信息素养相关因素中，除传统媒体（如报纸、广播、电视等）外，其他因素均对返乡创业人员信息能力有显著相关关系；个人特质方面，生理原因和年龄对信息能力有显著相关关系；情境因素方面，工作地点或居住地点附近是否有图书馆或网吧等公共信息空间，以及他们对这些公共信息空间的使用经历对其信息能力有显著相关关系。

表5-8　假设检验结果汇总表

一级假设	二级假设	具体假设	检验结果	备注
H1	H1-1	信息费用支出 – 信息能力	显著	
		设备费用支出 – 信息能力	显著	
		设备拥有情况 – 信息能力	不显著	手机、个人电脑、可穿戴设备等均不显著
		网络设施情况 – 信息能力	显著	
	H1-2	法律法规 – 信息能力	显著	
		社会规范 – 信息能力	不显著	
	H1-3	信息内容 – 信息能力	不显著	除娱乐信息外，其他信息内容均不显著
H2	H2-1	交际网络 – 信息能力	不显著	家人、朋友、同事、同学等均不显著
		专业支持 – 信息能力	不显著	
	H2-2	学历教育 – 信息能力	显著	
		自学培训 – 信息能力	显著	是否自学显著
	H2-3	信息意识 – 信息能力	显著	
		信息技能 – 信息能力	显著	
		效用感知 – 信息能力	显著	
	H2-4	网络使用 – 信息能力	显著	
		设备使用 – 信息能力	显著	
		互助 – 信息能力	显著	
	H2-5	性别 – 信息能力	不显著	
		年龄 – 信息能力	显著	
		婚姻 – 信息能力	不显著	
		生理 – 信息能力	显著	
H3	H3-1	信息活动投入时间 – 信息能力	显著	
		日工作时长 – 信息能力	不显著	
	H3-2	图书馆 – 信息能力	显著	
		网吧 – 信息能力	显著	
		务工地 – 信息能力	不显著	

一级假设	二级假设	具体假设	检验结果	备注
H3	H3-3	家中 – 信息能力	不显著	
		途中 – 信息能力	显著	
		单位 – 信息能力	不显著	
		公共场所 – 信息能力	不显著	
		职业领域 – 信息能力	显著	
H4	H4-1	信息能力 – 未来打算	不显著	
	H4-2	信息能力 – 收入水平	显著	

基于前面章节假设检验结果，通过主成分分析方法提取信息能力的关键关联因素，该步骤仅对检验结果为"显著"的因素进行分析。然后，对提取的关键关联因素再进行相关分析，以期对这些关键要素进一步划分类属。

（一）关键关联因素提取

主成分分析的主要思想是"降维"，也就是在损失很少信息的前提下把多个指标转化为几个综合指标，这些综合指标即主成分。每个主成分都是原始变量的线性组合，且各个主成分相互独立，这样就使得主成分与大量的原始变量相比，具有一定的优越性，有利于在实际问题分析中把握关键因素。

本节对表5-8中检验结果为"显著"的19个变量进行因子分析，抽取参数值大于0.6的因子或特征值大于平均方差的因子。表5-9为各因子对应的特征值，可以看出前12个变量已经可以解释83.4%的方差。

表5-9　特征值与方差贡献表解释的总方差

成分	初始特征值			提取平方和载入			旋转平方和载入		
	合计	方差的 %	累积 %	合计	方差的 %	累积 %	合计	方差的 %	累积 %
1	4.113	21.647	21.647	4.113	21.647	21.647	1.820	9.577	9.577

成分	初始特征值			提取平方和载入			旋转平方和载入		
	合计	方差的 %	累积 %	合计	方差的 %	累积 %	合计	方差的 %	累积 %
2	2.235	11.763	33.411	2.235	11.763	33.411	1.732	9.116	18.692
3	1.636	8.609	42.019	1.636	8.609	42.019	1.594	8.392	27.084
4	1.349	7.101	49.121	1.349	7.101	49.121	1.551	8.164	35.248
5	1.100	5.789	54.910	1.100	5.789	54.910	1.545	8.131	43.379
6	1.069	5.627	60.537	1.069	5.627	60.537	1.279	6.731	50.111
7	0.848	4.461	64.998	0.848	4.461	64.998	1.143	6.017	56.127
8	0.799	4.203	69.201	0.799	4.203	69.201	1.073	5.649	61.777
9	0.762	4.011	73.212	0.762	4.011	73.212	1.051	5.529	67.306
10	0.694	3.652	76.864	0.694	3.652	76.864	1.038	5.466	72.772
11	0.643	3.383	80.246	0.643	3.383	80.246	1.027	5.405	78.177
12	0.610	3.212	83.459	0.610	3.212	83.459	1.004	5.282	83.459
13	0.576	3.030	86.489						
14	0.561	2.954	89.443						
15	0.504	2.652	92.095						
16	0.457	2.408	94.503						
17	0.427	2.247	96.750						
18	0.365	1.923	98.673						
19	0.252	1.327	100.000						

提取方法：主成分分析。

在图5-1的碎石图中，横坐标为各因子序号，纵坐标为各因子对应的特征值。根据点线连接坡度的陡缓程度可以看出各因子的重要程度。从图中可以看出，前5个因子的连线坡度相对较陡，说明前5个因子是主要因子。利用因子分析的结果进行主成分分析，得到如表5-10所示的特征向量矩阵。

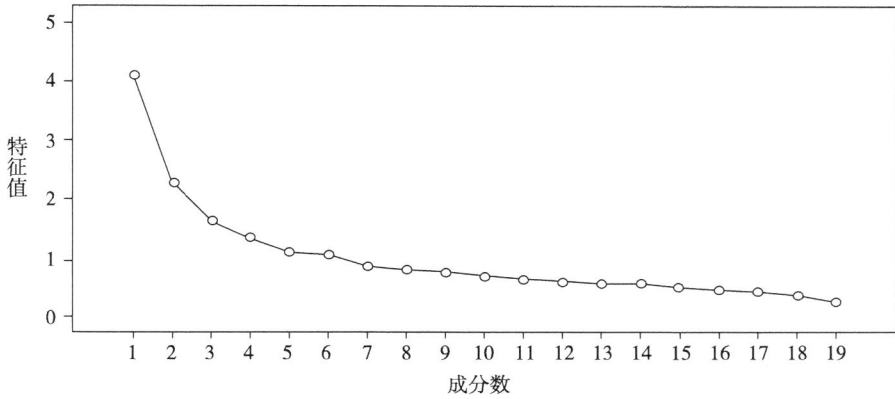

图 5-1　因子分析碎石图

表 5-10　特征向量矩阵

	T_1	T_2	T_3	T_4	T_5	T_6	T_7	T_8	T_9	T_{10}	T_{11}	T_{12}
X_1	0.275	−0.088	−0.234	0.303	0.016	−0.033	0.344	−0.371	−0.178	0.031	0.186	0.252
X_2	0.274	−0.025	−0.339	0.254	0.045	0.103	0.311	−0.129	−0.173	0.047	0.133	−0.305
X_3	0.293	0.186	0.219	0.093	0.100	0.132	0.261	−0.076	0.332	−0.065	−0.146	0.233
X_4	−0.043	0.311	−0.355	0.352	0.092	−0.034	−0.152	0.406	0.104	0.173	−0.101	0.115
X_5	0.178	−0.258	−0.241	0.002	−0.197	−0.220	0.207	0.286	0.597	−0.179	0.254	−0.128
X_6	0.232	−0.207	−0.139	−0.099	0.282	0.514	−0.184	−0.032	−0.003	−0.042	−0.084	0.373
X_7	−0.182	0.122	0.235	0.313	−0.388	0.160	0.184	0.260	−0.197	−0.431	0.157	0.430
X_8	0.243	0.174	0.259	0.021	0.078	−0.356	−0.026	−0.028	0.156	0.509	0.017	0.394
X_9	0.271	0.242	0.235	−0.077	0.098	0.015	0.142	0.070	0.259	−0.278	−0.241	−0.188
X_{10}	0.282	0.292	0.083	−0.254	−0.094	0.093	0.034	0.149	−0.131	−0.035	0.281	0.008
X_{11}	0.314	−0.241	0.217	0.321	−0.039	−0.100	−0.302	0.003	−0.082	0.029	0.015	−0.059
X_{12}	0.270	−0.165	0.278	0.346	−0.083	−0.173	−0.405	−0.046	−0.091	−0.206	0.030	−0.195
X_{13}	0.238	0.326	−0.070	−0.185	0.001	−0.020	−0.155	0.253	−0.257	0.108	0.485	−0.096
X_{14}	−0.146	0.308	−0.342	0.318	0.125	−0.215	−0.227	−0.048	0.073	−0.173	−0.147	0.093
X_{15}	0.181	0.407	0.012	0.090	−0.013	0.214	0.027	−0.087	−0.105	−0.084	−0.322	−0.330
X_{16}	−0.212	0.106	0.145	0.221	0.299	0.400	−0.225	−0.180	0.396	−0.005	0.521	−0.113
X_{17}	−0.244	0.033	0.285	0.320	−0.163	0.180	0.295	0.059	0.021	0.486	0.000	−0.246
X_{18}	0.212	−0.185	−0.156	0.029	−0.397	0.414	−0.186	0.294	0.095	0.275	−0.217	0.010
X_{19}	0.001	−0.250	0.149	0.120	0.623	−0.032	0.240	0.545	−0.222	−0.038	−0.045	−0.059

为了表示的方便，假设变量前述的19个变量依次为X1、X2……X19，可以得到主成分的表达式：

$$Y_1=0.275X_1+0.274X_2+0.293X_3+\cdots\cdots+0.001X_{19} \qquad （式5.1）$$

$$Y_2=-0.088X_1-0.025X_2+0.186X_3+\cdots\cdots-0.250X_{19} \qquad （式5.2）$$

……

$$Y_{12}=0.252X_1-0.305X_2+0.233X_3+\cdots\cdots-0.059X_{19} \qquad （式5.12）$$

从式5.1看出，第一主成分上X_{11}有较高的载荷，X_{11}对应设备使用经历，说明第一主成分是由变量设备使用经历决定的，设备使用经历作为返乡创业人员信息能力关键关联因素是可信。从式5.2看出，第二主成分上X_{15}有较高载荷，X_{15}对应信息活动投入时间，说明第二主成分主要依赖信息活动投入时间，将信息活动投入时间作为返乡创业人员信息能力关键关联因素是可信的。以此类推，得出返乡创业人员信息能力的11个关键关联因素包括：信息费用支出、法律法规、学历教育、自学情况、信息意识、信息技能、设备使用经历、信息活动投入时间、图书馆、网吧和职业领域。

（二）关键关联因素相关分析

将前面提取的返乡创业人员信息能力的11个关键关联因素执行相关分析程序，得到如表5-11所示的简单相关分析表，为了表述方便，将信息费用支出等上述11个关键关联因素按照顺序分别命名为K_1、K_2……K_{11}。

表5-11　信息能力关键因素简单相关分析表

		K_1	K_2	K_3	K_4	K_5	K_6	K_7	K_8	K_9	K_{10}	K_{11}
K_1	Pearson相关性	1	0.026	0.267**	-0.167**	0.171**	0.154**	0.262**	0.469**	-0.218**	-0.233**	0.006
	显著性（双侧）		0.609	0.000	0.001	0.001	0.002	0.000	0.000	0.000	0.000	0.906
	N	389	389	389	389	389	389	389	389	389	389	389
K_2	Pearson相关性	0.026	1	-0.096	0.068	-0.014	0.140**	-0.135**	-0.033	0.044	0.092	-0.081
	显著性（双侧）	0.609		0.059	0.182	0.785	0.006	0.008	0.518	0.388	0.071	0.109
	N	389	389	389	389	389	389	389	389	389	389	389

续表

		K_1	K_2	K_3	K_4	K_5	K_6	K_7	K_8	K_9	K_{10}	K_{11}
K_3	Pearson 相关性	0.267**	−0.096	1	−0.278**	0.008	0.101*	0.152**	0.289**	−0.316**	−0.077	0.135**
	显著性（双侧）	0.000	0.059		0.000	0.876	0.046	0.003	0.000	0.000	0.131	0.008
	N	389	389	389	389	389	389	389	389	389	389	389
K_4	Pearson 相关性	−0.167**	0.068	−0.278**	1	−0.127*	−0.131**	−0.057	−0.220**	0.347**	0.188**	−0.056
	显著性（双侧）	0.001	0.182	0.000		0.012	0.010	0.264	0.000	0.000	0.000	0.270
	N	389	389	389	389	389	389	389	389	389	389	389
K_5	Pearson 相关性	0.171**	−0.014	0.008	−0.127*	1	0.356**	0.254**	0.206**	−0.141**	−0.147**	−0.009
	显著性（双侧）	0.001	0.785	0.876	0.012		0.000	0.000	0.000	0.005	0.004	0.864
	N	389	389	389	389	389	389	389	389	389	389	389
K_6	Pearson 相关性	0.154**	0.140**	0.101*	−0.131**	0.356**	1	0.156**	0.086	−0.175**	−0.094	−0.123*
	显著性（双侧）	0.002	0.006	0.046	0.010	0.000		0.002	0.092	0.001	0.064	0.015
	N	389	389	389	389	389	389	389	389	389	389	389
K_7	Pearson 相关性	0.262**	−0.135**	0.152**	−0.057	0.254**	0.156**	1	0.303**	−0.139**	−0.146**	0.086
	显著性（双侧）	0.000	0.008	0.003	0.264	0.000	0.002		0.000	0.006	0.004	0.090
	N	389	389	389	389	389	389	389	389	389	389	389
K_8	Pearson 相关性	0.469**	−0.033	0.289**	−0.220**	0.206**	0.086	0.303**	1	−0.091	−0.083	0.153**
	显著性（双侧）	0.000	0.518	0.000	0.000	0.000	0.092	0.000		0.074	0.104	0.003
	N	389	389	389	389	389	389	389	389	389	389	389
K_9	Pearson 相关性	−0.218**	0.044	−0.316**	0.347**	−0.141**	−0.175**	−0.139**	−0.091	1	0.291**	0.030
	显著性（双侧）	0.000	0.388	0.000	0.000	0.005	0.001	0.006	0.074		0.000	0.552
	N	389	389	389	389	389	389	389	389	389	389	389

		K_1	K_2	K_3	K_4	K_5	K_6	K_7	K_8	K_9	K_{10}	K_{11}
K_{10}	Pearson 相关性	−0.233**	0.092	−0.077	0.188**	−0.147**	−0.094	−0.146**	−0.083	0.291**	1	0.032
	显著性（双侧）	0.000	0.071	0.131	0.000	0.004	0.064	0.004	0.104	0.000		0.530
	N	389	389	389	389	389	389	389	389	389	389	389
K_{11}	Pearson 相关性	0.006	−0.081	0.135**	−0.056	−0.009	−0.123*	0.086	0.153**	0.030	0.032	1
	显著性（双侧）	0.906	0.109	0.008	0.270	0.864	0.015	0.090	0.003	0.552	0.530	
	N	389	389	389	389	389	389	389	389	389	389	389

**.在0.01水平（双侧）上显著相关。

*.在0.05水平（双侧）上显著相关。

通常将Pearson相关系数r作为判定相关性的依据，当r=0时，表示不存在线性相关关系；当r的绝对值在（0，0.3]区间时，表示微弱相关，在（0.3，0.5]时为低度相关，在（0.5，0.8]时为显著相关，在（0.8，1）时为高度相关，当r绝对值为1时，表明完全线性相关。从表5.11可以看出，存在低度相关关系的变量有：K_1与K_8（r=0.469），K_3与K_9（| r |=0.316），K_5与K_6（r=0.356）、K_{10}与K_{11}（r=0.032），而上述变量之间的双尾检验值Sig.（2-tailed）分别为0.000、0.000、0.000、0.530，前三对变量均不能否定二者不相关的假设，最后只有"网吧"与"职业领域"存在微弱相关关系。由此可以说明，抽取的信息能力关键因素基本各自独立。这些关键因素可以大体上归为可用资本与信息素养两大类。

五、关键因素讨论

信息分化不仅仅取决于技术手段获取差异而造成的信息获取机会不平等。如果单纯从人们工作和生活中信息技术普及和信息量增长来看，我们有理由宣称当前已经进入信息社会或者数字化时代。然而，当我们将注意力放到信息内容本身时，又不难发现，海量的信息并不必然造就一个透明的信息社会，大量娱乐信息甚至垃圾信息充斥在我们周围，要找到我们所需要的信息仍然很困难，甚至比以前还要困难。

研究信息分化，需要关注对象的特质和所处语境。对部分人而言，计算机和智能手机沦为玩具，它们不一定在增加信息获取方面有显著贡献，却为丰富娱乐生活提供了更多选择。这种自由既是个体的偏好造成的，也有社会其他主体的原因，部分利益部门（经济的或政治的）实际左右着社会信息的流动，很多信息为了娱乐、转移注意力甚至是蒙蔽欺骗而生产。在这种背景下，信息分化话语空间早已超越了技术层面。

返乡创业人员为了利用信息技术和信息内容，在改善自身信息能力方面采取了多种积极的具体行动，如既可以从基础设施、设备、互联网内容等结构因素方面加以完善，也可以通过向人请教、参与培训等途径不断提升自身信息素养。无论通过哪一种途径，具体行动都有一个相对明确的目标（如为了聊天、求职等）指引，这也说明返乡创业人员的信息能力改善是基于具体现实需求提出的，与信息主体的知觉性信息实践和目的性信息实践结合，并且往往与个人发展相关。

（一）信息能力与信息效用

就最终的效用而言，我们不能简单依据设备和技术的获取、利用情况划分信息优势和弱势群体。基于实际访谈发现，信息主体在技术采用、信息获取、信息利用等行为过程中会将预期的应用效果作为主要考虑因素。

无论是选择直接询问、依赖传统媒体还是依赖数字化媒体，只要能达到满足需求的目的即可，但不同的手段所受的限制也不一样，自由程度不同。数字化手段在特定语境下未必比传统手段更有效。随着ICTs发展，数字化手段相对更加省力，选择更加自由。拥有多种数字化设备，是否意味着信息能力强？关键要看其信息需求和能力是否匹配，是否有利于增强信息效用，如果说信息引发了焦虑，那么信息过载并不能带来快乐，一味提升设备和信息的拥有程度就无意义。

信息能力这个概念强调的是"可行能力"，既要考虑信息主体的基本信息素养，也要考虑其所处的具体语境和预期的信息效用。此外，信息效用还是信息行为的出发点，如不少信息搜寻活动都是带有明确目标的目的性信息实践活动。目标的实现，不仅会进一步强化信息主体的信息行为，也会提供改善信息能力的动机。

（二）信息能力与信息贫困

正如美国学者（Sweetland，1993）将"信息超载"（information overload）与"信息获取的匮乏"（lack of access）一并列入"信息贫困"一样，信息量的丰富对个体而言并不一定意味着信息富有。这背后的深层原因不是本书的主旨所在，本书通过这个案例要表达的是如何从信息能力视角理解信息分化，是否有足够的自由选择来满足信息需求才是应有之义。

我们假设这样一种场景：一个被信息过载折磨而感到焦虑的人，决定暂时放弃网络和手机的使用，去一个偏远的山村度假，静养一段时间。这跟那些处在偏远山村本来就没有接触过互联网和手机的人相比，尽管暂时的信息获取状态是相似的，但绝不能说他们处在同样的信息能力状态。信息贫困即信息能力的缺失或被剥夺，信息贫富可以用信息能力缺失或被剥夺的程度来衡量，但这并不意味着信息主体的主观感知与此保持一致。某些看起来处于信息富裕阶层的个体，可能对这种信息富裕并不具有很高的主观认同，总感觉所需要的信息太少或者难以获得，信息能力无法与其信息需求相匹配。

（三）信息能力与信息世界

信息能力在信息世界的框架内得以展现。某些群体（如某些老年人）尽管意识到自己在信息获取和利用方面落伍，但并没有意愿去改变现状或不知如何改变。个人信息世界的边界与生活世界的边界不一致，信息能力的边界与个人信息世界具有一致的边界。信息能力与其他能力具有紧密关联和转化作用，信息能力有望为个人信息世界的拓展起到衔接作用。

就这些人的实际选择自由而言，信息能力是显然不同的。外界条件变化会影响能力，如没有网络或手机信号，即使拥有设备并且具备操作的技能，也只好通过其他手段去买票。尽管最终的信息效用可能是一样的，但由于个人信息世界的差异，潜在信息能力差别很大，一旦条件改变，一部分擅于利用信息的人就可以快速跃迁到较高层次能力。

从这个意义上讲，研究信息分化，最终目的不是ICTs应用和信息资源分配均等，而是尽可能使信息主体的信息行为满足个体发展的需要。信息能力与信息主体的个人信息世界具有一致边界，狭小的个人信息世界必然导致信息主体相对贫弱的信息能力。但这并不意味着信息主体的信息效用感知结果的低下，因为相对意义的信息能力是信息主体的信息需求的满足能力，本来就比较低的信息需求得到满足，那么信息主体的信息效用感知可能依然是很高的。

（四）信息能力与生活世界

智能手机在青年群体的高分布情况已经成为整个社会的普遍现象，除因为它获取信息的便捷性外，还因为它可以接受的价位。

与高昂的房价相比，拥有一部智能手机的成本显然低得多。而且，对大多数返乡创业人员而言，买房的愿望与享受当下数字化生活而言，后者要现实得多。

不同信息主体的信息能力有差别，并且与其实际的工作和收入也有较为显著的差别。尽管我们不能因此就宣称信息能力与生活能力存在必然对应关系，但至少可以说信息能力强的个体实际上拥有更多的生活机会，也即他们对生活方式的选择空间更大。在这一点上，信息分化与社会分化实现了关联。

通过锁定特定层面的信息分化现象作为研究对象，不仅难以完整揭示信息分化的复杂性，还有可能导致凸显特定信息分化的内在倾向。一是信息主体因为自身生活、工作的信息需求低，获取较少量的信息就可以满足；二是虽然信息主体缺乏明确的信息需求，仅仅是打发时间（如一整天在观看视频）却未必获得信息需求的满足感；三是由于主体有特定的明确的信息需求，却苦于无法从海量信息中找到有用的信息。在这些情形下，信息分化的含义是显著不同的。

一个经常利用电脑上网的人跟一个经常阅读报刊的人相比，无疑前者在数字化技术采用方面具有更大优势，但是并不能据此宣称二者居于信息分化的两端，还要看其具体信息需求和信息效用，不能脱离信息需求和信息效用谈信息分化。我们不能仅仅用信息设备、使用时间这些指标简单描述主体信息能力的高下，自我控制、自我效能也是应该考虑的因素。使用不同的设备，拥有不同的信息技能，这些意味着信息获取和利用的"机会"不同，这些"机会"不仅取决于信息主体所掌握的外部资源，还依赖信息主体自身的能动因素。

结合上述材料，我们不难发现，在很多情况下，信息显然不是我们追求的东西，因为它只是有用，并且是因为其他事物而有用。ICTs既不是作为外部变量而存在的，也不是从外部注入就能带来一定的结果。相反，ICTs以复杂的方式与社会的系统和过程交织在一起。如果要有效地获取新技术，内容和语言、基础素养和教育以及社区和体制结构就应该纳入考虑范围。从这个意义上说，弱势群体对ICTs和信息获取利用的过程不是要克服数字鸿沟，而是为了促进社会包容的进程。政策研究者要做到这一点，有必要"关注转变，而不是技术"（Jarboe，2001）。

第四节　创业人员信息能力特征及因素总结

项目组基于前期的田野调查，继而在更大范围开展了农村地区返乡创业人员信息能力专项调查，本节描述分析返乡创业人员信息能力现状和关键因素总结。

一、创业人员信息能力现状及特征

借助阿马蒂亚·森的"可行能力"视角，信息能力界定为信息主体能够满足自身信息需求的实质自由，表现为信息主体在信息行为中所表现出的获取信息效用的行为能力。随着ICT在社会各个层面的普及，信息能力在返乡创业人员有效识别、获取和利用信息过程中显得尤为突出。

（一）农村地区返乡创业者以高学历的中青年为主，返乡创业人员和返乡大学生居多

调查显示，农村地区76.1%的创业人员具有本科或以上学历背景，其中约6.0%的返乡创业人员拥有硕士及以上学历；24.0%的返乡创业人员拥有大专及以下学历，其中初中及以下学历背景仅占1.3%。与传统农村创业群体相比，返乡创业者总体学历较高，在一定程度上说明返乡创业活动不同于传统农村的创业模式，需要创业者具备广阔的知识背景和较高的综合能力来应对创业问题，且普遍具有较高的信息素养。

农村地区返乡创业人群以中青年为主，25岁及以下、26～30岁、31～35岁、36～40岁比例分别为28.6%、33.3%、23.1%和11.8%，41岁及以上的比例为3.3%，表明当前该群体以"80后"和"90后"为主。值得注意的是，农村地区返乡创业群体中男女比例接近1∶1，女性比例高达49.8%，这表明在返乡创业过程中性别差异不显著。

农村地区返乡创业人员中拥有外出务工或城市工作经历的人占绝大多数比例，工作年限1年以下、≥1～3年、>3～5年、5年以上的人员分别占比24.7%、29.2%、19.3%和26.8%，其中工作年限不足6个月的占比为15.4%。在鼓励"双创"的社会氛围中，返乡创业人员在就业经历的积累方面呈现出较为分散的特征，工作经历很短甚至无工作经历就投入返乡创业实践的人群数目不容小觑。

农村地区返乡创业项目就行业分布而言，呈现出多元化分布特征，分布在制造业（如农产品加工）、建筑业（如建筑装修）、物流仓储（如快递运输）、旅游服务（如住宿餐饮）、种植养殖（如特色花卉）、家政服务（如养老服务）、电商网点（如淘宝店）、文化创意（如文艺演出）和其他行业。就创业阶段而言，农村地区返乡创业项目处于酝酿与机会识别、初步创立、扩大成长、成

熟运营和转型发展阶段的占比分别为22.6%、41.3%、28.6%、6.9%和0.6%，超过一半的创业项目处于初创或酝酿阶段，返乡创业效果仍然需要等待时间的检验。

（二）农村地区返乡创业人员数字化信息设备持有比例较高，信息渠道相对多元

数字化设备的拥有情况显示，农村地区返乡创业人员在智能手机、个人电脑、iPad等平板电脑和可穿戴数字设备（如智能手环等）的拥有占比分别为98.1%、91.7%、54.3%和31.2%。在当前阶段，用于获取和传播信息的数字化设备拥有情况在返乡创业人员群体保持很高的比例，且呈现出多元化设备并存的局面。

就信息类型而言，农村地区返乡创业人员按照相对占比依次关注如下类型的信息：创业机会、市场行情、技术信息、金融服务、人才信息、公共服务、财政税收和土地政策。按照信息获取渠道相对占比排序，特定App或微信公众号推送、专业信息网站（如58同城等）、报纸/广播/电视等传统媒体、政府门户网站、专业人员咨询、开会交流和公共场合显示屏等依次降序。值得注意的是，在数字化设备和ICT普及的环境下，仍有超过一半的人将传统媒体视为主要信息渠道。同时，也有不少创业者将人际交流（如专家咨询、开会交流等）视为主要信息渠道。

（三）信息搜寻能力和甄别能力已经超过诸如设施设备等外部因素，成为创业信息获取和利用过程中更加凸显的影响因素

影响创业信息获取和利用的影响因素，主要集中在如下方面：基础设施配备、相关客户服务、设备和服务易用性、信息搜寻能力、信息甄别能力。由此表明，信息搜寻能力和甄别能力已经超过诸如设施设备等外部因素，成为创业信息获取和利用过程中更加凸显的影响因素。返乡创业者的信息意识、信息搜寻、信息甄别、信息价值汲取等方面的能力成为关键性影响因素。

二、创业人员可行信息能力发展的因素总结

（一）结构因素

信息能力可以从需求生成、信源选择、信息搜寻、信息甄别、意义汲取、信息发布、渠道选取、效用展示、行为控制等信息活动的角度进行分析，信息能力是在信息主体所处的市场制度、社会规则、社会氛围等结构性因素的约束下发展的。当前农村地区的信息基础设施完备程度和通信资费定价机制、网络接入规制、政府信息公开制度及其落实程度等，仍然是当前农村地区返乡创业信息获取和利用的主要约束性因素。

（二）能动因素

在社会资本对信息能力关联方面，返乡创业人员遇到技术使用困难时，通常理解的社会资本未表现出显著相关关系。但是，信息互助（包括技术帮扶和直接信息提供）却表现出显著的互动倾向，并且这种互动对信息能力有显著相关关系；文化资本中的学历层次、工作单位组织的培训、相关设备操作和专门软件的培训内容、离校时间、是否自学、上网查找和在线培训的自学方式及知识结构等因素，对信息能力有显著相关关系；网络使用经历各个指标对信息能力均有显著相关关系。在信息素养相关因素中，除传统媒体外，其他因素均对返乡创业人员信息能力有显著相关关系；个人特质方面，生理原因和年龄对信息能力有显著相关关系。

（三）情境因素

图书馆或网吧等公共信息空间以及返乡创业人员对这些公共信息空间的使用经历，对其信息能力有显著相关关系。然而，这些情境因素在农村地区恰恰是薄弱的环节，对当地返乡创业的具体情境产生约束。

电商初创人员信息能力

农村电商为农村地区的发展带来了新的生机，在一些经济欠发达地区，如北方、西北方的县城，当地农村的经济来源主要以农业为主，没有其他支柱产业，劳务输出人口多。农村电商的出现改变了传统的线下市场形式，通过互联网面向全国销售的形式，拓宽了农村地区面向的市场，增加了农村居民收入渠道，能够激活农村地区的经济活力。当下我国农村电商的政策红利持续释放，吸引了大批群众投入创业浪潮中。在政策推动下，我国农村电商的创业热潮持续升温，根据《中国电子商务报告（2021）》，我国农民工、大学生、退役军人、科技人员等人群成为返乡创业主力。截至2022年初，我国返乡创业人员已达1120万，其中一半以上采用了互联网技术。截至2022年上半年，我国农村地区网商、网店数量已达1711.8万家，间接带动就业人数超6000万人。

然而，农村电商创业有风险，农村创业失败是一项常态性社会问题。当越来越多农村地区的群众投身到农村电商行业中，行业的竞争也随之加大。随着信息化、数字化、智能化服务逐步向农村延伸，创业人员通过信息来获取资源、使用资源的能力愈发重要。相比其他类型的农村创业形式，农村电商创业对创业信息活动的需求更高，也对创业者提出了更高的要求。然而，当前农村的创业环境具有动态性和不确定性的特点，再加上农村地区发展不平衡等问题依旧突出，在农村创业过程中的信息利用和信息效用汲取方面存在着不平等的现象，部分创业者难以完成创业信息活动（如市场信息获取、信息交流、产品质量评估等），影响创业活动的正常开展，甚至导致创业失败。对创业初期的农村电商创业者而言，由于没有足够的资源和经验应对市场竞争，需要及时获取并有效利用相关信息来支撑市场研究、渠道选择等活动，若因创业者能力不足或其他因素而导致创业活动受阻，难以汲取信息效用，将难以度过创业初期。

农村电商初创人员完成创业信息活动的能力尤为重要，其甚至可能会直接决定创业的成败。然而，在"大众创业、万众创新"的浪潮下，社会普遍过于理想化，将农村电商创业看作是一个可行性高且前景光明的领域，农村电商创业备受瞩目，创业人数持续增加，但是却忽略了实际存在的困难和面临的挑战：并非所有的创业者都具备完成创业信息活动的能力，部分农村电商的初期创业者由于不具备完成创业信息活动的能力，导致其在创业前期陷入困难，最终创业失败。这种"高门槛"的现象一方面不利于促进就业创业，影响个人的发展；另一方面，也不利于农村电商的可持续发展，因此农村电商初期创业者的可行信息能力问题需要被关注。

第一节　研究设计与实施

一、研究思路与方法

研究聚焦三个问题：一是农村电商初创人员的可行信息能力困境表征及影响因素是什么；二是农村电商初创人员可行信息能力的影响机理；三是农村电商初创人员可行信息能力的提高路径有哪些。

为解决上述三个问题，研究采用定性研究和定量研究相结合的方法展开具体的调查和分析。在数据收集方面，采用实地调研、半结构化访谈法以及问卷调查法；在数据处理方面，使用定性文本分析法和模糊集定性比较分析法（fsQCA）。具体包括以下几条。

（一）实地调研法

研究立足现实情境，因此需要深入当地实际进行考察，以更好地了解所研究地区农村电商的创业现状、初创人员的功能性信息活动、电商创业影响因素等。通过实地的走访调研，获取及时、有效的一手数据，为研究做支撑。

（二）访谈法

关于农村电商初创人员可行信息能力困境表征与影响因素，适宜采用侧重探索性、理论建构式的解决"如何"问题的方法深入研究。访谈法是研究者与研究对象直接沟通的一种研究方法，通过面对面对话，以直观的形式获取研究数据，既能够获取客观上的事实，又能够直观感受到个人对某一话题的情绪、想法，有助于深化研究内容。访谈过程中，为了不对受访者产生倾向性干扰，同时控制访谈方向，采用半结构化访谈收集数据，并灵活使用开放式访谈法，对重要信息采用多次追问的方法，使访谈更加深入。

（三）定性文本分析

采用定性文本分析的方法，对访谈后的文字材料进行分析处理。参考扎根理论的三级编码，在编码后对文本内容进行深入的质性分析。编码过程中，采用NVivo11编码工具，通过开放式编码、主轴式编码、选择性编码，对所收集数据进行概念抽象与编码。

（四）问卷调查法

在定性文本分析形成农村电商初创人员可行信息能力困境表征、影响因素后，首先对可行信息能力困境影响因素进行口语化处理，编制调查问卷问项，对上一轮访谈对象收集案例数据，每一份数据相当于一个案例，以供组态分析。为保障问卷填写质量，本研究主要采取实地发放问卷的形式进行调查。考虑到现实因素，无法现场填写时，采用电话访谈或网络填写的形式记录数据。

（五）模糊集定性比较分析法（fsQCA）

社会现象往往是由多种相互依赖的条件因素引起的，而非单一因素的独立作用。传统的基于自变量相互独立的统计方法，在控制其他因素的情况下，难以解释这些因素之间复杂的因果关系。定性比较分析（QCA）是社会学家查尔斯·拉金（Charles C.Ragin）提出的一种定性与定量相结合的研究方法，其研究重点在考察因素之间的组态效应，综合案例导向方法和变量导向方法的优点，对复杂社会现象的解读有独特的优势。模糊集定性比较分析法（fsQCA）是最适合处理多个因素之间的复杂依存关系的方法，选择该方法进行研究还具有以下优势：一是关注现实社会的复杂性，农村电商初创人员可行信息能力困境的产生不是单一因素的影响，而是多种因素之间相互作用产生的条件组态；二是fsQCA更加关注中小案例的"并发因果关系"，适合对中小样本的研究；三是能为农村区域创业人员及政府相关部门提供适合电商人才发展的更具针对性的路径。通过fsQCA探索不同条件组合下可行信息能力的困境、探索实现可行信息能力脱困的路径，可以为更多县域农村电商的创业保障提供参考和借鉴。

二、研究设计

针对研究的三个研究问题，研究分为四个阶段：

第一阶段为调研准备阶段，通过实地调研，掌握H省W县农村电商发展现状，发现电商创业存在的问题，并编制农村电商初创人员可行信息能力清单，据此设计本研究的访谈提纲。

第二阶段为质性研究阶段，采用半结构化访谈法，招募一定数量的农村电商初创人员展开访谈。通过对原始数据进行编码和定性文本分析，探索农村电商初创人员可行信息能力困境的表征与影响因素，构建农村电商初创人员可行信息能力的影响因素模型，阐释可行信息能力影响机理，解决问题一、问题二。

第三阶段为案例数据收集阶段，采用问卷调查法收集案例数据。根据第二阶段定性文本分析的编码结果编制问卷，采用问卷调查法收集案例数据。

第四阶段为路径探索阶段，采用fsQCA，分析案例数据，揭示导致出现农村电商初创人员可行信息能力困境的条件组合，探索可行信息能力脱困路径并提出相应建议，解决问题三。

根据以上研究思路，本节绘制了研究流程图，见图6-1。

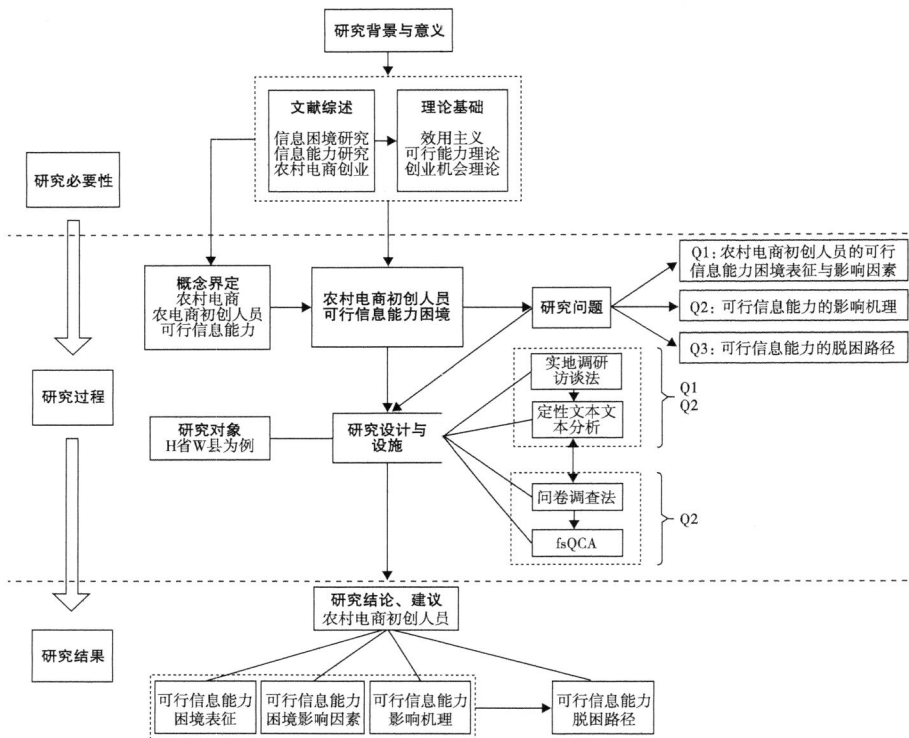

图 6-1　研究流程图

资料来源：作者根据研究思路整理。

三、研究实施

研究按四个研究阶段逐步展开，包括调研准备阶段、质性分析阶段、案例数据收集阶段以及路径探索阶段。

（一）调研准备阶段

本阶段旨在了解所选县域 H 省 W 县地区的发展概况以及该地区的农村电商创业现状，同时了解农村电商从业人员的创业信息活动有哪些，以方便后续的质性分析。

1. W县农村电商创业现状

H省拥有众多的农村人口，在中国各省县市数量排名中，以128个县级行政区划的总数排名第二，其县域农村经济具有巨大的发展空间，农村电商在激活H省农村市场潜力、促进农村产业升级上具有重要的战略意义。但H省在农村电商人才方面仍存在较大缺口，因此，针对H省的农村电商创业研究具有现实意义。

W县地处H省东南部，位于冀鲁豫三省交界，总面积864平方公里，辖21个乡镇、450个自然村，总人口106万。同时，W县是联合国地名专家组认证的千年古县、国家级园林县城、国家级水利风景区。W县农业发达，但是由于农产品、农副产品难以打开国内市场，再加上当地非农产业，如制造业、旅游业等，发展形势较差，本土产业满足不了本地就业需求，外出务工人数多，是劳务输出大县，同时也导致县域独居老人、留守儿童较多，进一步阻碍了经济的发展。W县之前为国家级贫困县，农村电商的出现，为W县的发展打开了一扇大门，W县推进农村电商创业，2017年成功申报国家电子商务进农村综合示范县，农村电商为解决劳动力流失、促进就业创业、提高当地收入、促进产业融合升级等方面提供了多元的路径。

本研究选取W县及下属乡镇的农村电商初创者作为研究对象，理由主要有以下几项。

（1）W县劳动力人口众多，农业发达，产业单一，农村电商对W县产业升级、经济发展意义重大，农村电商创业潜力大。

（2）W县是国家电子商务进农村综合示范县，在乡村振兴持续推进的当下具有典型性，其发展具有示范意义，研究该县的农村电商创业者同样具有代表性及借鉴意义。

（3）W县农村电子商务与扶贫减贫开发工作相融合，针对W县农村电商创业者的研究，对推进其他地区农村电商发展、推进乡村振兴有重要参考价值。

为直观了解W县农村电商发展状况，课题研究人员走访W县电子商务公共服务中心，通过与工作人员交流及参考宣传手册，了解到W县农村电商创业现状，总结为如下几条。

（1）特色产品多，电商创业选择较多。W县发挥基层带动作用，吸引当地龙头企业、农民合作社、电商服务站等新型经营主体参与到电商活动中，打造适合电商销售的农特产品。县商务部门通过招商引资，引入第三方平台，如无界电商集团，为W县特产"W县鸭梨"制定专属的营销策略，借助"孔融让梨"成语典故，为普通的鸭梨赋予"温良恭俭让"的文化符号，打响W县鸭梨的知名度。W县目前呈现出的可上行的特色产品有刘庄村的梨木厨具、大斜街的红不软桃、申铺村的哈密瓜、李辛庄的玉露香梨、梁河下的人参果梨、李家口村的郭家坊土纺土织、边马乡的手工麻花等一系列特色产品，电商创业机会较丰富。

（2）创业政策红利释放。W县人社局出台就业创业帮扶政策，为W县青年创业孵化基地提供补贴资金，免除租金、水电费等，免费享受创业培训、创业指导、证照代办等一系列创业服务。2021年W县出台《W县促进电商发展十条扶持政策（试行）》，从免费办公场所、人才培育、电商平台、物流服务、基础设施等方面出台数条扶持政策，促进全县电子商务和数字经济高质量发展，对在电商平台新开设店铺，且年度线上销售额达10万元以上的经营者，由县发展和改革局、县财政局给予一次性3000元的奖励等。

（3）依托村级电商服务站提供便民服务。村级电商服务站可以为村民提供网上代购、农产品代销等便民服务，解决了电商产品交易数据统计困难问题问题、便利了农村产品上行。W县供销社依托国家"供销e家"和省"八方联采"电商平台，充分发挥供销社在服务"三农"中的引领作用，在县、乡、村分别建立县级电子商务运营服务中心、农村电商服务站、电商服务社，为农民群众提供政策宣传、协办服务、技能培训、广告宣传等服务。截至2022年，W县建设了300多个电商村级服务站，使得村级服务站与县级服务中心共同构成电商组合型服务体系（彭超，2019）。

（4）开展电商培训、教育。W县电子商务公共服务中心面向广大创业者免费开展电商专业培训，孵化电商人才。例如，对新农人进行网络主播培训，增强网络直播技能，培养当地网红；开展电商培训，培训覆盖基层党政干部、涉农企业、合作社社员、返乡农民工、农村创业青年等各类人群。同时 W 县还积极推进电商职业教育，培育电商职业人才。W 县综合职业教育中心开设电子商务课程，围绕信息技术的学习与培养展开，为初中毕业或者具有同等学力者提供电子商务专业教育。

同时，本研究通过走访下属乡镇街道展开实地调研，发现 W 县农村电商发展中存在的一些问题。

（1）部分村级电商服务站撂荒，服务职能丧失。为了解村级服务站的职能以及招募研究对象的需要，笔者走访了三处村级服务站，分别编号 VES-1（village-level e-commerce service station）、VES-2、VES-3。令人意外的是，这三家村级电商服务站不同程度地偏离了其原本职能。VES-1 服务站为临时铁皮房，且位置相对偏僻，现已荒废搁置。VES-2 现在已经成为菜鸟驿站站点，负责收发快递。另一个镇级电子商务服务站（VES-3）由一家农村超市承办，于 2019 年由 W 县供销社同市社扶贫工作队携手打造，由 W 县供销社电子商务益道商城负责布设，但 VES-3 目前缺乏专业电商人员，未能发挥村级电商服务站的代买代卖等服务功能。村级电商服务站的撂荒影响了电商生态，可能导致创业者创业信心受挫。

（2）农村电商创业分散化，未形成产业集群。2015 年 W 县出台"电子商务发展三年推进"计划，试图在三年内建设 100 个电商村，但是通过实地考察，由于地域分散、缺乏顶层规划、文化习惯制约等因素，农村电商创业仍以分散的个体、家庭创业为主，未发展出"淘宝村"等电商特色产业村落，也未能形成集中的产业集群。

（3）电商培训难普及、效果差。首先，通过实地走访，县政府开展电商培训，绝大多数依托电商服务中心在线下举行，然而，对距县城较远的部分农村电商创业者十分不便，影响了电商培训的普及性。其次，培训内容同质化。当前培训内容主要是直播技术、视频制作技巧等，而直播仅是电商创业中的一部分，农村电商创业涉及多项业务、多个环节，针对电商直播、视频制作的培训与创业需求脱节，电商创业培训应以提升创业者的经营能力为核心。

在上述问题影响下，W县的农村电商创业者面临以下困难：创业环境差，服务站撂荒，缺乏基层电商服务支持；缺乏协同效应，导致难以积累人脉资源；缺乏电商培训，难以独自完成功能性信息活动。因此，需要关注农村电商初期创业者面临的创业信息活动困境，针对可行信息能力的研究显得格外迫切。

（二）编制功能性信息活动清单

农村电商初创人员的功能性活动有哪些？功能性信息活动是什么？解决这些问题有助于了解农村电商初创人员在创业过程中实质需要并且必不可少的活动。一方面，参考阿马蒂亚·森对功能性活动的阐述，功能性活动即主体想要完成的活动，编制功能性活动清单有助于利用具体可感的方式理解农村电商创业者可行信息能力的内涵，使访谈主题围绕受访者日常经营活动展开，避免出现避重就轻的现象。另一方面，熟悉农村电商初创人员的电商经营活动，能够在访谈中有的放矢，对访谈内容进行有针对性的调整，使访谈内容本土化，提高创业者的参与兴趣，提高访谈效率。因此，了解农村电商从业者的功能性信息活动，进而编制创业信息活动清单，有助于理解其可行信息能力的内涵。

本研究通过实地调研的访谈、实地考察等方式获取一手资料，通过新闻报道、电商创业纪录片、相关研究文献等渠道获取二手数据，通过上述资料归纳概括农村电商创业者可能存在的功能性活动。以一手资料为例，课题研究人员通过走访W县电子商务公共服务中心，与大厅工作人员进行沟通，发现个体户创业更加普遍且多元化，这些创业者分布在县域各地区，从事多样的农村电商业务（如农产品、花卉、服装等），创业者的经营活动包括劳作（如制作/采摘、运输、包装）、挑选货源、联系供货商、采购/开发产品、处理订单（咨询、售后服务等）、寄发快递等。

此外，课题研究人员还对新闻报道、电商创业视频（如《淘宝村》纪录片、《焦点访谈》节目、电商创业采访视频等）以及农村电商创业文献等二手资料进行收集与处理。将一手和二手资料整理为文本资料，进行概念提取，概括归纳出农村电商初创人员的功能性活动清单，并以此推导出其信息行为的功能性信息活动清单，见表6-1。

表6-1　功能性信息活动

范畴	概念	功能性活动	功能性信息活动
创业资源获取发布	创业信息资源	掌握市场动态、了解市场需求、了解政策信息	获取市场信息、政策信息、创业互助信息；创业信息发布、人力资源信息发布；社交活跃维系
	创业人力资源	社会招募、寻找带头人	
	创业资金资源	各种方式筹集资金、提高物质基础、积累人脉资源	
	创业资源整合	利用人脉资源、亲朋资源进行资源拼凑、筹备业务	
创业技能获取发布	基础条件	接入互联网、使用互联网、高效地使用平台	设备使用；提升信息素养；信息获取
	宣传手段	发朋友圈、拓宽客户资源、拍摄制作视频、直播、发小红书	信息生产；信息发布
	业务活动	贷款、上架产品、出售、物流、包装、运营和维护	平台使用，信息处理
创业机会识别搜寻	机会识别	提升机会感知能力、思考能力、资源比对能力	搜寻、识别机会信息；匹配需求与资源信息
创业学习	自我学习	提升电商意识、提升运营能力；利用网络学习	增强信息意识；提升信息发布、获取、理解能力；信息评价、信息交流
	社会网络学习	人际交流、学习成功经验、汲取失败教训	

资料来源：作者根据文本资料整理。

（三）访谈提纲设计

根据上文归纳的功能性信息活动清单，拟订本次访谈提纲，见表6-2。为了保证访谈的深度，访谈过程灵活采用半结构化访谈和开放式访谈的形式，不规定具体的访谈内容，只设置大致的访谈提纲推动访谈的进行，对涉及的重要信息进行灵活提问，保证访谈的深度和质量。

表6-2　访谈大纲

序号	访谈问题
1	您从事电商行业几年了，主营什么品类？
2	主要在哪些平台开展业务？（微信、抖音、拼多多、淘宝……）
3	您感觉在电商经营中哪些事情比较重要，需要优先处理？
4	熟练上网、使用信息技术对您的日常业务有哪些帮助？
5	您的（某一个功能性信息活动）的完成，得益于哪些方面？
6	您认为在农村做电商，存在哪些困难？
7	如果给您提供帮助，您认为应帮助哪些方面？

资料来源：作者自行整理。

研究设计的访谈提纲如表6-2所示，通过问项1、2了解受访者的基础信息，不涉及受访者姓名年龄等隐私。问项3的目的是了解受访者认为值得去做或者期望完成的活动，并引入访谈话题。问项4主要询问信息活动对农村电商创业的重要性以及信息技术作用的体现。问项5试图探究除影响除信息技术外，其他影响创业可行信息能力的因素。问项6的目的是探究在创业者视角下，农村电商创业存在的现实困境。问项7探究创业者目前重视的以及希望得到改善的要素。通过上述问项，可以对创业者重视的创业信息活动、完成创业信息活动的影响因素、创业中存在的现实困境等问题形成全面了解。

（四）质性分析阶段

该阶段主要解决问题一、问题二，采用访谈法，选取一定数量的研究对象展开访谈，对原始数据进行编码，并进行定性文本分析，探索农村电商初创人员可行信息能力困境的表征与影响因素，构建农村电商初创人员可行信息能力的影响因素模型，阐释可行信息能力影响机理。

1.访谈实施

访谈对象选取的具体标准如下：第一，电商创业时间在2年以内，符合创业初期特性；第二，选取的研究对象处于县城及农村地域，符合研究

情境。为使研究对象具有代表性，通过 W 县英洁创业孵化基地、W 县农村
电子商务公共服务中心孵化基地、各乡镇街道个体户以及电商直播大赛参
赛群，利用方便抽样方式选择受访者，通过初步的交流，招募符合要求并
具有访谈意愿的农村电商创业者，最终共对 14 名位创业者进行了访谈，其
中对 9 位进行了面对面访谈，对 5 位进行了电话访谈，受访者基本信息如表
6–3 所示。

表6–3　受访者基本信息

编号	主营	主要平台	性别	时长	备注
WX–1	花卉	抖音	女	半年	多年实体店
WX–2	鸡蛋、黑鸡	拼多多、淘宝	女	一年半	筹备阶段
WX–3	土特产	拼多多	男	/	筹备阶段
WX–4	自主设计服装	微店、买买商城	女	一年	学生副业
WX–5	电动三轮	小红书 抖音	女	两年	夫妻店
WX–6			男		
WX–7	服装	抖音直播	女	一年半	多年实体店
WX–8	儿童书	淘宝	男	半年	多年实体店
WX–9	红不软天然桃胶	淘宝	男	一年	当地产业
WX–10	W 县鸭梨	天猫、拼多多	男	未知	百年老梨
WX–11	健身器械	TikTok、小红书	男	三个月	有电商经验
WX–12	腊肉	抖音	男	半年	抖音电商
WX–13	毛绒玩具	拼多多	女	一年	宝妈
WX–14	辣椒酱	淘宝	女	两年	自有品牌

资料来源：作者自行整理。

访谈过程中，以前文归纳的功能性信息活动为话题切入点，从"做什么
入手"以及"难以做什么着手"开始，提高受访者的兴趣。在访谈中认真倾
听并积极回应，建立良好的交流氛围。通过灵活询问受访者造成某项功能性
信息活动实施受限的原因，来挖掘造成其信息困境的影响因素。每位受访者

的访谈时间为30～45分钟不等，取得受访者同意后，对访谈内容进行录音。

2.访谈编码

访谈结束后，使用飞书软件对普通话录音进行自动转录处理。其中方言录音则采用软件加人工转录，再使用飞书转录，区分说话人、并去除语气词，形成约1.9万字的文本资料，将前12份访谈文本导入编码软件NVivo11进行编码，剩余2份文本资料留作进行理论饱和度检验。通过NVivo11编码，参考三级编码范式，首先，形成农村电商初创人员可行信息能力困境（以下简称可行信息能力困境）的具体表征与影响因素；其次，构建农村电商初创人员的可行信息能力模型，阐释可行信息能力的影响机理。

（五）案例数据收集阶段

在完成第二阶段的质性分析后进行案例数据收集。研究采用问卷的方式进行数据收集，每份答卷即代表一份案例。因此，首先进行问卷设计。根据第二阶段得出的可行信息能力影响因素主范畴要素进行问项设计，具体的测量题项参考在编码过程中出现最多的概念进行设计，以保证问卷的信度以及可读性，每个范畴2到3个问题不等。其次，考虑到研究对象的特殊性，问卷整体保证简约，不设计非必要及涉及隐私题项。问卷采用李克特5级量表的形式，1–5分别表示"非常不符合"到"非常符合"的认同程度，对应1–5分的得分。

（六）路径探索阶段

本阶段使用第三阶段收集的案例数据，进行模糊集定性比较分析。使用fsQCA软件，根据结果变量的不同分别探索导致低可行信息能力的条件组态以及高可行信息能力的条件组态，将各组态路径分为可行信息能力困境的致困路径，以及提高可行信息能力的脱困路径，并针对路径展开有针对性的分析。

第二节　电商初创人员可行信息能力困境

一、困境表征

通过对原始访谈材料进行逐句分析的开放编码，结合本章编制的功能性信息活动清单，共识别出四类可行信息能力困境具体表现形式，分别为信息获取障碍、信息鉴别困难、信息交流能力差以及业务活动受阻。

（一）信息获取障碍

信息获取障碍是指由于多种因素，农村电商初创人员在经营活动中信息获取的不自由。具体来讲，创业者在获取市场信息、政策信息、渠道信息等内容时会出现障碍，可能表现为不懂得如何搜索、信息获取滞后、信息渠道欠缺等。例如"市场信息很重要，但是我感觉不太（好）弄到，估计得有门路"（WX-2）、"不会懂这个问题，让邻居帮忙查，有时候得好半天才回复我"（WX-8）等。当信息获取方面存在可行信息能力欠缺时，创业信息、市场信息等的获取存在障碍，使得农村电商创业者获取不到想要的信息来完成创业活动，直接导致其无法汲取信息效用，其可行信息能力螺旋被打破，陷入可行信息能力困境。

（二）信息鉴别困难

在信息质量参差不齐的信息环境下，信息鉴别是创业信息活动中的重要环节。信息鉴别困难主要归因于两点：外部因素和个人因素。外部因素主要包括当前信息量激增，信息混乱，如"信息太多，不知道哪个是有用的"（WX-2）；存在信息污染问题，低质量信息充斥，很难分辨哪些信息具有利用价值；信息不透明，难以准确评估自己的创业机会。此外，信息鉴别困难还归因于个人信息鉴别能力低，无法有效地鉴别能够对自己产生帮助的信息，突出表现为：选品困难、产品渠道判断困难等。信息鉴别方面的可行信息能力欠缺，可能导致创业者难以鉴别有价值信息，进而影响创业效果。无法汲取信息效用而导致可行信息能力螺旋被打破，创业者陷入可行信息能力困境。

（三）信息生产交流能力差

信息生产交流是农村电商创业重要组成部分。信息生产包括发布广告、产品宣传、更新平台数据，农村电商十分依赖信息交流，如寻求解答、寻找货源等。然而，当信息生产交流效果差，难以与其他地区的电商从业者进行信息交流和合作，如"这两个月试着在京东做，经常遇到商品首图不符合要求的情况，提示商品信息超出'元素安全区'，需要对商品信息质量进行优化，我不太会，不会去上网查，去QQ群里问也没人回我，里面全是广告"（WX-13）等。信息生产交流的可行信息能力欠缺，无法及时发布信息、获取帮助，导致信息主体陷入可行信息能力困境。

（四）业务信息活动受阻

业务信息活动受阻是连接现实困境与可行信息能力困境的桥梁，综合表现为业务活动受阻，即农村电商初创人员难以使用信息达到辅助创业活动的目的。例如，不清楚市场热点、不知道信息渠道有哪些、售后服务困难等。由于可行信息能力欠缺，导致正常的业务活动受阻，信息主体无法通过完成业务汲取信息效用，导致其可行信息能力陷入困境。

可以看出，以W县为代表的经济欠发达地区农村电商初创人员存在可行信息能力困境问题，处于创业初期的创业者难以完成创业信息活动，造成创业活动受阻，无法积累资金，进而导致创业失败的发生。为了更好地发现问题根源，需要深入探究影响农村电商初创人员可行信息能力困境的因素有哪些。

二、可行信息能力困境影响因素

下文使用质性研究编码工具 NVivo11，参考美国学者斯特劳斯和科宾（Strauss & Corbin）的程序化扎根理论编码方法，对访谈文本进行逐一编码，通过开放式编码、主轴式编码和选择性编码等三级编码程序，研究农村电商初创人员可行信息能力的影响因素具体有哪些。

（一）开放式编码

通过农村电商初创人员的访谈文本编码，提取40个初始概念，通过再次对比、归纳，初步合并相同的概念，形成16个初始范畴。从开放式编码的初始范畴看，农村电商初创人员可行信息能力困境影响因素较为丰富，抽取基础设施质量、基础设施管理、市场信息环境、政府信息环境、教育水平、认知水平、心理因素、信息素养、信息技术水平、电商经验、设备资源、情感支持、创业帮助、信息分享、政府培训、政府政策支持共16个初始范畴，如表6-4所示。

表6-4 开放式编码

初始范畴	初始概念	代表性原始语句
B1 基础设施质量	A1 网速问题	家里网速挺慢的，可能离镇里远，有时候看视频得缓冲好一会儿
	A2 基础设施	估计没啥人管，有些电线杆都歪了
B2 信息基础设施	A3 服务站管理	我们村也有电商服务站，但是好久没开过了
B3 市场信息环境	A4 信息混乱	市面上好多产品，描述和图片都一样，但是发货时又不一样
	A5 信息污染	我知道好多信息都是骗子发的，不知道哪些能相信
	A6 市场行情变化快	现在热度一天一变，前段时间有个青蛙比较火，很好卖
B4 政策信息	A7 政府信息了解渠道	我加的一些微信群里会发，我会点进去看
	A8 政府信息内容	县里发的政策太笼统了
		有时候手机上会发，看不太懂的时候问别人

初始范畴	初始概念	代表性原始语句
B5 教育水平	A9 学历影响	学历还是会影响一个人的眼光见解
	A10 不会拼音	我到现在还是不太会打字，一般都是手写
	A11 普通话水平	在家里不说普通话，跟外地的供应商交流不太方便
B6 认知水平	A12 信息技认知	作用不大吧，不会电脑也能挣到钱
	A13 电商认知	其实电商感觉是实体店再加个发快递，卖到别的地方去
	A14 利益认知	我感觉买设备、上电商培训课太贵了，不值得
B7 心理因素	A15 怕学不会	用电脑查资料都是小孩学的，我学不会
	A16 风险大	总觉得平台上赚钱不太安全，也不想再专门去学技术，就当个副业了
B8 信息素养	A17 信息敏感性	分情况吧，有时候看抖音看到一些视频能联想到自己的小店哪里能改进
	A18 信息意识	我感觉一般，可能事情太多了，这些信息都忽略了
	A19 信息兴趣	赚钱最重要，而且我对手机电脑这些不是很感兴趣，我也不太想让孩子玩这些，耽误事
	A20 信息需求	感觉现在还在发展中，并不太需要这些信息
B9 信息技术水平	A21 信息收集	我听有人说把问题到网上发博客就有人解答，没试过
	A22 信息鉴别	信息太多不知道哪个是有用的
B10 电商经验	A23 创业参与	因为之前跟别人一起干过，比较熟悉了，才选择自己来单干
	A24 自身创业经验	之前有在国内做抖音、视频号，还有小红书
B11 设备使用	A25 设备拥有	像电脑、相机这些，之前干短视频的时候买的
	A26 手机电脑基本操作	会用手机，电脑没学过，现在不太用
	A27 设备功能	学着用电脑 PS 做宣布图，现在平台的都看这个，一个个都很夸张
B12 情感支持	A28 身边没有做的	身边没有做的，大家看我在干电商都感觉很新奇，还问我咋一整天待在家不出门
	A29 身边人不理解	别的不怕，就怕家里人不支持，像我爸比较传统，他就觉得不如打工挣钱，导致我现在也没太大动力

初始范畴	初始概念	代表性原始语句
B13 业务帮助	A30 售后帮助	我的儿子在上大学，他空闲了帮我处理售后，他再告诉我怎么处理、发哪里的快递
	A31 技术指导	身边有做电商的还是挺重要的，不然在平台遇到不懂的没人能帮忙
	A32 帮助场地搭建	一些有过直播经验的朋友会帮我采购设备、搭建直播间
	A33 他人产业供应	我们家这块有养殖场，养本地的黑鸡，算是当地特色吧，在我们这块很有名，我想着从他这里拿货，在网上卖，也会方便很多
B14 信息分享	A34 经验分享	我们村最近干电商的多起来了，组织了个电商创业聚会，一两个月开一次，大家可以分享和交流经验，还能了解新机会、新方向
	A35 一手信息分享	
B15 政府培训	A36 视频直播培训	县里最近办电商大赛，在公共服务中心三楼提供免费的直播培训，对新人来说还是挺有用的
	A37 电商技能培训	县里有专门的培训，如微商平台的运营，但是没有我做的拼多多、淘宝方面的培训
B16 政府政策 支持	A38 提供奖金	我看政策上说政府提供奖金，但是只给营销额 10 万以上的，我还没达到
	A39 提供场地	是有提供办公场地，对供应链在县里的可能会方便很多，我这在农村也还行，没必要去县里
	A40 创业补贴	针对个体户的补贴力度太小了，我还没拿到过，希望力度能大一点，同时希望申请标准公开

资料来源：作者根据访谈文本整理。

（二）主轴式编码

主轴式编码阶段是在开放式编码的基础上进一步归纳范畴，通过对16个初始范畴的归类与抽象，识别初始范畴结构层次、语义关联，最终归纳为5个主范畴，包括电商意识、技术能力、信息环境、人际支持、政府支持。共同对农村电商初创人员的可行信息能力造成影响。主轴式编码过程见图6-2，详细编码结果见表6-5。

可行信息能力困境			
✦	名称	材料来源	参考点
⊟ ●	电商意识	9	33
⊞ ●	教育水平	3	4
⊞ ●	习惯认知	5	10
⊞ ●	心理因素	5	8
⊞ ●	电商经验	5	11
⊟ ●	技术能力	10	29
⊞ ●	信息素养	8	13
⊞ ●	信息能力	9	16

图 6-2 可行信息能力影响因素主轴编码

图片来源：NVivo 主轴编码截图。

表 6-5 主轴式编码

主范畴	基本范畴	范畴内涵
C1 信息环境	B1 基础设施质量	创业者日常经营中面临的外部信息环境
	B2 基础设施管理	
	B3 市场信息环境	
	B4 政府信息环境	
C2 电商意识	B5 教育水平	创业者在教育、经济、知识、心理因素等方面影响下的个人电商意识差异
	B7 心理因素	
	B6 认知水平	
	B10 电商经验	
C3 技术能力	B11 设备使用	主体完成功能性信息活动的主观内在条件
	B8 信息素养	
	B9 技术水平	
C4 人际支持	B12 情感支持	指在创业时周围的人能够伸出援手
	B13 业务帮助	
	B14 信息分享	
C5 政府支持	B15 政府培训	政府在创业中能够起到支撑引导作用
	B16 政府政策支持	

资料来源：作者自行整理。

（三）选择性编码

选择性编码阶段是对主轴编码结果的进一步分析，通过对主范畴进行类属关系区分，整合凝练，抽象出核心范畴，并系统梳理各范畴之间的逻辑关系，构建理论框架。经过反复分析归纳，将电商意识、技术能力归纳为影响农村电商初创人员可行信息能力的个人因素，人际支持、政府支持、信息环境归纳为外部因素，最终抽象出"可行信息能力影响因素"为核心范畴统领其他范畴，结果见表6-6。

表6-6　选择性编码

核心范畴	归纳结果	主范畴
可行信息能力影响因素	D1 内部因素	C2 电商意识
		C3 技术能力
	D2 外部因素	C1 信息环境
		C5 人际支持
		C6 政府支持

资料来源：作者根据编码结果整理。

三级编码之后，使用预留的两份样本资料进行理论饱和度检验，再次对资料进行三级编码，并未发现新范畴的产生，因此认为访谈样本达到理论饱和要求，不再继续进行访谈数据的收集。

在形成农村电商初创人员可行信息能力影响因素后，以主范畴之间逻辑关系为线索，构建影响因素与结果之间的关系结构，如表6-7所示。在关系梳理中发现，电商意识与技术能力起内部驱动作用，属于可行信息能力的能动因素。信息环境、人际支持、政府支持起外部支撑作用，属于可行信息能力的结构性因素。各要素之间互相调节，既可以直接作用于可行信息能力，也作用于个人，通过影响个人的能动因素间接影响可行信息能力。据此，研究、构建农村电商初人员可行信息能力影响因素模型，如图6-3所示。

表6-7　关系结构内涵

关系结构	关系结构内涵
电商意识→可行信息能力	电商意识是影响可行信息能力的内部驱动力
技术能力→可行信息能力	技术能力是可行信息能力困境的内部驱动力
信息环境→可行信息能力	信息环境是影响可行信息能力的外部基础
人际支持→可行信息能力	人际支持是可行信息能力的外部场域支撑
政府支持→可行信息能力	政府支持是可行信息能力的外部牵引力

资料来源：作者根据影响因素整理。

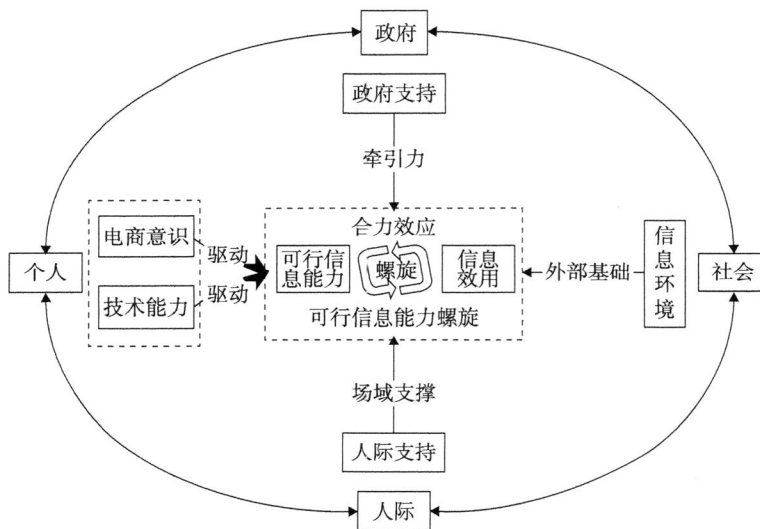

图6-3　农村电商初创人员可行信息能力影响因素模型

三、可行信息能力困境影响因素分析

从农村电商初创人员可行信息能力模型可以看出，W县农村电商初创人员的可行信息能力受到电商意识、技术能力、信息环境、人际支持、政府支持等五个方面的合力作用，影响可行信息能力螺旋的实现。

（一）电商意识对可行信息能力的影响

农村电商创业者必须具备电商意识，了解电商的基本概念、发展趋势和市场需求，才能制订出符合市场需求的商业计划和发展战略，进而在竞争中占有一席之地。电商意识包括教育水平、心理因素、认知水平、电商经验等。一般来说，一个人的学历会影响其眼光和见解，高教育水平意味着对电商有更加准确的认识。一些创业者对新技术缺乏正确的认知，对电脑和网络的使用缺乏信心，如"用电脑查资料都是小孩学的，我学不会"（WX-3），该创业者处于电商的筹备阶段，但是对新技术缺乏信心，认为"（新技术）作用不大吧，我不会电脑也能挣到钱，不用费心学"。有些创业者认为网络平台风险大，如"总觉得平台上赚钱不太安全，也不想再专门去学技术，就当个副业了"，对数字技术"晦涩难懂"的刻板印象难以改变，不愿学习、担心风险等心理因素不利于其学习信息技术和使用平台。此外，部分农村电商初创人员对电商的认知不到位，如"其实电商感觉就是实体店再加个发快递，卖到别的地去"，对电商的单一认知，进一步削弱了创业者学习、使用信息技术来辅助创业信息活动的动机，不利于其可行信息能力的提高。

（二）技术能力对可行信息能力的影响

技术能力是个人能动因素的另一个重要组成部分，是农村电商创业者必备的核心能力。技术能力包括设备使用、信息素养、信息技术水平等。设备使用是技术能力最直观的体现，电商创业需要使用信息设备，创业人员在创业过程中需要利用互联网和社交媒体等工具来发布商品与进行销售，并且开展各种形式的营销活动，以提高产品的知名度。信息素养主要指获取信息的意识、信息敏感性、信息需求等。拥有较高的信息敏感性可以让创业者更快地发现机会和问题，及时采取行动。有意识地获取信息可以让创业者更好地掌握市场动态、竞争情况和消费者需求，有助于其制定正确的经营策略，而缺乏获取信息的意识则容易盲目行动，缺乏前瞻性。对农村电商创业者来说，需要主动获取信息，了解产品来源、价格波动、市场需求等信息是至关重要的，否则会影响其经营决策和盈利能力。创业者的信息敏感性、获取信息的意识、了解信息需求等能力，可以帮助他们更好地应对可行信息能力困境。技术水平是个人使用信息技术获取和应用信息的能力，通过掌握和应用信息技术，创业者可以获取更加准确和及时的市场信息、产品信息、营销信息等，从而更好地把握市场机会，提高创业成功的概率。信息技术水平的增加可以提高个人的信息加工能力，更加高效地加工和整合已有信息资源，从而更好地利用这些资源支持自己的创业活动。

（三）信息环境对可行信息能力的影响

信息环境包括基础设施、政府信息环境、市场信息环境等，这些环境对创业者了解市场、创新发展、合作交流等方面都有着重要的影响。信息基础设施、电商基础设施等可以为电商创业提供支撑，拥有良好的信息环境的创业者更容易了解市场需求、掌握先进技术、与其他创业者交流合作，从而更有可能取得成功。同时完备的基础设施也会提高电商创业者的创业信心，提供情绪支持，如"我们村也有电商服务站，但是好久没开过了"（WX-2），电商服务站的撂荒会影响电商创业者的积极性，影响创业者对创业前景的判断。

（四）人际支持对可行信息能力的影响

农村电商创业者所处的社会网络和人脉资源对其创业发展至关重要。良好的人际支持能够提供必要的资源、信息和支持，帮助创业者更好地发展和成长。在农村电商创业中，若周围创业居民较多，拥有良好的人际支持可以为自身的创业活动提供帮助，如"我们村最近干电商的多起来了，组织了个电商创业聚会，一两个月开一次，大家可以分享和交流经验，还能了解新机会新方向"，通过人际支持获取经验。人际支持还能为业务活动提供帮助，如"一些有过直播经验的朋友会帮我采购设备、搭建直播间"等。此外，良好的人际支持还能够增加创业者的自信心和积极性，提高其应对挑战和压力的能力。人际支持会提供情感价值，如"别的不怕，就怕家里人不支持，像我爸比较传统，他就觉得不如打工挣钱，导致我现在也没太大动力"。有人际支持的创业者更容易调节情绪、解决困难和应对挑战。

（五）政府支持对可行信息能力的影响

政府在农村电商创业中发挥着重要的作用。政府的政策、资金、技术、信息等方面的支持，能够为创业者提供重要的资源和条件，促进农村电商的发展。在资金上，政府可以提供创业培训，降低创业门槛，提供资金支持；在技术上，政府可以提供信息技术培训、组织电商创业技能培训等，如 W 县电商培训未形成体系，呈现同质化，培训效果差，影响可行信息能力的提高。此外，政府还可以对创业信息环境、人际关系等做出宏观调控，如鼓励创业者之间合作发展、打造创业园区，改善创业者人际支持条件；完善基础设施、优化创业信息环境，促进农村电商创业的健康发展。

第三节　可行信息能力困境组态分析

本研究采用 fsQCA 方法进行深入讨论，揭示这些影响因素的不同组合如何影响农村电商初创人员可行信息能力，准确认识可行信息能力困境的发生和发展规律。

（一）问卷设计与收集

根据可行信息能力影响因素主范畴要素进行问项设计，以人际支持主范畴为例，在编码中，"熟人分享""他人帮助"概念被反复提及，因此设计题项 F1：我身边有熟人也在做电商，能够分享经验；F2：如果没有其他人帮助，可能就不会选择做电商。具体测量题将依据这 5 个主范畴中被提及最多的 17 个概念设计，问卷设计如下表 6-8 所示，详细问卷见附录 2。

表6-8　问卷设计

变量	题项
IC 可行信息能力	A1 我认为自己可以轻松地获取想要的信息
	A2 我能够判断一个市场好不好做
	A3 我现在能熟练处理各种电商业务（选品／售后等）
IE 信息环境	B1 外界信息资源丰富
	B2 能够即时了解政府信息，有了解渠道
	B3 我有比较稳定的网络环境
	B4 周围有电商服务中心，可以帮助解决很多问题
EC 电商意识	C1 我想要获取更多市场信息
	C2 我觉得上网搜索信息的能力对经营电商很重要
	C3 我有电商经验、电商知识
IA 技术能力	D1 我购入比较多设备，对我帮助很大
	D2 我能够熟练地上网搜索信息、使用软件平台
	D3 我可以知道哪些信息是有用的
IS 人际支持	E1 我身边有熟人也在做电商，能够对我提供帮助
	E2 如果没有其他人帮助，可能就不会选择做电商
GS 政府支持	F1 政府会给电商创业提供支持
	F2 政府会提供培训、补贴等实质帮助

资料来源：作者根据编码结果编制。

问卷设计完成后，正式的问卷调查分别在线下和线上进行。线下调查采用实地走访的形式，在农村电商服务中心、各乡镇街道电商创业门店发放纸质问卷，为保证问卷质量，灵活采取提问或者自行答题的形式，问卷回收后，剔除答项高度规律化的问卷。线下获得17份案例数据，其中有效答卷16份。线上采取电话采访以及问卷星发放的形式，在若干创业交流群中招募受访者并发放线上问卷，最终电话采访3人，有效答卷3份，问卷星回收28份，有效答卷28份，线上线下总共获得问卷数据47份。由于采用线下线上结合的方式，调研涵盖群体较为广泛，因此问卷数据具有合理性。

（二）信效度检验

1.信度分析

本研究采用Cronbach α 系数作为问卷信度检验的指标，该系数被广泛地采用到信度分析中，可用于衡量问卷的内部一致性，其值越大表示问卷的信度越高，一般认为0.7及以上的系数值表示问卷信度较好。

本研究使用SPSS软件对收集到的问卷数据进行了数据清洗和信度分析。结果显示，问卷共17个题项，Cronbach α系数为0.868，从整体来看，样本数据具有较高的稳定性，表明该问卷具有较高的内部一致性。此外，每个变量的信度分析结果如表6-9所示。

表6-9　各变量信度分析

变量	题项	项已删除的刻度均值	项已删除的刻度方差	校正的项总计相关性	项已删除的α值	标准化的α值
可行信息能力	IC1	5.96	2.650	0.649	0.689	0.783
	IC2	6.17	2.362	0.629	0.700	
	IC3	6.13	2.288	0.602	0.735	
信息环境	IE1	11.74	6.412	0.522	0.826	0.83
	IE2	10.98	6.543	0.571	0.822	
	IE3	11.09	5.558	0.788	0.726	
	IE4	11.00	5.304	0.770	0.731	
电商意识	EC1	7.91	1.601	0.527	0.491	0.66
	EC2	8.49	1.473	0.478	0.558	
	EC3	8.06	1.757	0.414	0.635	
信息能力	IA1	7.62	1.937	0.519	0.686	0.73
	IA2	7.55	1.600	0.602	0.582	
	IA3	7.55	1.557	0.549	0.654	
人际支持	IS1	2.94	0.931	0.564	/	0.721
	IS2	3.32	0.918	0.564		
政府支持	GS1	3.40	1.159	0.570	/	0.726
	GS2	3.72	1.074	0.570		

资料来源：作者自行整理。

为保证问卷题项的信度，研究采用Boonghee Yoo的标准（Yoo B，2001），删除修正后的项总计相关性系数小于0.4的题项。通过对比发现，修正后的项总计相关性系数均大于0.4，题项删除项后的Cronbach α值均小于标准化后的Cronbach α值，因此通过信度检验，不删除测量题项。电商意识变量的标准化的Cronbach α值为0.66，其余问卷项目的信度值均大于0.7，考虑到本研究回收的问卷数量较少，信度值会相应降低，0.66处于正常范围，因此本调查问卷的题项设置是较为可靠的。综上所述，研究的调查问卷具有良好的信度。

2.效度检验

为检验问卷数据的有效性，需要进行效度分析，这是问卷中各变量的相关程度的体现，常用的有内容效度和结构效度。由于研究的变量通过三级编码获得，经过结构化访谈的验证，且在编码后通过饱和度检验，因此研究的变量具有较高的内容效度。由于研究的案例样本较少，不适宜进行结构效度分析，但是研究问卷的题项是基于前期对多位受访者的深度访谈所总结出的各变量下具有代表性的问题，因此认为本研究具有良好的结构效度。

（三）模糊集定性比较分析

1.数据校准

在组态分析前，需要基于实质和理论知识对测量的变量进行校准，将案例转化为集合概念，即给样本案例赋予集合隶属度，形成值在0到1之间的模糊集。变量的校准方法分为直接法和间接法两种，直接法是为每个条件建立三个定性锚点，分别确定完全不隶属阈值、交叉点和完全隶属阈值，使得研究更加严谨。间接法是研究者将每个案例分别归于不同的隶属级别，再指定这些不同级别的初步隶属分数，然后在定性评价的基础上重新调整原始测量值。相比间接法，直接法强调关键阈值的精确设定，更加严谨，因此研究采用学术界普遍采用的直接法进行各变量数据的校准。首先将各变量题项得分进行加和，得到各变量初始得分。本研究结合各变量的实际分布，参考拉金的校准方法，采用因果变量的95%、50%和5%分位数值分别作为完全隶属、交叉点和完全不隶属的校准临界值。通过运算，得到各变量的模糊集锚点阈值结果如表6-10所示。

表6-10 各变量的模糊集锚点阈值

锚点阈值			IC	IE	IA	EC	IS	GS
百分位数	5	完全不隶属阈值	4.4	9	8.4	8.4	3.4	4
	50	交叉点阈值	9	15	10	13	6	7
	95	完全隶属阈值	13	19.6	14	15	9	10

资料来源：作者自行整理。

需要注意的是，在校准时，案例在条件上的模糊集隶属分数为0.5的情形是需要避免的，得分0.5将导致案例既是模糊集合的成员又是非成员，难以归类。杜运周认为，可以重新调整校准阈值，对比案例得分，将各题项的交叉点阈值进行修正（张明，2019）。对采用量表的研究，可能存在样本分布与设计的量表刻度分布不一致的现象，需要根据实际情况灵活设置隶属临界值。例如，菲辛（Fiss，2011）发现5级李克特的问卷结果中，最大值仅为4，因此将4作为完全隶属阈值，将1作为完全不隶属阈值，将平均值2.5作为交叉点的阈值。因此，研究通过观察不同变量题项的测量刻度与样本实际分布的关系，对阈值进行加减0.05处理，以选取合适的交叉点的校准阈值，最终结果见表6-11。

表6-11 修改后的各变量的模糊集锚点阈值

锚点阈值			IC	IE	IA	EC	IS	GS
百分位数	5	完全不隶属阈值	4.40	9.00	8.40	8.40	3.40	4.00
	50	交叉点阈值	8.95	15.05	10.05	13.05	5.95	7.05
	95	完全隶属阈值	13.00	19.60	14.00	15.00	9.00	10.00

资料来源：作者自行整理。

此外，需要对初始得分进行转换，将原始数据转化为[0,1]范围内的模糊得分，校准后变量后缀名"Z"加以区分，部分数据校准结果如表6-12所示。

表6-12　部分数据校准结果

案例编号	ICZ	IEZ	IAZ	ECZ	ISZ	GSZ
1	0.07	0.96	0.13	0.82	0.01	0.73
2	0.34	0.12	0.13	0.07	0.27	0.27
3	0.34	0.79	0.13	0.51	0.12	0.73
4	0.9	0.5	0.68	0.21	0.51	0.51
5	0.9	0.88	0.49	0.82	0.27	0.95
6	0.51	0.01	0.95	0.5	0.51	0.12
7	0.34	0.79	0.13	0.21	0.27	0.05
8	0.34	0.18	0.82	0.5	0.12	0.12
9	0.04	0.18	0.49	0.21	0.05	0.73
10	0.82	0.38	0.68	0.51	0.82	0.73
11	0.21	0.27	0.49	0.04	0.27	0.27
…	…	…	…	…	…	…

资料来源：作者自行整理。

2.可行信息能力前因条件必要性检验

必要性的分析结果通过一致性和覆盖度来评估，一致性数值越大，则将该条件变量作为结果变量必要条件的程度就越高；覆盖度指条件变量对结果变量的解释程度，数值越大代表解释力越强。一般认为，当一致性水平大于0.9时，则判定该前因变量为必要条件。使用fsQCA软件对校准后的高可行信息能力（ICZ）以及非高可行信息能力（~ICZ）的前因变量进行必要性分析，结果如下表6-13所示，"~"代表逻辑非。

表6-13　可行信息能力前因变量必要性分析

高可行信息能力（ICZ）			非高可行信息能力（~ICZ）		
变量	Consistency	Coverage	变量	Consistency	Coverage
IEZ	0.725300	0.703223	IEZ	0.560379	0.635631
~IEZ	0.624192	0.548256	~IEZ	0.738358	0.758719
IAZ	0.704063	0.768649	IAZ	0.501578	0.640625
~IAZ	0.670822	0.534978	~IAZ	0.818863	0.763991
ECZ	0.838412	0.689184	ECZ	0.694159	0.667552

高可行信息能力（ICZ）			非高可行信息能力（~ICZ）		
变量	Consistency	Coverage	变量	Consistency	Coverage
~ECZ	0.595568	0.624698	~ECZ	0.676795	0.830508
ISZ	0.722992	0.72433	ISZ	0.576953	0.676226
~ISZ	0.676824	0.57762	~ISZ	0.764799	0.763593
GSZ	0.803786	0.774122	GSZ	0.541042	0.609605
~GSZ	0.594645	0.5255	~GSZ	0.799526	0.826601

资料来源：作者根据必要性分析整理。

从上表可以看出，一致性水平均小于0.9，说明高/非高可行信息能力的前因变量中既不存在必要性条件，低可行信息能力的前因变量中也不存在必要性条件。换句话说，单一条件变量不是引起结果的必要条件，可行信息能力是多重复杂因素并发的结果，因此，识别可行信息能力产生的条件组合十分有必要。需要补充的是，由于打分规则，可行信息能力（ICZ）代表高可行信息能力，而"~"代表逻辑"非"，~可行信息能力（~ICZ）代表非高可行信息能力，即低可行信息能力，由可行信息能力螺旋可知，低可行信息能力将阻碍信息效用与可行信息能力的螺旋提升，可行信息能力停滞，从而造成可行信息能力困境。因此，以可行信息能力困境指代低可行信息能力。

3.构建可行信息能力真值表

真值表是充分性分析的基础，构建真值表，对结果变量进行充分性分析，由此可以得到前因变量和结果变量之间可以产生的所有组合关系。当因果条件个数为k时，共可以获得2^k种因果组合。在各组合中，一般情况下使用频数、原始一致性和PRI（proportional reduction in inconsistency，简称PRI，意为"不一致性的比例减少"）一致性三个指标来检验组合与结果是否相关。频数代表组态覆盖的样本数量，频数越大代表相应组态包含越多的案例。为确保获得用于评估相关关系的最小案例数，需要对案例频数设定阈值。阈值的设定需要根据案例数及样本组态间分布情况确定，过高的阈值也会减少样本的覆盖率。一般对案例少于50个的中少案例研究，将频率阈值设置为1或2。原始一致性用来描述条件变量组合路径对结果变量产生影响的概率，亦即对结果的解释程度，数值越大则解释力越强。PRI数值越大，代表越不可能出现同因异果现象。一般来说，一致性阈值设置为0.8。具体的一致性阈值、PRI阈值需要根据实际情况来确定。例如，对一致性阈值，可以通过观察真值表中一致性数据截断点确定：当一致性在0.8至0.85出现明显的断层，则将一致性阈值设定为0.85。此外，参考格雷克哈默等的研究（Greckhamer，2013），PRI数值低于0.5的组态具有明显的不一致性，因此PRI应设置大于0.5。

本研究针对高可行信息能力（ICZ）、可行信息能力困境（~ICZ）两个结果变量分别构建真值表。对可行信息能力困境结果变量，首先将一致性阈值设定为0.8，初步的结果发现一致性在0.86处有明显断层，因此将一致性调整为0.86。此外，将案例频数阈值设定为2，将PRI设定为0.7，PRI小于0.7的分组所对应的~ICZ值修正为"0"。使用fsQCA软件对可行信息能力困境（~ICZ）结果变量进行真值分析，得到下表6-14。

表6-14　可行信息能力困境真值表

IEZ	IAZ	ECZ	ISZ	GSZ	频数	~ICZ	raw consist.	PRI consist.
1	0	1	0	0	3	1	0.969767	0.879069
0	0	0	1	0	2	1	0.962054	0.879004
0	0	0	0	0	4	1	0.935355	0.865448
0	0	1	1	0	2	1	0.966551	0.864486
0	0	1	0	0	2	1	0.956567	0.861842
1	1	1	1	0	5	0	0.935883	0.690217
0	1	0	1	0	2	0	0.886861	0.573395
0	1	1	0	1	2	0	0.894677	0.539604
1	0	1	0	1	5	0	0.859545	0.481751
1	1	1	1	1	2	0	0.871652	0.444444
0	1	1	1	1	3	0	0.90285	0.390244
1	1	0	1	1	4	0	0.828774	0.304527
1	1	1	1	1	7	0	0.792997	0.299652

资料来源：作者自行整理。

对高可行能力（ICZ）结果变量采取同样操作，通过观察一致性截断情况，将一致性阈值设定为0.85，案例频数设定为1，PRI设定为0.6，得到下表6-15。

表6-15　高可行信息能力真值表

IEZ	IAZ	ECZ	ISZ	GSZ	number	ICZ	raw consist.	PRI consist.
1	1	1	1	1	7	1	0.911432	0.700348
1	1	0	1	1	1	1	0.941456	0.650943
1	1	1	0	1	4	1	0.909828	0.633745
0	0	1	1	1	1	1	0.920817	0.610062
0	1	1	1	1	3	1	0.937824	0.609756
1	0	1	1	1	2	0	0.897321	0.555555
0	0	0	1	1	1	0	0.921316	0.529915
1	0	1	0	1	5	0	0.854599	0.463503
0	1	1	0	1	2	0	0.876557	0.460395
0	1	0	1	0	2	0	0.847932	0.426605
0	1	1	1	0	1	0	0.89011	0.361702
1	1	1	1	0	5	0	0.857143	0.309783
0	0	1	0	0	2	0	0.729059	0.138158
0	0	1	1	0	2	0	0.78662	0.135514
1	0	1	0	0	3	0	0.780232	0.12093
0	0	0	0	0	4	0	0.569832	0.104651

资料来源：作者自行整理。

（四）可行信息能力困境组态结果

1.条件组态充分性分析

条件组态的充分性分析是在构建真值表的基础上，将筛选后保留下的组合进一步减少为更小的原因条件组态，最终得出结果产生的前因条件组态。通过fsQCA模糊集运算，可以得到三种解：简单解（parsimonious solution）、复杂解（complex solution）以及中间解（intermediate solution）。复杂解是基于布尔逻辑计算提出的所有可能产生结果的条件组合；简单解是复杂解的简化形式，学界通常认为简单解给出的组合为核心条件，是任何解都不能忽略的重要条件组合；中间解是复杂解的一部分，同时包含简单解，是包括核心条件和边缘条件的组合。通常来说，中间解优于复杂解和简单解，更接近理论实际与经验知识，与现实更为接近，因此学界广泛认同对中间解的解读方法。本研究选择中间解来进行组态结果的分析，辅以简单解来确定核心条件。

本节的条件组态充分性分析分为可行信息能力困境的影响因素组态分析和高可行信息能力的影响因素组态分析两部分，前者旨在探讨造成农村电商初创人员可行信息能力缺失的条件组合，后者则探索高可行信息能力的条件组合。

2.可行信息能力困境影响因素组态分析

使用fsQCA软件对可行信息能力困境影响因素进行充分条件检验，简单解和中间解见表6-16、6-17，其中~代表逻辑"非"，*代表逻辑"与"。

从可行信息能力困境影响因素中间解可以看出，一共有3条影响因素路径导致可行信息能力困境的产生，3条路径涉及的前因变量不同，但是最终都导致可行信息能力困境的发生，路径虽有差异但最终达到殊途同归的效果。三条分别为：路径$S1$：$~IEZ*~IAZ*~GSZ$（~信息环境*~技术能力*~政府支持），路经$S2$：$~IAZ*ECZ*~ISZ*~GSZ$（~技术能力*电商意识*~人际支持*~政府支持），路径$S3$：$IAZ*ECZ*ISZ*~GSZ$（信息能力*信息意识*人际支持*~政府支持）。

表6-16　可行信息能力困境影响因素简单解

简单解	原始覆盖度	唯一覆盖度	一致性
$~IAZ*~GSZ$	0.717443	0.210734	0.904478
$ECZ*~GSZ$	0.548934	0.042226	0.911533
总体解的覆盖度	0.759669		
总体解的一致性	0.889556		

资料来源：作者根据组态分析结果整理。

表6-17　可行信息能力困境影响因素中间解

中间解	原始覆盖度	唯一覆盖度	一致性
S1：~IEZ*~IAZ*~GSZ	0.628256	0.214286	0.915469
S2：~IAZ*ECZ*~ISZ*~GSZ	0.400552	0.021705	0.960265
S3：IAZ*ECZ*ISZ*~GSZ	0.367798	0.074586	0.916421
总体解的覆盖度	0.738358		
总体解的一致性	0.902122		

资料来源：作者根据组态分析结果整理。

3.高可行信息能力影响因素组态分析

使用fsQCA软件对高可行信息能力影响因素进行充分条件检验，简单解和中间解情况见表6-18、6-19。根据高可行信息能力影响因素中间解，有4条影响因素路径导致高可行信息能力的产生。路径S4：ECZ*ISZ*GSZ（电商意识*人际支持*政府支持），路径S5：~IEZ*~IAZ*ISZ*GSZ（~信息环境*~技术能力*人际支持*政府支持），路径S6：IEZ*IAZ*ECZ*GSZ（信息环境*信息能力*电商意识*政府支持），路径S7：IEZ*IAZ*ISZ*GSZ（信息环境*技术能力*人际支持*政府支持）。

表6-18　高可行信息能力影响因素简单解

简单解	原始覆盖度	唯一覆盖度	一致性
ISZ*GSZ	0.607572	0.181902	0.906961
IEZ*IAZ*GSZ	0.519391	0.0937212	0.863392
总体解的覆盖度	0.701293		
总体解的一致性	0.869989		

资料来源：作者根据组态分析结果整理。

表6-19　高可行信息能力影响因素中间解

中间解	原始覆盖度	唯一覆盖度	一致性
S4：ECZ*ISZ*GSZ	0.555402	0.0674053	0.916222
S5：~IEZ*~IAZ*ISZ*GSZ	0.359649	0.0244691	0.91647
S6：IEZ*IAZ*ECZ*GSZ	0.485688	0.0771006	0.865844
S7：IEZ*IAZ*ISZ*GSZ	0.42567	0.0147738	0.914683
总体解的覆盖度	0.674054		
总体解的一致性	0.881643		

资料来源：作者自行整理。

（五）结果呈现与解读

表6-20　影响可行信息能力的组态

前因条件	可行信息能力困境			高可行信息能力			
	组态1（S1）	组态2（S2）	组态3（S3）	组态1（S4）	组态2（S5）	组态3（S6）	组态4（S7）
信息环境 IE	△				△	●	●
技术能力 IA	Ä	Ä	·		△	●	●
电商意识 EC		·	·	·		·	
人际支持 IS		△	·	●	●		·
政府支持 GS	Ä	Ä	Ä	●	●	●	●
原始覆盖度	0.628256	0.400552	0.367798	0.555402	0.359649	0.485688	0.42567
唯一覆盖度	0.26322	0.0355169	0.0745857	0.067405	0.024469	0.077101	0.014774
一致性水平	0.915469	0.960265	0.916421	0.916222	0.91647	0.865844	0.914683
总体覆盖度	0.738358			0.674054			
总体一致性	0.902122			0.881643			

注：· 表示边缘条件存在，●表示核心条件存在，△表示边缘条件缺失，Ä表示核心条件缺失，空白表示条件可有可无。

1.可行信息能力困境的条件组态

对农村电商初创人员来说，共有三条组态路径会导致可行信息能力困境，证明可行信息能力困境受多种因素的匹配联动影响。为方便呈现，下位的数值保留三位小数。根据上表，导致可行信息能力困境的三条路径整体的覆盖度为0.738，一共能解释73.8%以上的案例，总体覆盖性良好。三条路径一致性都高于0.9，总体一致性达到0.902，高于0.75的可接受水平，说明这三条覆盖大多数案例的影响因素路径是结果发生的充分条件，对总体样本而言，具有较强的解释力。具体来说，这三条路径中所包含的前因条件各不相同，但最终都将导致可行信息能力困境的发生，下面对三条组态逐个分析。

S1：~信息环境*~技术能力*~政府支持。根据简单解的情况可知，技术能力与政府支持为核心条件，以信息环境为边缘条件。该路径下农村电商初创人员可行信息能力困境以核心条件低技术能力与低政府支持为主，辅以低信息环境。这条组态的原始覆盖度为0.628，唯一覆盖度0.263，一致性水平 0.915，能够解释本研究的 30 个案例。该路径覆盖了本研究大部分案例，在农村电商创业过程中，若个人技术水平缺乏，受到的政府支持不足，再加上创业信息环境的边缘影响，最终导致可行信息能力的欠缺。

S2：~技术能力*电商意识*~人际支持*~政府支持。该组态以低技术能力和低政府支持为核心条件，以电商意识和低人际支持为边缘条件。组态原始覆盖度为 0.400，一致性水平 0.960，可以解释本研究的 19 个案例。与 S1 相同的是低技术能力和低政府支持是核心条件，不同的是该路径不受信息环境的影响，而是强调即使拥有电商意识，但是由于人际支持的匮乏，仍会导致可行信息能力困境的发生。

S3：技术能力*电商意识*人际支持*政府支持。该组态以低政府支持为核心条件，以技术能力、电商意识、人际支持为边缘条件。组态原始覆盖度为 0.367，一致性水平 0.916，可以解释本研究的 17 个案例。与 S1、S2 不同，低技术能力不再是核心条件，只强调低政府支持的影响。在该路径下，即使具有技术能力、电商意识、人际支持等边缘条件，囿于政府支持的不到位，仍会导致可行信息能力困境的产生。

2.高可行信息能力的条件组态

根据研究提出的"可行信息能力螺旋"概念，提高可行信息能力可以加速可行信息能力的螺旋上升，实现可行信息能力的脱困。因此，高可行信息能力的组态组合，是理想的可行信息能力脱困路径。对农村电商初创人员来说，共有四条路径能获得高可行信息能力，四条路径的一致性水平都高于 0.86。其中三条路径高于 0.9，四条路径的整体覆盖度为 0.674，代表一共能解释 67% 以上的案例，总体覆盖性良好。解释总体一致性达到 0.881，高于 0.75 的可接受水平，对总体样本而言，具有较强的解释力，构成高可行信息能力结果发生的充分条件。这四条路径所包含的前因条件各不相同，但最终都将催生高可行信息能力的产生，促进可行信息能力的脱困。下面对这四条路径逐个进行分析。

S4：电商意识*人际支持*政府支持。在该路径中，以人际支持和政府支持为核心条件，以电商意识为边缘条件。组态原始覆盖度为0.555，一致性水平0.916，可以解释本研究的26个案例。在该路径下，人际支持、政府支持分别可以为农村电商初创者提供外部场域支撑和外部牵引力，再辅以个人优秀的电商意识，以及内外部的合力促进信息能力的提高。

S5：~信息环境*~技术能力*人际支持*政府支持。其中以人际支持和政府支持为核心条件，低信息环境、低信息能力为边缘条件。组态的原始覆盖度较低，为0.359，一致性水平0.916，可以解释本研究的17个案例。该路径强调人际支持、政府支持的核心条件，在信息环境差、个人技术能力欠缺的情况下，政府支持、人际支持提供的外部合力能够保障农村电商初创人员的可行信息能力。

S6：信息环境*技术能力*电商意识*政府支持。其中以信息环境、技术能力、政府支持为核心条件，以电商意识为边缘条件。组态的原始覆盖度为0.486，一致性水平0.866，可以解释本研究的23个案例。该路径不受人际支持的影响，强调信息环境、政府支持的外部支持，以及技术能力、个人电商意识的内部因素对高可行信息能力的合力作用，其中电商意识为辅助条件。

S7：信息环境*技术能力*人际支持*政府支持。其中以信息环境、技术能力、政府支持为核心条件，以人际支持为边缘条件。组态的原始覆盖度为0.426，一致性水平0.915，可以解释本研究的20个案例。该路径与S6类似，不同点是其辅助条件是人际关系而非电商意识。

3.稳健性检验

为避免参数与模型设定造成的随机性问题，需要对结果进行稳健性检验，研究使用提高一致性阈值的方法来完成稳健性检验，将可行信息能力困境（~ICZ）结果变量数据处理的一致性阈值由0.86提高至0.9，将高可行信息能力（ICZ）结果变量数据处理的一致性阈值由0.85提高至0.88，得到新一致性条件下的结果，与原结果相比并未发生变化，说明结果具有较高的稳健性。

（六）组态结果讨论

通过fsQCA比较分析，有效识别了3种引发农村电商初创人员可行信息能力困境的条件组合，4种农村电商初创人员高可行信息能力的条件组合。虽然原因组合不同，但都得到了相同的结果，根据表中各组态结果包含核心要素的情况，将其归纳为几种构型，下面分两部分探讨。

导致可行信息能力困境的三条"致困路径"可以分为两种致困构型：能力支持双重制约型以及政府支持制约型，见表6–21。

表6–21　可行信息能力致困构型

前因条件	能力支持双重制约型		政府支持制约型
	S1	S2	S3
信息环境	Ä		
技术能力	Ä	Ä	·
电商意识		·	
人际支持		Ä	·
政府支持	Ä	Ä	Ä
原始覆盖度	0.62826	0.40055	0.3678

注：Ä代表核心条件缺失，·代表边缘条件存在，空白表示条件可有可无。
资料来源：作者根据组态分析结果整理。

首先是能力支持双重制约型致困。能力支持双重制约型（S1、S2）将个人能力及政府支持作为核心要素，在路径S1和路径S2中，低技术能力及低政府支持都是导致可行信息能力困境的核心条件。S1说明当个人技术能力不足、政府支持及信息环境欠缺时，无论有多么优秀的电商意识、有多么强大的人际支持，都将导致可行信息能力困境的产生。其中信息环境作为边缘条件所造成的影响较小，个人的技术能力低下和政府对个人创业的支持不到位（如资金、培训等）是造成可行信息能力困境的核心条件。S2说明即使一个人具有电商意识，但是由于信息素养、政府支持、社交支持的欠缺，无论其所处的信息环境如何，同样也会陷入可行信息能力困境，在该路径中，人际支持是边缘条件，影响较小。综合组态S1和组态S2发现，技术能力、政府支持的欠缺对可行信息能力困境的产生起到核心作用，两种组态都将导致农村电商初创人员难以完成想要的信息活动，打破可行信息能力螺旋，陷入可行信息能力困境。

其次是政府支持制约型致困。该致困构型应当引起注意，如组态S3显示，一个农村电商创业者拥有信息能力，同时具有电商意识，身边也有熟人在做电商，能够为自己提供帮助，理应能够取得良好的发展，但是囿于缺乏政府支持，无论其所处的信息环境如何，都将陷入可行信息能力困境。在这个组态中，创业者"怀才不遇"，政府的支持将对该类人群的创业活动起到决定性的作用。虽然组态S3的原始覆盖度为0.367798，是样本中的少数案例，但是同样值得引起关注，这类人群拥有较好的技术能力与人脉资源，从某种意义上说，达到"本土人才"的层次，但是由于缺乏政府支持等外部环境，未能实现创业资源禀赋向功能性信息活动的转化。对此类人群，需要及时寻求政府的帮助，有助于避免其陷入可行信息能力困境。

返乡创新创业人员信息精准服务机制

随着返乡创新创业在我国成为新的发展势态，以及我国信息基础设施建设和信息服务体系的日益完善，针对返乡创新创业群体的信息服务也随着金融服务、法律服务等一起，得到了决策者的关注。对返乡创新创业人员信息精准服务的前提是根据其可行信息能力进行分类，进而作为精准实施服务的依据。本章结合前文的信息能力分类，重点以田野调查的质性数据分析为基础，分别针对不同返乡创业群体开展对应的对策构建。

第一节 返乡创新创业人员信息不平等及服务机制

发展问题是众多学科共同关注的议题，鉴于ICTs对社会多方面具有的变革性影响，ICTs吸引来自社会学、经济学、政治学、管理学等领域的学者和业界实践者的关注是必然的，因此形成了一个核心关注领域（information and communication technologies for development，ICT4D）。预防返贫是选择有针对性发展对策的过程，有效推进ICTs扩散和相关信息服务是我国农村地区实现减贫脱贫的关键性举措之一。信息不平等体现在不同国家或地区、不同社会阶层、不同社群等多种语境中。返乡创业是农民工、大学毕业生、科技人员、转业军人等人群回到家乡地区开展的创业活动，在创业过程中的信息行为和信息效用汲取方面同样存在着信息不平等的现象。创业过程，无论是对创业者自身还是对创业活动发生地区，都带有显著的发展导向，故而选择将ICT4D作为理论框架具有逻辑上的可行性。

以发展为目标导向，是当前农村地区信息服务体系建设迫切的实践诉求。基于目前返乡创业信息服务实践调研，对现有理论视角进行梳理，并对其问题情境的适用性开展探索性论证，有助于为实现前述实践诉求提供理论佐证。本章旨在分析不同地区返乡创业田野调查质性数据，描述返乡创业人员信息不平等的具体表征，结合 ICT4D 视角及其核心话语并将其置于农村地区创业信息服务这一实践情境，剖析返乡创业人员信息不平等的根源，并检视将 ICT4D 作为农村地区创业信息服务问题理论的适用性及可能的理论增长点。

一、ICT4D 视角及核心话语

发展信息学（development informatics），从 ICTs 角度来寻求发展问题的解决方案，其核心是 ICT4D，并认为 ICTs 对社会发展有推动作用，这里的社会发展既包含社会经济层面也包括个人层面（Walsham，2012）。发展信息学与社会信息学、社群信息学等学科都对 ICTs 和信息不平等有持续的关注，并且着力于解决相关问题，主要差别是解决路径的出发点不同，但三者的路径并不矛盾，很多实践案例具有互相借鉴的意义，如自上而下或自下而上的解决路径，重视机会平等和社会资本投资等。发展信息学重点聚焦在社会经济发展中的信息系统和信息技术实践，专注于 ICTs 对具体发展目标的作用，从最初着眼于发展中国家接受并采用 ICTs 来促进经济社会发展，后来逐渐扩展到区域发展、组织发展和个人发展等不同领域。将 ICT4D 作为一项倡议或行动提出，旨在缩小数字鸿沟，消弭不同地域或群体之间的在技术获取和利用方面的差距，并且助力经济社会发展，确保公平获得最新的 ICTs。ICT4D 表面上是以技术手段解决数字鸿沟问题，实际上是以综合性发展为目标的研究领域，除了关注 ICTs，还关注贫困、社区、教育、弱势群体等议题，与图书馆学情报学学科关系密切。

尽管不乏实例可以反映 ICTs 对发展有积极推进作用，但 ICTs 究竟能为发展带来什么样的变革，希克斯（Heeks，2010）认为这仍然是一个存在争议的问题。狭义上，ICT4D 聚焦在落后国家或地区的信息获取、利用及其对当地社会、社区和个人发展的影响。广义上 ICT4D 并不局限在落后国家或地区，而是普遍意义上关注ICTs对发展的影响，特别是关注个人、社区、组织、社会层面存在的选择和自由问题（Steyn & Johanson，2011）。希克斯（Heeks，2018）提出，ICT4D的重心包括环境与可持续发展、贫困、发展管理、事物和农业、发展财政、包容性发展、权力和公正、数据革命、增长和就业、安全和暴力、性别、跨境流动、弹力、治理、城市发展等议题。

一是关注目的与手段。ICT4D领域在实践方面虽然已经有一定案例积累，但作为应对信息社会发展不平衡问题的科学研究尚未取得成熟的学科地位，在理论层面的积累仍处于不断完善的过程。ICT4D关注的对象是ICTs与发展的问题，发展是目的，ICTs是手段，同时关注目的与手段这一核心话语已经成为不争的事实。ICT4D在诞生之初就把目光聚焦在欠发达国家或地区、信息弱势群体等对象，通过解决信息贫困和数字鸿沟问题，进而推进当地的整体发展。早期研究往往将ICT4D的目标视为在尽可能大的范围内面向用户推广技术扩散。其中一个隐含的前提假定是：技术对发展是必要的并因此应该得到扩散。创新扩散模型（DoI）、技术接受模型（TAM）是这种视角的典型代表。关注的焦点是ICTs采纳，并且在一定意义上关注ICTs如何影响用户实践和对发展结果带来的影响（Zheng，2015）。

二是适用发展语境。在ICT4D领域，不少研究人员将ICT4D视为在所谓的"发展中国家"背景下研究ICTs的扩散问题。实际上，所有的社会都还处于"发展"状态。无论经济发达程度和技术水平如何，都必须面对并有效解决就业、不平等和社会排斥等问题。这一概念暗示了研究重心其实是寻求如何理解ICTs对发展的影响。现有广泛的共识认为，ICTs并不能为复杂的社会问题提供一蹴而就的解决方案。绝大部分学者都认同ICT4D不是一个静态的终点，而是多方面的、动态的社会过程（Avgerou，2010）。事实上ICTs甚至可能会加剧不平等，经常会带来大量的资源和时间投资，这一点本身也是发展视角的体现。

三是强调全面视角。ICT4D强调"ICTs对发展意味着什么"，这反映出人们对理解ICTs对发展的影响的研究旨趣，而不仅仅停留在ICTs的采纳和扩散的层面。ICT4D实践表明，单纯的技术干预并不能产生实质性和可持续的影响。随着千年发展目标的引入，ICT4D研究的焦点开始转向更全面的发展视角，而不仅仅是经济增长。可行能力途径（capability approach）、可持续生计框架（sustainable livelihood framework）等视角在ICT4D中得到频繁应用（Zheng，2015；Andersson & Hatakka，2013）。

尽管在ICT4D研究中，以技术为中心的、自上而下的方法是最重要的，但由于同时具备前述的核心话语，因此具备为特定情境下的信息问题提供理论框架的可能性。结合前文对ICT4D核心话语的梳理，本章采取"发展目标—ICTs现状—信息效用"的框架对返乡创业人员的信息不平等现象进行质性梳理。

二、研究设计

（一）研究问题与研究任务

围绕"返乡创业人员信息不平等的表征及其根源"这一核心问题，本书重点回答如下两个研究问题：一是返乡创业人员的信息不平等具体表征是什么？二是造成上述信息不平等的根源主要有哪些？

针对这两个研究问题，本章基于田野调查质性数据开展分析，首先，通过对质性数据编码，梳理出返乡创业人员信息不平等的具体表征；其次，结合ICT4D视角，分析造成信息不平等的根源；最后，立足具体情境对理论视角的适用性和可能的理论增长点开展讨论。

（二）数据采集与分析方法

2018年6—8月，项目组分别在吉林省的延边朝鲜族自治州和吉林市，辽宁省的抚顺市和本溪市，河南省的驻马店市和南阳市等地针对返乡创业信息服务体系开展田野调查，对上述地区的返乡创业相关主管部门、服务机构和返乡创业主体（包括返乡农民工、返乡大学生、科技人员等），采取参与式观察和漏斗式访谈方式获取数据。

针对访谈和观察记录，由本书作者采取背靠背方式分别对受访记录在信息不平等方面的具体表征开展初始编码，对同一记录完成初始编码后，实施编码比对，并对不一致的编码开展第二轮编码，针对其余访谈记录以此类推操作直至编码饱和，以此为基础对编码进行归类形成轴心编码，提炼出返乡创业信息不平等的表征，进一步结合ICT4D的视角对造成上述信息不平等的根源开展讨论。

三、返乡创业人员信息不平等表征

本章分析的数据为来自此次田野调研的创业人员访谈记录，其基本人类学特征如表7-1所示。

表7-1　受访者基本人类学特征

编号	性别	年龄	人员类别	创业所在地区	创业内容	目前经营状况	
						时间	方式
P1	女	30+	大学生	吉林	化妆品经营	5年	实体店铺+淘宝店铺
P2	男	45	农民工	吉林	农业种植	常年	在当地市场售卖
P3	男	35	农民工	吉林	汽车维修	3年	实体店铺
P4	男	30	大学生	辽宁	农产品经营	3年	淘宝店铺
P5	女	40	农民工	辽宁	工艺品	4年	实体店铺+微商
P6	男	35	农民工	辽宁	特色旅游	10年+	实体店铺
P7	男	30	大学生	辽宁	旅游产品	1年	实体店铺+网上预订
P8	女	45	农民工	辽宁	酒店经营	17年	实体店铺+网上预订
P9	男	35	科技人员	辽宁	特色种植	1年	供应给农产品加工公司
P10	男	34	农民工	河南	特色种植	1年	初级产品直接销售
P11	男	45	科技人员	河南	特色种植	1年	初级产品生产及加工

受限于篇幅，本章略去对访谈记录编码的具体展示过程。通过对访谈记录文本进行编码分析，本章将返乡创业人员在信息获取和利用过程中的信息不平等表征归纳为如下几个方面。

（一）追求发展目标下的信息素养不平等

尽管受访者对自身创业目标的表述各异，例如"赚钱""过得更好一些""带动当地发展""回报乡亲"等，但其中蕴含的追求是一致的，即谋求个体、集体乃至社会的发展。尽管在直觉上，或许几乎没有任何人会否认ICTs和信息资源对创业的重要性，但在田野调查中仍然不难发现，不同受访者对ICTs和信息的获取意识依然存在较为明显的差异。例如，"没事我就去关注他们（人力资源和社会保障局）的官网，那里经常有很多创业政策的信息"（P1），体现出其对相关政府部门政策信息的强烈关注。与之相反，同样地区的受访者对当地政府信息，却表现出以下态度："我们基本就是三不管，没人管我们，真的有（信息服务）吗？""没听说过，也没关注过（信息来源）"（P3、P11）；"（支付宝等）都自己学的，一点点摸索……我们这个年纪好像接受速度慢一点，学历不高，学了估计也学不会"（P8）。

（二）ICTs资源分配的不均衡状态

1.基础设施和配套服务

在返乡创业过程中，不同地区的ICT基础设施和配套服务的差异，依然是创业人员信息不平等的主要表征之一。例如，受访者P9表示"曾经我们想把电商……引进来。那个负责人来了，……说我们这样做电商不行，并说如果要做电商的话，配套（网络基础）跟不上去"。部分地区ICTs基础设施的覆盖率和完善程度较低，在一定程度制约了当地返乡创业活动的深度开展。例如，"4G网络在这边信号不行，宽带网速也不行，虽然这些年比之前那几年在好转，但跟别的地方比，确实差距还是蛮大的。要做同样的业务，换到其他地方或许更合适"（P5、P10）。

2.信息获取渠道

受访者对将互联网，特别是移动互联网作为信息获取渠道的认可程度普遍偏高。例如："现在赶上的时机好，微商啊，淘宝啊，这一下子就给很多年轻人成全起来啦"（P1）；"在网上找一些专家，联系以前的一些师傅啦，或者同事"（P3）；"（学习知识的途径）百度啊，百度是个好东西"（P5）。

针对市场难以有效供给的情况，由政府提供的基础性公共信息服务，应当成为返乡创业信息服务的主要供给形式。在政府部门那里，通过构建电子政务平台、微信公众号等信息平台，逐渐完善相关信息渠道。然而，在返乡创业人员那里，仅部分渠道得到认同，例如："经常去看（县科协创建的微信群中发的推送）。上面有一些农业技术的推广，有的是我们培训的时候见过的，还有一些新的"（P2）。同时，还有一些政府信息服务渠道并未得到有效认同，例如，"（政府建设服务平台的做法是）为了迎合上面要求的'大众创业、万众创新'的这种感觉。……（作为大学生返乡创业）没有什么特殊待遇。"（P7）

在互联网环境下，信息渠道的多元化确实提供了更多的创业信息获取可能性，但是传统社会网络仍然是返乡创业的重要信息渠道。"作为村里的代表，获得信息主要通过到市里参加技术培训"（P2）。

3.信息主体对信息效用获取的差异

利用ICTs把创业过程中遇到的问题与相关信息平台有机结合是部分创业人员有效汲取信息意义的做法，"我们有一个公安群、供水群，好几个群呢。我们有什么问题会和他沟通。像我们电脑有问题，网上不去了，登记啥的都可以在里头问"（P8）。同时，还有部分受访者表现出明显的不信任和抵制情绪，例如，"关键还是靠自己。其他那些宣传……"（P7）。

教育和培训作为返乡创业信息和知识获取的重要途径，其效果转化同样体现出显著差异。例如，"（培训）肯定有效果了。知道的多了，知识也就更加丰富了。我们自己都有实际的种植经验，再结合培训，在我们种植的时候，适当地运用一些培训所说的技术，然后看一下行不行"（P2）与"（参加培训）其实也没有什么太大的收获，就是学个表面，要是想学内在的东西还是得自己慢慢去摸索"（P4、P11）就形成鲜明的反差。

四、返乡创业人员信息不平等的根源讨论及对策构建

在返乡创业人群中，信息不平等的表征体现出社会排斥的特征。信息社会的社会排斥最开始以数字鸿沟的形态出现，并且用技术资源的获取来界定。这种过于简化的做法遭到后来者的质疑和挑战，关注的焦点从技术资源的提供和扩散扩展到技术资源，与影响社会排斥和包容的其他社会资源集成考察。因此，对ICT的获取不能仅仅依赖设备和网线的提供，社会包容的提升必须考虑一系列因素，如物理的、数字的、人力的和社会的资源（Yu，et al，2018）。返乡创业人员的信息不平等表现已经显著突破单一视角的信息分化，表现为多维度与工作生活情境交织在一起的社会排斥现象。

（一）信息不平等根源讨论

1.创业目的与ICT扩散手段的矛盾

结合前文对返乡创业人员的访谈，不难发现，用技术扩散作为自变量来解释经济发展和社会进步，已经被证明是过于简化的做法（Avgerou，2003）。可行能力途径以整体的观点，来评估发展结果在能力的扩展方面，即通过幸福和选择，以及个人的能动性来实现可获得的机会（樊振佳，程乐天，2017）。创业目的，整体而言显然是为了提升个人和社会的整体性福利，但聚焦到不同的创业情境，ICTs既可能成为缩小信息差距的工具，也可能造成对信息不平等甚至社会排斥的激化。基于发展的视角突破技术、产品和服务的分布不平等这一传统视域，将上述信息不平等现象置于发展的视角中加以考察，则需要强调与获取和利用信息有关的选择及机会，突出技术扩散屏蔽下的"虚假包容"。正如前文提及的受访者P5对自己所在地移动信号强度的关注，利用较为先进的信息设备和完善的信息服务去获

取与分析信息，往往被视为创业成功的必要因素之一。结合郑和沃尔沙姆（Zheng & Walsham，2008）提供的视角，认为返乡创业人员信息不平等根源之一是不同创业情境下ICTs扩散手段的不均衡，此观点缺乏有效的基础性保障。

2.创业语境与创业信息需求的差异

在ICT4D领域，特别是信息系统领域的研究者，通常基于新制度主义和组织制度主义理论，强调语境并且关注ICTs制度化的过程，即ICTs是如何集成到组织或社会，进而成为信息主体日常活动的一部分的。与此同时，在基础性ICTs保障满足的前提下，创业者个体（如P8、P10）在需要高度关注信息环境的创业语境下，如及时利用并了解客流和市场信息，获取和利用的需求感知和表达方面，却表现出漠视，这种情境下创业主体的主观能动性在信息不平等根源中得到凸显。

3.创业活动与ICTs诉求话语的冲突

ICTs是嵌入在社会网络和制度的技术产品。阿夫格鲁（Avgerou，2017）认为，ICTs通常与社会经济变化相关的话语集成在一起。返乡创业行为，本身是创业者带有发展诉求的实践活动。发展视角通常通过话语（学术和实践）来体现，这影响着政策、制度安排和资源分配。正如发展不只是一种话语，创业活动本身是由多种话语构成的。例如，对返乡创业人员的两种极化观点，一个观点认为如大学生等返乡创业群体，天然具有信息素养和知识积累方面的优势；另一个观点将返乡农民工想当然理解为ICT能力相对弱的群体，由此去解释这一群体中的信息不平等现象，这种做法忽略了技术之外的因素。

（二）对策构建

1.基础性ICTs资源必要保障

在ICTs资源布局尚不均衡的前提下，在个别地区的返乡创业政策中，特别提及宽带助力创业和必须建设公共信息平台的举措，将ICTs视为一项基础公共服务置于创业情境中，是这些地方主管部门对创业信息需求的尊重和对ICTs工具性的理性认知体现。加强基础性ICTs资源必要保障，仍为ICT4D核心理念在信息服务供给方面的集中体现。

2.返乡创业人员精准画像及其能动性激发

返乡创业人员在信息素养、资源禀赋、生活习惯等多方面存在差异，其信息获取和利用行为也并非简单的ICTs扩散与接收过程。返乡创业人员尽管被冠以这一笼统的群体名称，但实际上是包含不同社会阶层的异质性群体，在创业过程中也面临复杂多样的创业情境，由此体现出来的信息不平等根源也是错综复杂的。针对不同的人群特征，做好用户人群精准画像并激发其能动性，是减少信息不平等不可或缺的手段。

3.整体性赋能策略推进

ICT4D领域不少现有研究都将促进技术扩散和接收视为目标，而极少关注这种扩散和接收所带来的意义。基于这种认知，在返乡创业信息服务体系完善和信息政策制定中应突破技术提供的思维，转向关注社会政治、文化和制度层面，来保证信息和传播渠道的有效利用，通过这些方面来确保返乡创业人员更好地参与经济、社会和政治活动。鉴于上述分析，ICT4D视角整体而言对返乡创业信息不平等具有一定的解释力，其内涵若能突破技术本位，而转向综合考虑结构性因素和能动性因素的整体性理论拓展，构建针对信息主体可行信息能力（樊振佳，程乐天，2017）的赋能策略，将有助于提升其对现实问题的回应能力。

在以ICTs为基础的信息社会，我们无法脱离ICTs去看待信息不平等问题，信息主体该如何充分利用自身可及的条件去有效利用ICTs，进而实现在信息社会的发展目标是重要的议题。总而言之，ICT4D最终用于发展。

鉴于本章在返乡创业这一实践情境对ICT4D视角的检视，返乡创业人员不是被动的等待救济的信息主体，而是具有积极能动性的行动者，他们需要的是包括ICTs在内的信息资源获取和利用方面的整体性赋能。返乡创业人员在基础设施与配套服务、信息意识、信息资源获取渠道、信息利用和信息意义汲取等方面均存在显著的信息不平等。基于ICT4D视角，返乡创业信息不平等的根源可以归纳为创业目的与ICTs扩散手段的矛盾、不同创业语境与创业信息需求的差异、创业活动对ICTs诉求多元话语的冲突等根源。尽管有效推进ICTs扩散和相关信息服务的举措，是减少上述不平等的必要性保障。同时，本研究表明，返乡创业人员的主体能动性是也是制约性因素，ICT4D的理论生长点和实践重心，应转向ICTs对信息主体可行信息能力的赋能。

第二节　针对返创农民工的信息服务

近年来，返乡创业问题已成为社会各界共同关注的焦点，主要以相关政策的制定和学术研究两个方面为表征。在政策制定方面，自"大众创业、万众创新"在2015年写进政府工作报告之后，各级政府部门相继下发了各类相关政策。例如，2017年，中共中央国务院颁发《国务院关于强化实施创新驱动发展战略进一步推进大众创业万众创新深入发展的意见》，提出"强化实施创新驱动发展战略，进一步推进'大众创业、万众创新'深入发展"（中共中央国务院，2017）。为响应国家号召，河南省人民政府出台《河南省人民政府关于强化实施创新驱动发展战略进一步推进大众创业万众创新深入发展的实施意见》，提出要"坚持创新为本、改革先行、人才优先、市场主导、价值创造的原则……充分释放全社会创新创业潜能，推进大众创业、万众创新在更大范围、更高层次、更深程度上发展"（河南省人民政府，2018）。辽宁省人民政府在出台政策的基础上，结合当地实际，扶持返乡创业人员的向好发展（辽宁省人民政府，2019）。其中"强化信息技术支撑、鼓励发展农业电子商务"等条目已成为各政府所关注的重要举措，同时为当地的返乡创业人员提供事实支持。例如，为满足返乡创业人员快速查询相关创业信息的需求，国家发展改革委员会联合中国科学技术协会搭建"双创"信息服务平台；吉林省人民政府与浙江省合作开展网络创业培训项目，并启动中国（长春）跨境电子商务综合试验区综合服务平台和体系建设，推动长春、珲春跨境电商线下产业园区的建设，加快跨境电子商务发展（吉林省发改委，2018）。河北省人民政府鼓励本省龙头企业结合乡村特点建立电子商务交易服务平台（河北省人民政府，2015）。由此可见，制定信息政策，实施战略规划正成为各级政府为促进返乡创业人员发展的落脚点和着力点。在学术领域内，国内学者对返乡创业人员的现状（刘光明，宋洪远，2002）、问题（中国就业促进会调研组，2017）以及影响因素（邵亚奇，2017）等方面进行了研究。

如今信息已成为推动社会发展的关键因素（马费成等，2001）。仅从直观观察就可以发现，信息在返乡创业人员的创业过程中扮演着重要的角色，但对返乡创业人员在创业过程中信息需求产生的动机、具体表征、类型以及影响这些需求的因素尚不明晰。另外，为了解国家为返乡创业人员提供的各种信息技术、平台、设施的支撑能否满足其创业信息需求，返乡创业人员对其创业信息搜寻的结果是否感到满意，本研究组对豫、冀、吉、辽四省部分返乡创业人员的创业信息需求情况开展了调查。

一、数据来源

数据的搜集和来源以田野调查为依托，通过滚雪球抽样确定样本，即根据方便抽样的原则随机选择一些受访者进行访谈，再由这些受访者提供另外一些属于所研究目标总体的调查对象，从而获取更多样本的资讯。本研究组于2018年7月、8月对河南、河北、辽宁、吉林四省的创业示范地区进行实地调研，同时采用半结构化访谈，以当地返乡创业的农民工、大学生和转业军人等为调查对象，共有20名返乡创业人员参与了本次访谈和调研（具体见表7-2）。以扎根理论为指导，通过对访谈数据进行处理，使用NVivo质性数据分析工具，对数据进行开放性编码和主轴编码，并提取相关概念。

表7-2 访谈对象个人信息统计

访谈代码	性别	受教育程度	年龄	访谈地点	主营业务范围
F1	男	高中及中专	41–50	河南	超市
F2	男	初中	31–40	河南	种植业
F3	女	大专、本科及以上	51–60	河南	工艺品
F4	男	大专、本科及以上	20–30	河南	餐饮业
F5	男	高中及中专	20–30	河北	卫生行业
F6	男	高中及中专	31–40	河南	农副产品加工
F7	女	大专、本科及以上	31–40	吉林	化妆、护肤业
F8	男	大专、本科及以上	41–50	辽宁	餐饮行业
F9	男	不详	41–50	吉林	种植业
F10	男	大专、本科及以上	41–50	辽宁	餐饮行业
F11	女	大专、本科及以上	31–40	吉林	工艺品
F12	男	不详	31–40	辽宁	餐饮行业
F13	男	不详	51–60	吉林	餐饮行业
F14	男	不详	31–40	辽宁	餐饮行业
F15	男	高中及中专	31–40	吉林	汽修行业
F16	男	大专、本科及以上	20–30	河北	农副产品加工
F17	男	大专、本科及以上	20–30	河北	服装行业
F18	男	大专、本科及以上	20–30	河南	服务业
F19	男	不详	31–40	河北	服务业
F20	男	不详	71–80	河北	种植业

二、研究描述

（一）创业信息需求动机

对相关数据进行分析可以看出，返乡创业人员的创业信息需求动机主要以寻找答案（如市场中产品的种类等）和意义建构（如学习行业知识等）为表征。

寻找答案是指返乡创业人员在创业过程中急需找到一个明确、具有参照性的答案，以减少其不确定性，从而顺利解决当前问题，如访谈者F5搜寻信息的动机是产品渠道信息的缺失。

意义建构是指返乡创业人员从个人认知出发，主动填补自身知识空白的举动，如访谈者F3意识到自身管理销售方面的知识匮乏而搜寻相关信息的行为。

就这两个维度的比重而言，所有受访者在创业过程中都明确表示自己有寻找答案的动机，而仅有30%的受访者明确提出需要弥补自身所具备的知识不足情况，具体见图7-1。

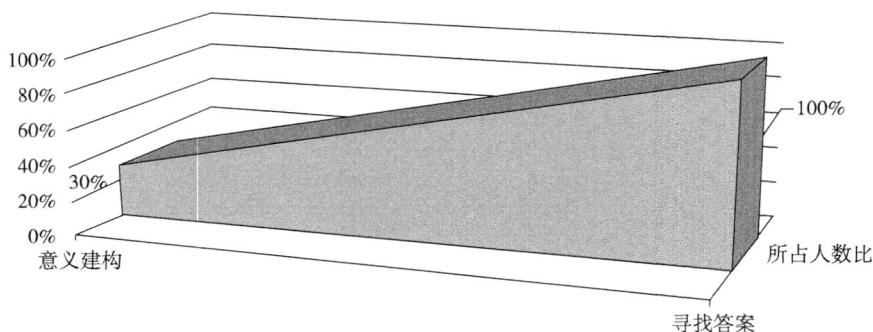

图7-1　信息需求动机比重

（二）创业信息需求内容

本研究组首先通过开放式编码对数据进行分析，对访谈内容所隐含的意义进行抽取，共获取8个返乡创业人员创业信息需求内容，具体见表7-3。

表7-3 创业信息需求内容(示例)

信息需求内容	访谈原始数据
产品种类信息	因为你不知道当时韩国流行什么,什么东西好,要不定期去看一下(F7)
产品价格信息	会有比较(其他商家的)价格,到一定时候才可以垄断(F10)
产品技术信息	我们需要。不仅是包装,而且是整体的文化设计的指导(F3)
进货渠道信息	想了解一下各个名牌厂家的负责我们这里业务员的联系方式。我这里还没有他们的货(F5)
销售渠道信息	您觉得最重要的资源是什么?答:渠道,销售渠道是一方面(F6)
管理运营信息	现在就是考虑如何扩大公司的规模(F16)
金融、技术等扶持政策信息	当时也不知道有什么机构能给我们贷款(F15)
规范、发展政策信息	国家的政策,这是很大一方面。因为像餐饮行业也是要靠着国家的一个大方向的一个引导和把控(F4)

继而对提炼出的开放式编码所蕴含的内在联系进行归纳总结,共获取4个维度,并对具体信息需求进行描述统计分析,按照不同的类型进行排序,具体见表7-4和图7-2。

表7-4 创业信息需求内容主轴编码表形成的主范畴(示例)

主范畴	范畴(比重%)
产品信息	产品种类信息(35)
	产品技术信息(45)
	产品价格信息(25)
渠道信息	进货渠道信息(10)
	销售渠道信息(30)
管理运营信息	管理运营信息(35)
政府政策信息	金融、技术等扶持政策(25)
	规范、发展政策(20)

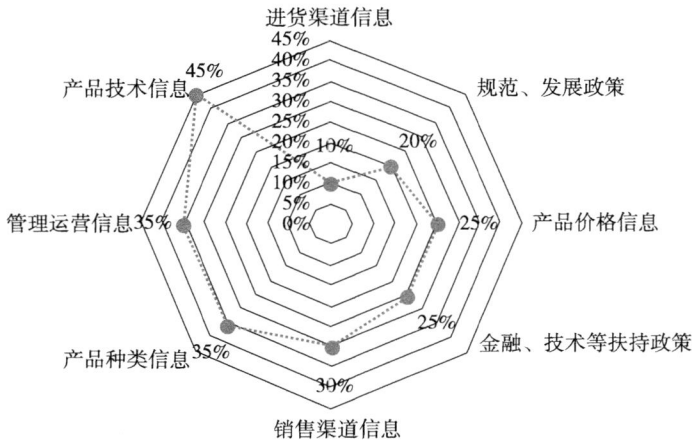

图7-2 创业信息需求内容比重

通过表7-4可以看出，返乡创业人员所搜寻信息的主要类型为：产品信息、购货及销售渠道信息、管理运营信息、政府政策信息。受访者对产品信息的关注主要源自市场竞争的压力，其目的是增加自己的产品优势以吸引顾客，具体表现在对产品价格和产品种类的关注，如受访者F4所言："就是一些行业内的东西，如怎么吸引顾客，怎么去把这个产品做好，怎么因地制宜做出一个比较适合本店的东西，一个被店里面顾客所接受的一个东西"。受访者认为自己在返乡创业过程中，由于自身角色出现转换（从打工者变为公司决策者），因此在公司管理尤其是人事问题上缺乏经验，无法妥善解决诸多问题，进而可能直接影响到整个公司的运营。受访者从事的餐饮行业面临着人员流动频繁的现象，于是就会主动关注一些信息平台，并获取相关管理知识为自身决策提供参考。处于创业初期的返乡创业者急于为自身产品寻找市场，因此较为关注销售渠道信息。类似于经销商性质的返乡创业人群，一方面受制于创业项目的性质，另一方面受制于行业信息不对等，因而在关注以上类型信息的同时，对产品的进货渠道信息同样关注。例如，受访者F5在运营药店时，由于无法通过网络等途径获取大量药品供应商的信息，导致药店的药品种类不全，从而对店铺销售情况造成了不良影响。受访者对政府政策信息的寻求主要集中在资金扶持、发展规划等方面，一些受访者认为国家的政策和自己所运营的行业息息相关。

（三）创业信息需求存在的方式

学者王良成指出，信息需求存在的方式主要是其在现实生活中具体的表现形式，并根据对在校大学生信息需求的实证调研将信息需求划分为信息咨询需求、信息分享需求、信息发布需求和信息获取需求四个范畴（王良成，2002）。基于此，并结合数据分析的具体结果，本章认为受访者创业信息需求存在的形式具体表现在信息咨询需求和信息发布需求两个方面。信息咨询需求主要指受访者通过向互联网、社会关系等媒介咨询所需的信息而呈现出的信息交流状态；信息发布需求主要是指通过向电视、报纸、朋友圈等平台发布所需信息。

表7-5　信息需求存在的方式编码表范畴（示例）

主轴范畴	范畴	原始数据
信息咨询需求	向社会网络、政府机构、网络等媒介咨询	·像我们电脑有问题，网上不去了，登记啥的都可以在里头问（F14）
		·咱屋里，我（去向）保险公司问（F2）
信息发布需求	借助电视、报纸、朋友圈等平台发布信息	·最初回来的时候，急着学习，就把个人信息传到网上（F6）
		·我那时候就有个微信，我在网上发微信（F7）

（四）创业信息需求实现障碍

基于对访谈数据的分析，本章提出，返乡创业人员遇到的障碍主要有两大类：信息不可获取和信息不易使用。

当被问及获取信息面临的最大困难时，绝大多数受访者首先认为是难以搜寻到有用的信息，出现这种现象的主要原因是信息渠道不畅，如受访者F2发现通过当地保险公司无法获得农业保险的相关信息。其次，是受自身掌握的信息源或者是信息渠道的局限，如受访者F20在寻求花卉销售渠道相关信息时，由于"村里和镇里都没人管这件事"而无从下手。最后，很多受访者认为影响他们获取信息的因素是"区域"障碍，如受访者F2表示他在别的城市从事农产品种植时是有此类相关保险的，而回到自己的家乡却被当地保险公司告知没有这种险种；F20认为她目前所在地域获得的信息要比河南、山东、安徽呈现出明显的滞后性；F5认为由于他创业的地址选在了农村，"很多信息都接触不到"。

信息不易使用主要表现在使用信息媒介、信息平台和信息源的程序繁琐以及获取信息不全和时效性差。例如，受访者F12在并未熟练掌握相应操作的情况下，面对向美团多次申请服务却未得到回应的情况，只能选择放弃。

三、创业需求讨论

（一）创业信息需求动机分析

本次调研发现，受访者的信息需求动机呈现出一种动态的连续状态，寻求答案和意义建构这两个维度不断交替或者在获取信息的过程中伴随彼此产生。例如，受访者F11在制作商品时，发现自身对商品原材料知识存在欠缺，因此产生对此类信息获取的需求，以期通过建构意义弥补知识空白，同时他在出售商品前会关注产品的市场价格信息和变化情况。此外，受访者在寻求答案的过程中和在意义建构的过程中体现出不同的特征。虽然在这两种状态中，受访者都处于信息断层，但是在寻求答案的状态中，受访者以寻找客观答案为目的去搜寻特定的信息，并以寻找到的具体信息为最终答案，在整个过程中受访者的情绪特征不明显。在意义建构状态中，受访者在陈述相关需求时明显表现出一种焦虑的状态，即需要及时获取相关知识以填补认知空白，且在获取到相关信息后并未终止搜寻信息的状态。例如，受访者F6对产品渠道信息的寻找，在搜寻到答案后立即停止，语气比较平缓；当其在陈述其对管理知识的需求时，一直在反复强调自己搜寻信息并进行主动学习的过程和状态，语气相较之前有明显加重。这与凯斯对信息需求动机的描述一致，即信息需求动机包含有主观和客观两个边界，客观的一端具体表现为信息主体认为信息是对客观现实的反映，其搜寻信息主要是由一种理性判断驱动的，虽然存在一些不确定性，但是这些不确定性将由具体的信息来解决，最终获得答案。同时凯斯指出，从客观的角度来看，搜寻过程呈现出一种策略性检索模式，以目的为导向检索特定信息并最终作出相关决策或解决相关问题，且信息需求是相对固定的。主观的一端体现为信息主体在认知上处于异常的一种状态，即现有的知识体系已经不能满足或者无法回答当前情境的状态，这个时候一种模糊的、不安的和焦虑的感觉会随之产生，因此相对来说，客观端的焦虑感要弱化一些（Case & Given，2016）。

（二）创业信息需求动机影响因素分析

在分析信息需求内容相关数据的过程中，最直观的现象是：不同职业的受访者其信息需求的具体内容不同。例如，从事卫生行业的受访者F5对卫生、医药产品等相关信息比较关注；F20所从事的行业是种植业，因此其对农作物的品种、栽培技术等更加关注。刘济群和闫慧在对甘、皖、津三地的农村女性居民信息需求内容进行调查时中发现相似现象，即农村女性居民职业的特殊性也直接决定着其信息需求的性质、种类和数量（刘济群，闫慧，2015）。

除职业特征的影响外，另一显著的影响因素是情境因素。处于创业初期的返乡人群重点关注的是项目选择、店面位置的选择和政府部门出台的相关政策等信息，而处于创业中期的返乡人群则更关注产品相关信息、销售渠道相关信息等。受访者F3和F4均表示，在创业之前从未关注过销售和管理的知识，而在创业过程中，由于发现自身在这一方面呈现出知识空白的状态，因此他们十分关注此类信息。

与此同时，信息搜寻者对信息的解读和利用会在情境限制的前提下刺激和重塑信息需求。以F2的"农业保险"信息行为为例，F2在原工作地（情境A）获知可在特定的保险公司办理相关农业保险的信息，在其返乡创业（情境B）后，他依据经验去保险公司咨询办理保险信息时，被告知无此项险种，转而去其他保险公司咨询相关信息未果，后转向当地政府部门咨询相关信息未果，最后不得不放弃此次信息搜寻行为。

这和威尔逊（Wilson）在1996年提出的将个人置于情境化之中（person in context）的概念，以及德尔万（Dervin）的意义建构（sense-making）理论中情境的定义相吻合（于良芝，2016），其他对不同人群的研究也验证了这一点（黄传慧，2018；Mahindarathne & Min，2018；Kim，2008）。例如，杜普雷兹和福丽（Du Preez & Fourie，2009）对位于南非豪登省11位咨询工程师的信息搜寻行为进行调查，同样发现情境是影响被调查对象的因素之一。

（三）创业信息需求内容分析

虽然信息需求的具体内容有所差异，但是在进一步对访谈数据之间的逻辑关系进行分析的过程中，根据信息需求的具体内容所属类别范围的内在联系，将其分为产品信息、渠道信息、管理运营信息和政府政策信息四个方面，在这四类信息中，前三种信息需求是微观层面的项目导向性信息，政策信息则是宏观层面的政府导向性信息。

在政府对"大众创业、万众创新"的号召下，创业群体在数量上呈现出直线上升的趋势。据国家发改委相关数据显示：自2015年起我国相关部门分三批在全国范围内组织341个县（市、区）开展支持农民工等人员返乡创业的试点工作。截至2018年，341个试点地区的返乡创业人员的总量已经达到161.8万人，同比增长28.6%。通过调研发现，大多数受访者十分注重对以"创业"为主题的政策信息的获取，其关注的信息类型主要是当地政府出台的金融、技术等扶持政策信息、条例规范以及发展政策信息等。

另外，基于对相关数据的梳理，发现创业政策信息有很强的"地域性"。以资金扶持政策为例，在某地调研时观察到，由于许多返乡项目处于初始阶段，规模比较小，未达到当地资金政策的扶持标准，因而无法获取政府资金支持。对另一地的实地调研则发现，当地的资金政策并没有对项目规模进行限制，许多小型个体商户在当地政府部门的帮助下顺利地获得了资金支持。各地区人民代表大会及其常务委员会在制定地方政策细则时通常会以国家政策为依据，并结合当地的现实情况进行制定，因此各地政策必然会出现差异。地方政府应该注意的是，由于信息的流动性，以及各种信息渠道传播的共通性，其他地域的相关信息有流向该地的可能，由此出现返乡创业人员接收到异地信息后在当地政府咨询无果的情况，进而出现地方政府在返乡创业人群中"假性失信"的现象。因此，地方政府在加大对当地返乡创业相关政策解释性信息宣传力度的同时，也应该与当地返乡创业人员进行及时的沟通交流，在了解其动态信息需求后，对返乡创业政策进行适时修改或者灵活调整。

根据前文对信息需求实现屏障的分析，本章认为其主要体现在信息不可获取和信息不易使用两个层面，而信息不可获取主要包括空间不可获取、时间不可获取和智力上的不可获取。在本次调研中，受访者主要表达了空间因素制约下的信息不可获取，因此各级政府部门应当从自身职能和责任出发，尽可能地为返乡创业人群破除可能存在的信息障碍。信息的不易使用主要表现在使用信息媒介、信息平台和信息源的程序繁琐以及获取信息不全与时效性差上。因此政府除在对返乡创业人员的信息服务和相关培训工作中，加大对政策信息与平台信息的宣传力度外，还应结合返乡创业人员的实际信息需求，如上文提到的产品信息、渠道信息等实际信息内容，进行个性化信息推送服务。同时实现信息平台搜寻的操作简易化，提高信息平台的易用性，并注重培养返乡创业人员的信息搜寻技能和信息获取意识，保证信息的可获取性，从而满足返乡创业人员的信息需求。

本章通过对河南、河北、辽宁、吉林四个省中部分返乡创业试点地区的田野调查发现，返乡创业人员的创业信息需求动机主要包含寻找答案和意义建构两个维度。创业信息需求内容为产品信息、渠道信息、管理运营信息和政府政策信息四个方面，主营业务和情境是影响其信息需求的主要因素；创业信息需求存在的形式具体表现在信息咨询需求和信息发布需求两个方面。对信息需求实现屏障的分析，归纳为信息不可获取和信息不易使用，并在此基础上，构建出信息需求过程模型。

返乡创业人员是推动我国经济发展的重要群体。本章对返乡创业人群的信息需求动机和信息行为的研究，丰富了现有的研究成果。同时，通过对信息需求内容、信息需求实现屏障的分析，为政府部门在针对这一人群开展信息服务时提供决策参考。

第三节　针对返创大学生的信息服务

　　大学生是"大众创业、万众创新"有序推进的重要群体，也是返乡创业群体的重要组成部分，对整个社会的创新创业发展和农村地区减贫脱贫具有关键性影响。在众多创新创业项目中，文化创意产业项目是颇具大学生特色的创业类型之一。文化创意产业（文创产业）是一种在经济全球化背景下产生的以创造力为核心的新兴产业。英国文化、媒体和体育部将其定义为：源自个人创意、技巧及才华，进行知识产权的开发和运用，具有创造财富和就业潜力的行业（王毅，柯平，2018）。随着最近几年"双创"活动在大学的稳步推进，文创产业开始成为大学生创业的主要领域，但是因其行业特性，其对大学生创业者的创意、技能和文化要素等要求较高，因此，为了提高文创产业创业竞争力，除了创新课程内容、提高教学水平外，还需要从提升大学生技能素养和创新思维入手，全面提升创业能力。

　　通过对文化创意产业中的大学生初创企业现状进行研究和分析，孙银燕发现，"缺乏创业知识和技能"是大学生创业者面临的第三大困难，仅次于"缺乏创业经验"和"缺乏创业资金"，直接影响创业活动的成功率与活动效率（孙银燕，2017）。大学开展创业教育，是解决大学生创业经验不足、创业能力薄弱问题的重要措施，美国学者柯林·博尔在1989年提出"创业教育"的概念，将事业心和开拓技能教育作为继学术能力教育、职业能力教育后的"第三本教育护照"（Ball，C，1989），充分体现出创业教育的重要性。我国开展创业教育起步较晚，1989年11月，在北京召开的"面向21世纪教育国际研讨会"上首次提出"创业教育"的概念。1999年初，在教育部制定、国务院批转的纲领性文件《面向21世纪教育振兴行动计划》中再次提到，要"加强对教师和学生的创业教育，采取措施鼓励他们自主创办高新技术企业"，但是并未提及高校图书馆的作用。美国考夫曼基金会发起和推动的"考夫曼校园计划"，着眼于把大学看作一个整体，通过校园里的机构进行广泛的、跨学科的创业教育。我国学者黄晓军提出"图书馆是社会或组织最重要的文化、教育机构，是文化创意产业最为主要的实施与支撑机构"（黄晓军，2016）。

但是，目前大学的创业教育集中于教学课程设计、教学人员培养等体系的构建方面，没有针对某一个行业的创业教育专题。同时，大学生创业教育集中在教师和创业教育中心等机构，学科馆员很少有机会参与课程，制约了高校图书馆支持创业教育服务的开展。在这种背景下，探讨图书馆作为大学教学系统中的重要参与者，如何依靠丰富的数据资源和方便的学习空间，参与支持大学生文创创业教育服务，具有现实意义和理论探索价值。

一、高校数字人文服务现状

文创行业的特性，对大学生的数字素养和创新性思维等创业技能提出了新的要求，需要在利用信息和工具方面，提高理解、创造和认知的技巧。虽然现在的大学生通常会使用某些（主要是传统的）技术工具或者社交媒体，但他们对可以使用哪些工具以及如何有效地将技术应用于教育情境，从而促进技能的提升这些方面没有深刻的理解。目前的创业教育课程多是课堂教授理论知识，虽然也提供一些创业大赛供学生参与，但是受众面小，忽视了更广泛的技术实践应用需求。

对创业教育和图书馆的结合，数字人文服务是一个很好的切入点。数字人文是一门直接涉及传统人文学科和技术进步相结合的学科，通常被称为高度协作的跨学科领域（Wong，2016），专注于创新、教育和研究，而教育学从一开始就是一些数字人文主义项目的核心。英美等国家的数字人文课程在课程方案设计、课程结构、培养目标等方面发展较为完善，同时注重依托信息学院和数字人文中心的资源和平台，吸引信息技术和图情领域研究人员参与其中。随着创新多功能物理空间模式的发展，结合随时可用的数字馆藏和天生数字材料，以及已有的信息素养课程体系基础，高校图书馆开始探索为大学生数字人文教育提供资源保障和咨询教育服务。图书馆提供数字人文服务的需求在文献中得到了证明，如学者格林将学生描述为数字方法培训的潜在受益者，并将图书馆视为培训和教育的基地（Green，2014）。2015年，艾立克斯等学者在一项图书馆数字人文调查中，提及"可以在数字人文课程中使用图书馆"，呼吁图书馆员教授数字人文课程（Keener & Alix，2015）。随后，学者克丽斯塔·怀特（Krista White）提出在图书馆开展的数字人文课程中，引入"为研究而研究"的ACRL信息素养框架，来提高学生自学排除故障、研究和解决自身问题的能力。学者艾尔等从授课研讨和支持协作的角度，提出图书馆参与数字人文教育的五种形式（Eyre，et al，2017）。在具体应用方面，为了使数字人文服务的工作制度化，美国的一些大学图书馆已将对数字人文学科的支持纳入其使命宣言或战略规划中。拉斐特学院图书馆、塞勒姆州立大学图书馆等，通过设置数字人文馆员岗位、提供嵌入式服务等方式，支持大学数字人文教育的发展。可见，国外学者和高校图书馆认识到开展数字人文服务的重要性，通过融入数字学术活动的教育服务，近距离与用户接触，深入了解用户的需求，有针对性地开展教育活动培训，推动大学生数字信息素养和实践技能的积累，逐步提高大学生的就业竞争力。

我国引入数字人文的概念较晚，随着研究进展，开始关注数字人文教育研究，学者利用对英美等国家数字人文课程设置情况的分析，探索我国大学相关课程和人才的培养建议，开始认识到加快基础设施建设、培养具有数字人文技能人才的现实意义。在实践层面，国内大学虽通过举办数字人文研讨会和培训班，开展短期教学，但是欠缺系统化的课程实践（王涛，2018）。2016年，在南京大学开设本科生数字人文方法和理念方面的课程，对数字人文教学实践虽具有开创性意义，但在课程设计等方面仍处于"单打独斗"的局面，尚未提及数字人文中心和图书馆等平台的参与作用。关于高校图书馆参与数字人文服务方面，我国学者认同图书馆和数字人文学科有共同的价值观和目的属性，如杨晓雯提出数字人文教育活动是图书馆使命之一（杨晓雯，2018a）。高校图书馆开展数字人文教育虽然面临很多挑战，但应采取措施积极应对（杨晓雯，2018b）。同时也有学者尝试总结支持数字人文教育服务对大学生就业的意义，如桂罗敏、介凤对目前国外高校图书馆的数字人文教育实践工作进行梳理后，提出数字人文技能能够增加人文学科就业机会，在进入就业市场前接受一段时间的数字人文训练，正成为人文类学生的新需求（桂罗敏，介凤，2018）。高校图书馆支持数字人文教育的作用得到了关注，然而国内目前的研究集中在意义探讨和服务模式的理论层面，与国外大学数字人文课程设置情况，以及高校图书馆支持数字人文服务的方式内容的深度和广度相比，我国目前尚未搭建完善的课程体系，高校图书馆支持数字人文教育服务的应用内容方面缺失，需要对国外的具体实践进行研究以资借鉴。

二、实践案例与分析

（一）案例介绍

1.塞勒姆州立大学图书馆的数字人文社区计划

塞勒姆州立大学是一所区域公立综合性大学，以文科专业为主，不是政府重点扶持的对象，资金有限，为学生提供体验式教学和学习经验机会的压力较大。图书馆和学术部门通常保持传统的图书馆支持教师的服务关系，以满足教师的咨询需求和教学任务为主要目标，忽视图书馆在该类型大学的数字人文教学中的参与作用。为了促进教师、学生和社区之间的互动关系，该校将图书馆设为数字人文教育的中心，成立数字人文社区，形成教师、图书馆和学生三方互助合作教育的模式。由教授、数字人文馆员和学校的其他部门员工共同参与教学，体现出跨部门合作的优势，重点是开始将学生纳入合作服务体系中。

针对本科生数字素养和协作沟通能力的需求，相应提出本科生数字实习计划，旨在支持实现大学战略计划目标的新举措。斯皮罗提出"推进知识，促进创新，服务大众"为该计划的目标（Spiro，2012），这个目标明确数字人文教学服务师生、提高就业创业能力的整体基调，使数字人文教育目的性和效果性更强。该计划致力于为学生参与者创造丰富的学习体验，强调对学生成功的影响，支持学生学习如何在学术中使用数字人文实践，包括建立"软"技能，如批判性思维、协作能力和项目设计，以及展览、地图和时间线建设平台技术等可以在未来就业中使用的技能，学生还将参加根据职业生涯开展的职业培训研讨会。通过学习，学生接受广泛的指导，接触新的思考方式，获得项目创建和管理经验。因此，该计划被视为区域公立综合性大学图书馆支持数字人文教育服务的典型模式。

2.南佛罗里达大学图书馆的嵌入式馆员项目

南佛罗里达大学是一所公立研究型大学，但是没有正式的数字人文中心，该校坦帕校区图书馆共有13名学科图书馆员，支持大约1800名教师和40000多名学生的教学和研究需求，鉴于这些限制因素，图书馆采用嵌入式馆员的方法来支持学生的教育需求。通过将馆员的专业知识与教师的教授经验相结合，提供全面的课堂支持，促进跨学科的数字人文教学活动。

首先，通过与教师会面，讨论课程设计内容，在课程规划阶段，教师与三位馆员交流讨论，利用三位馆员的专业特长，以团队的方式为学生提供平台选择、工具使用和数字档案研究技能等方面的信息咨询需求。其次，图书馆员在课程教师的协商下，开设两种不同类型的教学课程：专注于技术和工具以及专注于材料和研究技能。其中以技术为导向的课程利用图书馆的数字媒体共享空间，将学生与资源、工具通过支持会面和协作的需求联系起来。图书馆员为用户提供支持的技术和软件，并开展课程数字平台的培训，让学生参与到课程中使用工具，与实体工具和材料的互动吸引激发学生的学习，提升学习效果。在服务的过程中，定期召开图书馆员主导的教学会议，讨论课程内容，并实践应用搜索数字馆藏和数据库等技术方法。通过制订一个计划，在整个学习过程中注入信息素养能力的内容，培养大学生的数字工具使用技能和实践操作能力，逐步提高就业竞争力。

3.拉斐特学院图书馆的数字人文暑期学术项目

短期集中学习计划是支持数字人文教学的一种常见形式，为图书馆员提供了许多参与数字人文研究的机会。拉斐特学院是一所四年制文理综合院校，注重本科生教育和研究。2012年，学院斯基尔曼图书馆获得安德鲁·梅隆基金支持，用来支持校园数字人文学科的发展，数字人文暑期学术项目因此提出。它是一个为期六周的夏季课程，强调对数字人文方法论的反思，合作机构以图书馆为主，教师和馆员引导学生共同参与设计和创建数字人文项目，学习数字人文相关的工具和技能。

该计划的设计初衷是找到一种探索学生独立工作的方法，为学生的想法提供空间和支持，开发学生自由尝试、挑战、适应和成长的能力。学生自由选择研究问题、工具和方法，以及他们的最终项目。教师可以申请资助，雇用学生来参与和协助他们的研究，学生必须确认一名指导教师，并和图书馆员保持联系，更好地进行背景研究。同时，支持学生参加计算机学院教授的研讨会和网络教程论坛，这种开放课程的模式可以激发学生学习的积极性。图书馆会定期召开会议，讨论学生的研究主题是否可行，以及如何将信息素养框架渗透到课程中，帮助学生创建项目、理解技术和工具的使用。学生在暑期结束后，通过数字人文会议和图书馆协会等平台，提交最终成果，并对该计划的效果进行反馈和评估，肯定图书馆在提高学生处理问题和交流沟通能力中的支持作用。

（二）案例分析

图书馆在高等教育中的地位一直处于转型期，"数字人文"概念的提出以及对学生成功的新期望，显著影响了高校图书馆传统角色的转变，其开始努力成为大学教育课程的合作者，支持课程改革和大学生就业水平的提升。本章通过调查国外图书馆网站信息和文献资料，整理相关典型案例，结合艾尔等人的理论，将目前国外高校图书馆参与支持数字人文教育，推动大学生就业竞争力提高的活动，归纳为提供科研支持服务、搭建系统教育服务平台以及构建数字人文空间环境三种服务形式。

1.嵌入课堂教学，提供科研支持服务

经过案例整理，发现国外高校图书馆通过设置嵌入式馆员、独立授课和开展短期培训等方式，支持数字人文教育。嵌入课程是图书馆数字人文教育服务的主要模式，为图书馆员提供了与教师和学生建立合作伙伴关系的

机会。例如，加利福尼亚州立大学洛杉矶分校的教授与馆员合作，为本科生开设一门数字人文选修课程。佐伊等（Zoe，et al，2015）指出，课程成功的一个关键因素是它定位在图书馆里，图书馆的成员参与到课程中教授给学生特定的技能，提供适当的研究材料并支持学生的工作。每周一上午，学生们在图书馆的学术共享区会面，进行三个小时的实践学习，这种环境允许学生彼此合作，提供将数字技能与实践应用相结合的机会。同时，通过设置专职馆员，将馆员的学科专业知识和信息文化与数字人文学者的人文价值相结合，提供搜索、创建、评估和可视化信息等技术技能，以独特的方式将图书馆资源、空间整合到课堂中。例如，卡耐基梅隆大学的哈特曼图书馆设置数字人文馆员岗位，提供接受教师和学生咨询、建立网络和信息资源，以及开展广泛的教学活动等服务；数字人文馆员直接与教师商讨课程计划、教学大纲示例，在使用资源、工具和分析方法过程中为学生提供直接支持。

随着高校图书馆定位的调整，图书管理员作为教育者的角色需求变得越来越突出（Vassilakaki & Moniarou-Papaconstantinou，2015）。通过教授数字人文相关课程，图书馆员可以将传统和非传统的服务联系起来，达到提高学生信息素养和技术水平的目的，进一步提高学生的创业能力，进一步明确图书馆员作为校园教育者的角色。例如，密歇根州立大学艺术与文学学院的数字人文协调员克里斯滕（Kristen），同时也兼任图书馆员，他教授一门学分课程"数字人文学概论"，在图书馆内开展课堂教学、图书馆研讨会和学分课程等各种教学活动。克里斯滕采用分组式教学方法，指导学生参与到课程的设计和研究中，并利用推特、博客等多媒体工具，定期将作业成果上传到网络中，进行评估并及时反馈进展情况，加强与学生的开放式交流，扩展课程的影响范围。

在支持课堂教学服务外，有学者建议图书馆员可将短期教学培训视为参与数字人文学科的一种潜在途径（Powell & Kong，2017）。近年来，国外高校图书馆开始出现许多短期人文研讨会和数字学术计划，为馆员提供参与数字人文教学服务的机会，为学生提供实践专业知识和技能的空间，强化学生的数字人文概念，同时充分利用多媒体和网络教学平台的教育与推广作用。例如，从2008年开始，由国家人文基金会资助的"人文科技营"（THATCamp），采用夏季短期课程培训的方式，将图书馆学习目标（如信息素养和数据处理）纳入传统的以工具为中心、以方法为重点的数字人文学习中，扩展服务的内容和范围，有利于提高本科生的开放思维和人际交流能力。

2. 协同合作，搭建系统教育服务平台

波斯纳（Posner，2013）提出，数字人文项目一般不需要支持者，而需要合作者。国外数字人文教育服务的顺利开展，依托图书馆员、教师、大学生和校园专门机构员工等角色之间的有效合作。这种合作模式充分利用其他机构在信息获取和组织机构方面的优势，有效弥补图书馆教育服务模式中的不足，为大学生从人文专业知识积累、数字技能培训和就业信息等方面提供系统化的服务。

例如，密歇根州立大学在图书馆以外的校园内开展了广泛的数字人文教育活动，包括为本科生提供数字人文辅修课程以及为硕士和博士生提供证书。这些活动发生在整个校园中，包括数字人文和文学认知实验室、研究中心以及学生为中心的数字研究教育实验室等空间。同时相关合作不仅限于校园内的技术支持，加利福尼亚大学伯克利分校在安德鲁·梅隆基金会的资助下，在2011年成立数字人文工作组，构建出一个包括研究生、图书管理员、教师和技术专家的非正式学者网络，成员有图书馆、艺术人文办公室和IT部门。自2013年以来，该工作组每年定期举办一次数字人文巡回活动，组织讲座、展览和会议。这种多部门机构合作的模式，为扩充图书馆的服务内容和范围提供了可能，有利于形成长期性和有效性的系统教育服务机制。

3. 优化环境，构建数字人文物理空间

佐里奇（Zorich，2008）建议，图书馆可以通过提供第三个场所（如会议室和共享空间）来支持数字人文教学法，从而在支持协作工作方面发挥关键作用。国外图书馆利用多媒体工作室、创客空间以及其他有利于合作和实践

工作的场地，来教授数字工具指导课程，旨在为学生提供数字空间和设备的访问权限，这些变化反映了高等教育教学方法正在向引导学生发展实际技能和具体应用方面进行转变（Posner，2013）。图书馆空间丰富的软件资源能够全面增强课堂的教学效果。爱荷华大学负责艺术与艺术历史媒体项目的德·容.维纳（de Jon Winet）教授和研究生拉克尔·贝克（Raquel Baker）组成团队开展教学，开设一门数字人文学课程，利用图书馆新设的转换、互动、学习和参与空间，通过使用圆桌、白板、网络和电子屏幕来促进基于技术的同伴学习。在课程后针对学生使用情况的调查中，学生强调小组工作对学习价值，以及工作质量对课程乐趣的影响，同时这种同伴学习模式有利于学生互助学习，提高学生团队合作、沟通和妥协的技巧。

同时，高校图书馆提供类似数字人文课程的现实环境，将学生纳入研究过程和学术工作流程，有助于营造真实的在线创业环境，提高大学生职业生涯技能素养。例如，肯特州立大学塔斯卡拉沃斯分校图书馆的创客空间，同时作为俄亥俄小企业发展中心的服务网点，通过提高学生数字技能和创业素养，帮助学生将创意转化为商业实践与市场产品（贝克尔等，2018）。惠蒂尔学院沃德曼图书馆利用模块化家具和研讨室、会议室等多种空间区域，随时为用户提供技术和软件支持，将学生与资源、教师和图书馆员的关系和协助需求相互联系起来。

（三）文创信息服务启示

国外数字人文教育将人文学科的知识结构与数字技术的工具应用相统一，强调理论与实践的结合。虽然在课程的开展过程中，并没有过多强调对学生就业的影响，但是学生通过参与小组讨论和项目创建，认识到培养数字素养和创新思维对其未来就业生涯的重要性。同时，国外大学的数字人文中心多设置在图书馆内，利用图书馆的数字资源和物理空间，为学生提供实践技能和交流研讨的机会。这种教育思维模式可以给我国高校图书馆提供参考和借鉴，结合我国文创行业创业的特性，可以从以下几个方面入手，达到创业教育的效果。

1.结合大学自身定位，深度挖掘大学生创业需求

国外高校图书馆开展的数字人文教育，首先考虑的是所在大学的使命、战略规划目标和学科优势，特别是学生在学习数字人文技能时的总体目标和需求。大学里是否建有数字人文中心，以及图书馆内是否设有数字人文中心，都是确定服务方案的前提。

我国大学生文创创业的行为多集中在文科院校，或者以人文学科为重点的院校，人文学院学生的人文水平较高，但是数字素养较差，需要通过数字人文教育，达到提高数字工具使用等技术能力的目的。而技术素养通常被认为是实施数字人文教育项目的障碍（Hartley，et al，2018），影响学生成为更有利的求职者。因此，我国高校图书馆提供数字人文教育服务，不能完全照搬国外的经验，采取"一刀切"的做法，必须认真思考如何教授数字人文学科，以及确保服务做法能够符合大学提倡的价值文化。同时要从大学生文创创业的需求入手，通过问卷调查和访谈等形式，了解学校现有创业教育课程的开展机构以及教学情况，获取大学生对文创创业相关的技术工具、数字资源以及课堂环境的需求。合理开发数字人文创业教育课程，培训专职教师和数字人文馆员，制订具体的工作方案。

2.多机构联合，构建服务大学生的协作创新创业机制

数字人文的重要特点是跨学科和协作开发的属性，国外高校图书馆在数字人文教育中发挥着桥梁的作用，与教师和其他机构建立了良好的沟通网络，可以将教育内容传播到校园内更广泛的领域。高校图书馆具备启动数字人文教育的数字资源和基础设施，同时积极培训数字人文馆员，提供嵌入式的咨询服务，支持教师开展数字人文课程活动，帮助学生思考他们的就业问题，并评估各种数字工具的相关性，培养学生掌握潜在市场的技能，创建长期持续的灵活的数字人文教育服务模式。在项目中，学院、研究生馆员和人文学科馆员共同承担项目的协调员角色，联系适当的人员参与到教师工作或辅助工作中去。

目前，我国创业教育的主体是教师群体和创业教育中心等机构，图书馆

提供创业教育服务局限在数字资源和物理空间的服务层次，缺少与教学和创业机构的创新合作。参考国外数字人文教育服务方式，我国高校图书馆可从完善基础设施和丰富学术资源入手，以提高大学生数字人文素养为出发点，多渠道嵌入创业教育课程，提供数字化技术、文本挖掘、数据可视化等与文创行业相关的讲座、会议或研讨会等培训机会，同时利用数字人文物理和虚拟空间格局，为学生提供一个可以开展创业就业实践的区域，评估学习情况并反馈给创业教育中心等机构。在学校行政部门的支持下，有效利用校园资源，搭建一个组织、发现和传播数字文化产品的平台，形成以图书馆为主导、创业教育中心等机构相配合的多机构合作的服务模式。

3.推动学生参与学习体验，提高创新创业实践能力

技术和工具的发展，改变了学生的学习方式，包括学生协同工作的方式，学生开始成为创新者，而不只是数字文化的消费者（Draxler，2012；余文雯，2017；杨鹤林等，2018）。因此，大学的教育实践应包括同伴之间、学生与教育者之间的长期联系（Rinto，et al，2017；曾小莹，2014）。例如，美国弗吉尼亚大学图书馆学者，带领学生开发了一款可通过协同工作扩展文本能力的软件工具Parism，参与项目的学生在创造力和数字素养方面得到了提高。此外，国外高校图书馆的数字人文教育服务，为学生提供与教师、馆员和同伴互动的机会，在课程中引入参与性、协作性和主动性的学习内容，使得学生掌握理论之外的实践方法。这种参与式的学习项目有助于提高学生的注意力、持久力以及沟通技巧等软技能，有助于大学生创业水平的提高。

学生创业是图书馆可以深入参与的事情，并且是可以直接为学生提供有意义和变革性的教育体验的一种方式（Rinto，et al，2017）。我国目前的创业教育课程内容偏向于单方面的传输模式，缺少实践和反馈，容易造成理论和实践相脱节的问题。从国外图书馆实践可以看出，数字人文课程是一门特别注重学生参与的学科，关注学生在项目开发、工具使用和思维创新方面的成长。因此，我国高校图书馆员可以利用现有的数字资源和技术工具，制订学生就业计划，通过嵌入创业教育课堂，以及与课程教师协作教授的方式，将

信息素养教育融入教学中。同时，鼓励学生参与课堂教学，提高学生人际交往能力和与不同团队成员的合作能力，以及使用数字人文工具的技巧以及批判性思维等软技能，并注重对学习效果的评估和反馈，逐步培养学生的技能水平和自信心。

近年来，国外高校图书馆通过注入信息素养和信息文化等因素，提供多种形式的数字人文教育服务，充分诠释教育者角色。同时，利用高校图书馆与教师和机构的合作，引导学生群体参与到课程的设计和实践中，实现提高学生就业技能的目的。本章通过对国外高校图书馆数字人文教育服务案例的整理，发现数字人文课程对大学生就业技能提升的支持作用，可以参考借鉴国外经验，结合我国文化创意行业的特性，为我国高校图书馆支持创业教育服务开发出新的路径。

第四节 针对返创信息精英的服务

返乡创业信息资源的不平等分配，既是对信息公平的挑战，也会直接影响到同一地区内的返乡创业总体发展水平。精英俘获（elite capture），源自经济学领域，专指发展中地区的地方精英凭借其优势占据了当地社区居民本应共同享有的经济资源或财政支持的现象。本章使用此概念来指代信息不平等的状态，可以为信息不平等理论体系提供新的研究视角。学界以往对信息不平等的关注，主要集中在不平等状态中的弱势群体一方（赵玲玲，2013），或锁定特定侧面长期存在的信息不平等现象，如分别叙述不同群体间的信息获取、利用差距（于良芝，2013）。

本章尝试从信息不平等中的受益或强势群体一方着眼，即从返乡创业精英角度来考察信息资源在分配过程中的不平等现象。立足不同的主体，从信息资源的流动状态出发，剖析返乡创业的信息服务体系中存在的信息不平等现象；分析导致这种现象产生的影响因素，为完善返乡创业信息服务体系、促进信息公平、保障返乡创业群体的信息福利提供一定的决策建议。最终，有望引起相关部门对此现象存在的和可能引发的后果的关注，并建立相关预防机制，从而更好地服务返乡创业群体、提高整体创业水平并促进社会信息公平。

基于上述实践和理论背景，本章试图回答以下两个问题：一是返乡创业信息资源精英俘获现象的表征有哪些？二是哪些影响因素会造成这种现象的出现？面向研究问题后开展文献调研，收集关于精英俘获、信息不平等的理论基础以及返乡创业的相关政策文本，构建分析类别。本章通过对田野调查中获取到的质性数据的分析，从宏观环境和返乡创业者主体两个层面，探究返乡创业信息资源在自上而下流动过程中的精英俘获的产生机制。

一、精英俘获

（一）精英群体及精英俘获的定义

学术界对社群内精英群体的研究源自20世纪90年代，根据帕累托（帕累托，2001）的定义，精英是指在一个方面或多个方面具有特殊优势的社会成员。精英群体常常在社区治理中起到独特的作用，并能对社会转型、政策实施产生影响。

"精英俘获"的概念最早在经济学中提出，国外研究最早可追溯到奥尔森（Olson，1965）的"利益集团俘获"范式。这一概念被应用到政治学、社会学领域，意指在发展中国家的发展项目或反贫困项目实施过程中，地方精英凭借其自身具有的优势，参与到经济发展、社会改造和政治实践中，从而破坏甚至支配了当地正在实施的社区发展计划，改变了发展项目的实施目标，未能帮助真正需要得到援助的弱势群体，进而影响社区发展项目的实施和效果（Dasgupta & Beard，2007）。曼苏里（Mansuri，et al，2012）等认为，在远离权力中心、文化素养较低、贫穷的社区更容易发生精英俘获。在中国语境下，凭借经济能力、家族势力、政治身份、文化声望，都可能使一些人在基层社会中成为精英，自然也都可能成为导致"精英俘获"产生的影响因素。依靠这些资源，他们获得了超越普通大众的比较优势，进而实现占有公共资源、个人利益最大化的目的（温涛等，2016）。结合国内外学者的定义，精英俘获发生在基层社会，尤其是欠发达地区，地方精英凭借自身优势，直接或间接地影响着政策的执行、项目的实施以及资源的分配，造成资源配置错位，导致真正的弱势群体不被关注，最终不利于地方长期发展的现象。

（二）精英俘获现象的产生机制

达斯古普塔和比尔德（Dasgupta & Beard，2007）对印度尼西亚"社区驱动型发展"政策（community-driven development）的研究结果显示，某些设计不科学、或不符合当地发展情况的政策以及计划，其投放的资源具有容易发生精英俘获的脆弱性。亚伯拉罕和普拉托（Abraham & Platteau，2000），冯和赖特（Fung & Wright，2001）发现，社区治理很容易走向精英俘获的状态，因为社区治理的参与者已经处在不平等的社会地位上，他们的财产、名誉、受教育程度以及政治权利都是不对等的，因此当有一定的资源被自上而下给到这个社区，供当地居民自行分配时，其中的精英群体很容易就能俘获超出他们所需的部分。

在政策、项目执行过程中，缺乏有效的监管，同样也是精英俘获现象得以长期存在的重要原因。以扶贫资源分配为例，部分人可以利用政策的漏洞或空白，为自己以及亲友牟利。特别是这种行为发生在基层时，精英俘获稳定地同时存在于当地正式或非正式的关系网络中（陈亮，谢琦，2018），不易察觉，难以监管，更难以解决。雷文艳（2018）认为，在国际发展援助中，对执行和推广项目的非政府组织不够严谨的评估，也是导致精英俘获的原因之一，当地领导人的机会主义或是底层群众的失声状态使得精英俘获在国际合作中频繁发生。李祖佩和曹晋（2012）认为，精英俘获的出现不仅仅是源自制度的脆弱性。在中国发展的当前阶段，精英俘获得以凸显，是国家治理转型、基层治理逻辑、村庄社会变革以及农民处事逻辑共同作用的结果。在中国农村地区，自上而下下达的优惠政策以及较为狭小的实施空间使得精英有机会进行垄断，如独立承包某些大型项目。

传统的价值观念、紧密的人际联系以及高容忍度的公共舆论，使得农村地区居民难以抗衡这种强势的内部力量。邢成举和李小云（2013）认为，市场经济背景下，农村地区大多数居民的生产力难以应对大市场的要求，因此市场会主动选择与当地的精英群体（如农业大户）进行合作，从而进一步削弱了弱势群体的竞争力。

随着信息社会的快速发展。信息在人们的生活中扮演着越来越重要的角色。信息获取渠道、掌握的信息质量以及个人信息素养在很大程度上影响着人们的资源与机会。尤其在农村地区，宏观政策、发展计划等能改善居民生活项目的传递往往都是自上而下的，这就常常需要个体具备足够的信息意识以及检索和辨别信息的能力。然而，农村地区的精英群体，其与政府的关系、自身的教育水平以及精英之间的结盟效应，使得他们与普通民众在信息获知方面有着巨大的差异。对扶贫信息传递的研究发现，从村干部到村民的信息传递主要是通过多种非正式渠道进行的，主要通过和村干部的私人谈话以及村民互相交流（Platteau & Gaspart，2003）。利用信息失真俘获他们所偏好的各类项目，最终达到精英阶级的效用最大化而不是贫困户的效用最大化。亚伯拉罕和普拉托（Abraham & Platteau，2014）在非洲的研究发现，当地的乡村精英可以通过把控信息流，达到自身利益最大化的目的。康宁和凯凡（Conning & Kevane，2002）在对社区主导计划的审查中强调，一个社区调动信息的能力可能会影响精英俘获资源的机会。

针对信息传播过程，普拉托等（Platteau et al，2014）同样认为信息传播扭曲会导致精英俘获。信息获取的方便程度以及个人信息素养也同样影响着精英俘获的发生情况。胡联等（2015）通过田野调查发现，理事会和监事会成员中乡村干部比例越高、互助资金年均全体社员大会开会次数越少、贫困村到本乡（镇）政府所在地最近的距离越远、贫困村高中文化程度劳动力人数越少，互助资金精英俘获的程度就越高。

（三）我国当前返乡创业信息资源及服务

返乡创业信息作为一种重要的、具有较高经济价值的信息资源，在由上自下传达到农村地区时，也会面临分配不均衡乃至精英俘获的困境。赵奇钊和郑玲（2015）在武陵山区对农民工返乡创业的调研发现，返乡农民工对国内市场信息掌握不够灵活全面，掌握市场行情信息的不对等和滞后，使其创业的进程严重受挫，影响其创业的积极性，迫切需要科学可行的信息保障机制支持。于良芝等（2007）针对中国农村信息服务效果的研究显示，现在农村的信息服务效果并不显著，信息提供者和居民之间存在距离。农村居民对政府及其所提供信息的不信任或是畏惧情绪，也使得信息无法有效转化为实际效益。制度的缺位使得返乡创业配套的信息服务不能按照公开、成文的程序进行，有相关需求的人群只能利用非正式的人际关系填补这一空白。因此，精英俘获的现象并不全是精英群体或上级部门为了达到私利最大化而有意为之，而有可能是社会关系网络暂时代替了正式信息服务机制。

蒋剑勇等（2013）认为，社会网络被视为创业者获取资源的重要来源。创业者可以通过社会网络获取四类创业资源：财务资源、指导信息、情感支持和联络介绍。在农村地区，人际交往更加体现出关系导向的特点，在农村地区，社会网络更有可能成为农民创业者获取资源的途径。农民创业者的网络规模越大，嵌入在网络中的资源越丰富，农民创业者就越能从社会网络中获取市场上难以获取的创业所需资源，或者以较低成本获取创业资源。对此类项目而言，处于项目信息和公共权力核心的是精英群体，接下来能够获得项目信息和公共权力的就是与他们关系密切的人。信息最初为社区或村庄内的精英群体所获得，社区内部的普通大众最后才能接触到项目信息（邢成举，2015）。朱红根（2012）的分析表明，返乡创业企业社会资本越丰富，社会网络越健全，获取信息的渠道就越多，从而就越容易获取网络伙伴的互补性资源，并越好地掌握市场动态。显然，农村地区的精英群体比普通大众拥有更加健全和丰富的社会网络，这是一种有力的优势。然而对缺乏社会资本的返乡创业者来说，若当地的信息保障制度再同时缺位的话，有效的创业信息便会被精英俘获。

李静（2014）在对陕西农村信息服务分析调查时发现，农村居民信息需求丰富多元，而信息机构提供的信息以农业技术为主，忽略了将农村居民作为社会人的基本需求。在信息服务方向和内容上，只注重技术服务而忽略其他方面，就出现了信息供求不能有效对接的尴尬局面。邓卫华等（2011）的调查显示，中国农民的创业动机以资源拉动型为主，因此将农民的创业阶段分为三个部分，分别是孕育期、创立期和初创期，不同阶段农民的创业信息需求不同。其问卷调查结果显示，虽然大多数农民创业主体都认为应该关注创业信息，但是他们的日常信息行为却表明其信息敏感性相当有限。同时，相比非正式信息源，正式信息源（如来自政府部门的信息）使用率不仅较低，在信息选择过程中，也缺乏正规机构的指导。

（四）信息不平等与精英俘获

随着信息社会的发展，信息已逐渐发展为重要的资源和资本，信息资源在社会中的非均衡性分布也开始受到学者的关注。20世纪60年代以来，信息不平等问题已被视作信息社会的核心问题。20世纪70年代以来，学界对信息不平等的研究大致形成三种视角：政治经济学视角、社会学视角和认知学视角，分别从宏观、中观和微观三个角度，对信息不平等现象和信息贫困视角进行分析。地区间政治经济力量不平衡、社会文化中"小世界"与外部世界的隔阂，以及个人信息意识和信息获取能力的缺乏，都是阻碍信息资源向信息贫困世界流动的重要因素（于良芝，2005）。20世纪90年代中期以后，由于互联网技术的普及，数字鸿沟（digital divide）被用来表达人们在ICT享用机会上的差距。麦克劳德和珀瑟（McLeod & Perse，1994）提出了一个假设：信息和知识会转化为社会权利，而在信息和知识上的不平等会导致社会资源的排斥和社会权利的不平等。

在相关研究中，对信息源、信息传播渠道、信息技术的获取或接入差距是最常用的信息不平等维度（于良芝和谢海先，2013）。同时社会经济意义上的贫富划分也可以用于反映信息资源的多少，人群因手中掌握的信息资源多少被划分为"信息穷人"和"信息富人"，此概念自20世纪70年代以后开始得到推广。相较"信息贫富"概念的划分，"数字鸿沟"现象伴随着ICT技术的普及也逐渐凸显。20世纪90年代以来，学者和组织开始对"数字鸿沟"进行定义和测度指标的制定。尽管目前世界各国对信息的不均衡分配已经进行了一系列研究，但尚未形成一个较为综合、全面的测量维度。因为信息资源、接入程度、吸收程度等与社会经济层次的有形资产不同，很难被分别进行独立、具体的计算。因此"信息穷人"和"信息富人"的划分目前并不清晰。因此，信息资源的精英俘获作为信息不平等的体现形式之一，在目前的研究中也难以找到对其的测量尺度。

萨特等（Sutter，2019）学者认为，贫困是社会排斥和社会权利的结果，信息贫困同样是由于信息资源在分配过程中的不平等导致的，当地精英由于其具备的经济、教育、人际网络等方面的优势，在创业信息资源的分配过程中，会获得更多的资源倾斜。然而，威廉姆斯和谢泼德（Williams & Shepherd，2016）认为，社会变革很多时候对贫困人口的作用并不明显。特别是当某地精英和当地边缘人群的利益相悖时，这种问题尤为严重。当边缘人口被排斥在社会变革以及机会识别外时，精英俘获就产生了。因此，精英俘获现象与当地原本就存在的信息不平等现象以及贫困问题有关。信息不平等使得创业信息资源在向下传递的过程中，向信息富人一端聚集，造成强者愈强、弱者愈弱的局面。

目前国内外对精英俘获的研究主要集中在经济和政治领域，如扶贫贷款、农牧补助等有形资本或政治权利被精英群体占据的现象。对信息资源在不发达地区产生精英俘获现象的研究则较少，或许是因为相较有形资源，如财政补贴或扶贫项目的下发或实施，信息资源在不同群体间的分配和利用更不易被察觉。

尽管目前在图书馆学情报学领域内缺乏关于返乡创业信息资源精英俘获问题的研究，但仍然可以从目前收集到的国内外文献中，总结出学者们定义的一系列精英俘获表征和影响因素，并结合本专业理论体系进行发展。这可以对本章之后的质性数据分析部分起到提示和引导作用。值得注意的是，经典的信息不平等研究多聚焦信息穷人，研究者们从弱势群体一方出发，分析信息贫困的成因。本研究的侧重点则放在精英俘获现象中的返乡创业精英群体，他们属于信息资源分配过程中的优势方。尽管目前还不确定，是他们创业的成功使得其成为信息富人，或是他们在信息资源上获取的优势帮助其创业获得成功，抑或是这两者相互作用，但能够肯定的是，优质返乡创业信息资源意味着拥有更多的创业发展机会，政府和市场都会对它的流向带来影响，因此追求其在分配过程中的信息公平是有必要的。

二、研究设计

本章的研究对象涵盖返乡创业人员、涉及返乡创业工作的政府部门以及当地创业服务机构、创客空间等工作人员，即在信息的传播过程中的需求方和供应方。田野调查中的访谈是本研究采用的主要数据收集方法。

本研究主要数据来源为项目组于2017—2018年在我国河南、安徽、吉林、辽宁四省进行田野调查时获取的质性数据。以上四个省份是我国人口流出大省，也是多个被纳入"返乡创业试点"县市的所在省份。本章涉及的田野调查基本情况如表7-6所示。

表7-6　田野调查点基本信息

地点	调查时间	访谈人数（位）
河南省兰考县	2017年7月8-9日、12日	12；3
河南省郑州市	2017年7月10-11日	5；焦点小组（6）
安徽省阜南县	2017年9月6-8日	17；焦点小组（9）
吉林省珲春市	2018年8月17日	5
吉林省蛟河市	2018年8月18日	1
吉林省舒兰市	2018年8月18日	3
辽宁省新宾满族自治县	2018年8月20日	3
辽宁省本溪满族自治县	2018年8月21-23日	11

本章借助质性文本分析软件MAXQDA（2018.2.0）对质性数据进行分析。由编码人员阅读并筛选文本，熟悉访谈的长度、受访者的情绪等，同时将阅读中出现的想法记录在备忘录中。在对前期所得的访谈记录进行转录过后，使用MAXQDA对数据进行一级以及二级编码，以将原始数据概念化并划分为不同级别的范畴，之后建构主类别对其分别进行归纳。

三、质性分析

（一）编码过程

笔者借助质性数据分析软件 MAXQDA，对前期田野调查数据进行梳理和编码，将原始数据进行初步概念化的一级编码，为之后的分析开启通道。概念命名主要采用"见实命名（code in vivo）"方式，即从受访者的话语中选取词句作为概念名称。如访谈资料中受访者表示村里会通过广播传播信息，还有村干部去乡里开会，回来后把消息再转达给大家，则初始概念为"政策信息的传播途径"。最后共整理出一级范畴共 603 条。之后笔者将独立并分散的概念范畴按照逻辑次序和相互关系，对其进行归类和融合，共整理出 34 个主范畴。

（二）类别建构

对原始质性数据概念化的准备完成后，通过建构主类别（伍多·库卡茨，2017）来划分前期进行编码的主范畴并进行分析。采取"推论—归纳混合式建构"路径，首先，根据相关领域的理论基础和政策文本来推论式地初步构建类别；其次，回到原始数据，进行补充归纳；最后，完成系统化的类目建构并对主范畴进行归类。

1.推论式建构

与其他经济资源不同的是，信息资源还具备使用技术上的公众性（赖茂生，王芳，2006）。由于这种非排他性的特征，信息资源在一定程度上具有公共产品的性质。因此仅靠市场配置信息资源会导致效率的低下，需要公共部门的参与。对近年来我国大力引导的返乡创业而言，政府在其配套资源的分配过程中扮演着重要角色。政策文件是一定时期内政府和社会相关主体实施相关活动的依据，也是一定时期内相关社会主体的行动指南。无论是个人、企业还是社会组织等主体，都应按照政策的引导去实施与政策一致的行动，从而实现政策的目标（樊振佳，程乐天，2017）。自2015年以来，国务院发布了一系列鼓励返乡创业的政策文件。尽管部分文件对配套信息资源建设的目标表述较为模糊，如"信息化建设""扶持电子商务"等。但以上政策都对返乡创业配套信息资源或服务建设提出了要求。因此通过对照实践与政策要求，可得出地方政府及信息组织的信息服务水平，由此确定"返乡创业配套信息资源与服务"类别。

在理论回顾中，信息资源的经济特征，包括其相对稀缺性、空间分布的不均衡性和开发利用的竞争性（赖茂生，王芳，2006），这决定了其在市场中配置的过程会受到资本的影响，而能为创业者提供重要决策支持并带来收益的返乡创业信息资源，其经济特征更加显著。创业处于初步阶段、收入以及教育水平不高的创业者，难以吸引并接入信息资源和服务。在这样的信息经济结构中，资本的运行逻辑使其规避盈利能力不高的对象，转向已经具备一定发展规模的创业精英。返乡创业信息资源的经济特征决定了其在分配过程中具有较强的竞争性，并易使普通创业者居于弱势地位。由此确定"返乡创业信息服资源的精英俘获的表征"类别。

对信息源、信息传播渠道、信息技术的获取或接入差距是最常用的信息不平等维度。在信息社会问题的研究中，发生在创业信息资源配置过程中的精英俘获是信息不平等的表现之一。返乡创业精英因为掌握更多的社会资源、更高的教育水平和更丰富的ICT接入等优势，更容易成为信息富人。同一地区内其他普通的创业者由于在经济地位、信息技术、机会识别能力等方面和精英们的差距，则更容易成为信息不平等中的弱势一方。返乡创业信息资源出现的精英俘获进一步体现出信息富人相较信息穷人具备的优势。在创业信息的获取过程中，信息富人占据了本该属于一个地区内全体创业人员的信息资源，返乡创业信息资源的精英俘获由此产生，"返乡创业精英的特征"类别由此确定。

2. 归纳式建构

根据前文的研究问题、理论基础和政策依据所形成的分析框架，可以初步设立三个主类别来划分主范畴，分别是返乡创业配套信息资源与服务、返乡创业信息资源精英俘获的表征和返乡创业精英的特征。无论数据中受访者本人是政府工作人员或是创业者，他们对政府工作人员在返乡创业信息资源的配置过程中发挥作用的提及都非常频繁。因此，基于田野调查中的发现，还可以建立一个新的类别，即"当地政府对返乡创业的认识和应对举措"。之后，再对其他虽与研究问题相关、但又不适于划入以上类别的少数主范畴设立一个"其他"类别。

3.类别定义及主范畴划分

最终共得到五个主类别，关于主类别的定义和其涵盖的主范畴，见表7-7。

表7-7　类别定义及主范畴划分

定义	类别	主范畴
返创者在特定地区内有机会获取到的返创配套信息资源与服务	返乡创业配套信息资源与服务	返创政策信息
		返创信息的网络传播
		返创信息的人际传播
		传统媒体对返创信息的宣传
		社交平台和电商对返创信息的传播
		返创培训
田野调查点政府对本地返乡创业情况的认识和了解，以及提供的配套服务	地方政府对返乡创业的认识和应对举措	当地发展返创限制因素
		当地发展返创宏观方案
		基层工作限制因素
		配套政策及人员支持
		当地政府对返创的认识
		当地政府返创信息服务水平
		政府工作人员信息素养
特定地区内返乡创业信息资源配置不均衡，被少数返创精英俘获，而其他普通创业者无法受惠的现象	返乡创业信息资源精英俘获的表征	精英与政府的关系
		精英的社会关系网络
		精英享有的政策优待
		精英享有的基础设施优待
		精英占据的返创资源
		精英的主动垄断行为
		普通创业者获取返创信息的限制（地域、企业规模、资金、教育水平、技术接入）

定义	类别	主范畴
特定地区内返创精英群体的个人经历、行为表现、关系网络、社会角色等有别于当地普通创业者的特征	返乡创业精英的特征	返创经历、原因及经营策略
		返创的自身优势与支持
		返创过程中遇到的困难
		信息技术接入与使用
		对当地返创及环境的认识
		对政府的期望和态度
		受教育水平及信息素养
		客户组成及来源
		社会活动与社会责任
与返创有关、但无法被纳入以上主题类别的主范畴	其他	国家宏观调控
		当地产业基础与区位条件
		当地返创主营业务
		返创对当地人的影响
		其他

四、结果与讨论

（一）返乡创业信息资源的精英俘获的表征

本研究的第一个研究问题"精英俘获现象的表征"，即第三条主类别下的范畴共有66条，约占据全部范畴的11%，将其进一步归纳到二级的主范畴中。同时精英俘获现象的表征还可再具体细分为：政府面向精英主动提供信息服务，精英优先使用创业资源返乡创业信息获取的限制（规模限制、资金限制、教育水平限制、地域限制、信息技术接入限制），精英的社会活动与社会责任。其展开说明、定义和数据实例见表7-8。

表7-8　精英俘获现象的表征

精英俘获现象的表征	定义	数据实例
政府面向精英提供主动信息服务	当返创信息资源被分配时，精英会首先被政府考虑，且政府会主动向其提供信息服务和指导	"我们和龙头企业之间有个微信群，我们还会直接下去到企业进行口头宣传。（HN1）"

精英俘获现象的表征	定义	数据实例
精英优先使用返乡创业资源	相比普通创业者，精英能更早且更有可能获取到返创所需的政策信息、基础设施、金融信贷等资源与服务。	"我做淘宝，在当地不存在竞争，做这个基本上利用了县里所有的资源。（LN2）"
返创信息获取的规模限制	创业者获取创业信息资源过程中面临的规模准入限制，普通创业者往往由于规模有限而被排除。	"信息的来源一个是通过我们公司的销售部，它负责公司产品信息、市场信息等。再一个有特别大的展览会。（HN1）"
返创信息获取的资金限制	创业者获取创业信息资源过程中面临的资金投入限制，普通创业者因为缺乏足够的资金投放而被排除。	"缺乏先期的投入，很难得到合作机会。（LN1）"
返创信息获取的教育水平限制	创业者获取创业信息资源，如参加培训、满足信息需求，都需要一定的教育水平和信息素养作为基础。	"培训你要听懂起码得高中毕业。我们有一套专门的入门经商教材，包括进货、库存、成本利润这种计算。（HN1）"
返创信息获取的地域限制	创业者获取创业信息资源时会受到所在地区的客观条件限制，如经济发展基础、产业规模、交通物流等	"我们当地缺乏一个独立的品牌，不会得到电商的宣传。（JL1）"

备注：本节将受访者所在省份缩写与数字组合作为受访者代号，如HN1表示河南省第1位受访者，LN2表示辽宁省第2位受访者。

其中，主范畴"政府面向精英主动提供信息服务"所包含的范畴在本类别下占比最高，约为32%，共有21条范畴体现出受访者对当地政府和返创精英之间一系列的社会交往、信息传递以及资源共享等行为的描述。由此可以看出，在当地返乡创业信息资源的传播与服务的提供过程中政府占据主导地位。这里涉及的返乡创业精英，尽管处于创业的不同阶段，大都与当地的县或乡政府保持着密切的关系，采访到的政府工作人员也都对当地的领先企业抱有亲切、欢迎的态度。此外，不少优惠性的政策、项目申报或活动参与机会，都为当地的创业者设置了一定的准入门槛，包括企业的规模、投入的资金等。受到各地原有的产业规模和经济发展水平限制，不同地区的返乡创业规模有很大差异，也因此影响了创业者拥有的创业机会和发展空间。相比同一地区内的大多数普通创业者，返乡创业精英有更多机会参与社会活动，同时，他们也被政府和社会期望承担更多的社会责任。

1.政府面向精英提供主动信息服务

与传统的、默认用户已知并能准确表述自己信息需求的定题信息服务机制不同，考虑用户个性化的主动信息服务会针对用户的特点，不必等他们自己察觉到知识缺陷时才会主动将信息送上，因此它具备便捷、实用的优点，能够为用户的决策提供科学的支持。面对返乡创业精英，当地政府为他们提供信息的过程具备主动信息服务的特点。

在由政策信息、市场信息、金融信息等组成的返乡创业信息资源在县乡的分配过程中，政府往往扮演着非常重要的角色。特别是由于目前尚无成文的信息资源分配规则，且信息资源的分配和流动不如信贷、补助等财政资源明显，以及公共信息服务设施在我国县乡的弱势地位，政府角色在调配信息资源的流动方向时，有着更大的自由度和更宽松的操作空间。本研究采访对象既包括返乡创业精英，也包括为他们提供资源的政府工作人员。在创业者的描述中，政府与他们的交往基本都开始于他们的创业出现了一定明显的成果、推动了当地的经济发展和就业后。精英与政府从此建立了联系，存在于彼此的社会关系网络中。一些新下达的政策、刚刚开放申报的创新项目，或是一些需要注意的法律条文等会被相关政府部门率先了解到的信息，会通过这种社会关系网络，以非正式的方式由上至下传递给精英。同时精英也在以各种方式由下至上影响着政府的决策，如企业的高管人员参与当地政治事务、承担周边村落扶贫工作的社会责任等。由此一来，精英对当地的行政事务有了一定的话语权，并有更多的机会率先接触到可为返乡创业提供决策支持的信息资源。

政府面向精英提供主动信息服务的方式是不限定的。例如，当地规模较大的例行会议或庆典，几大龙头企业往往会被邀请参加；对口部门会利用他们的专业知识和经验，筛选出有价值的信息并传递给企业，如申报一个有机食品的认证，当地农林部门不仅会将这个消息传递给特定企业，还会告知他们应该准备哪些申请材料。同时ICT的普及也助力了这种主动信息服务，智能手机和社交媒体极大缩短了信息传递的时间、降低了信息传播的成本。"微信群"在访谈中经常被提到，精英与政府部门的工作人员在同一个封闭的网络社群内，密切且频繁地进行信息的交流；产品博览会、展销会、行业赛事等涉及与外界交往的社会活动，精英更有可能被政府选中参加。当然，并非这些活动中的所有信息流都能为精英所用、给他们的返乡创业事业带来帮助，精英的个人信息素养也十分重要。但是，在大部分返乡创业者还不明确自己的信息需求时，精英所拥有的信息获取机会要远高于同一地区的普通创业者。当政府主体完成其对精英的主动信息服务后，很难以同样个性化的方式再将信息传递给当地基数更大、与之联系更弱的普通创业者，如会议、电话或是网络联系这样明确和便捷的信息获取机会，很明显只能提供给有限的对象。政府工作人员可以做到对精英进行主动的服务，却难以对大量不熟悉的普通创业者保持相同的服务水平。那么，政府在完成了第一轮的主动信息服务后，之后的信息传播便可能会被精英出于竞争目的进行阻碍；或是其他创业者的信息需求未被看到，政府认为自己传播信息的任务已经完成，最终信息资源便被局限在精英与政府的社会关系网络之内。

在某些情况下，精英俘获不一定都是精英群体主观的自利倾向导致的，市场的自动调节或是地方政府的信任与偏好，皆可成为精英俘获的外部推动力。因此，精英俘获也是一种内外合力的结果。从这种角度看来，精英的存在有一定积极影响，由于其更强的可信度、号召力，他们可以在社群内部沟通、与外部建立联系等过程中，充当代表的角色。同样，部分需要政府资金的扶贫项目对农村地区政府来说很难独立支付，这就要求当地的扶贫对象本身来配套一部分资金，因此可能会造成扶贫对象的异化。农村地区精英正是因为本身具备一定资源，在资源投放过程中能得到更多关注。

此外，被主动服务的精英群体，往往已经处于创业相对成熟的阶段，具备一定规模的团队和较高的信息素养。也就是说，政府为他们提供的信息，已经不再是他们决策的主要支持。相较政策，他们更关注市场、竞争对手、行业发展以及虚假信息的甄别等。以L县某返乡创业精英为例，对一家在当地已经有几年发展经验、开始稳步盈利的企业而言，相关政策等基本返乡创业信息的获取已经不再是一件具有较高难度的事情。因为他们已经进行了大致的现代化部门划分，有专门负责信息采集的部门。然而，当地的县政府依旧扮演着信息提供者的角色。B县的一位年轻返乡创业精英（LN1）表示，独立获取创业资源能保障其在经营上的自主权，他们并不希望企业在之后的发展过程中，还保持着之前那样对政府信息的依赖程度。那么，政府如果依然锚定这样有足够信息能力的对象提供主动服务，势必就会造成资源和人力的浪费，最终难以使得创业群体普遍受益。

2.精英优先使用返乡创业资源

从机会识别、创业初期到成为一个地区内的领军企业，这当中需要至少几年的成长期。对经济欠发达的地区来说，这类精英群体可能是他们所在产业在当地的先行者。这样的例子在调查过程中比较常见，L县某镇的一位村民（HN3）曾在上海的乐器行打工，在了解了乐器制作的知识后，他意识到家乡的泡桐木适合用来制作乐器，于是他返乡创业，就地取材制作乐器。在这位村民带动下，他身边的亲朋好友纷纷投身至乐器行业。几年后，该镇发展为当地的乐器特色小镇。B县一位从事电商的创业者（LN2）表示，他的企业在当地率先做电商，因此他们基本利用了县内全部的电商资源。受到他们的影响以及省内发展电商的号召，B县即将建成电商产业园，他们的企业也能获得优先入驻的机会。由此可以看出，由于精英们的企业起步早、规模大，他们对地区内的创业资源会有更强大的捕获能力，这其中就包括信息资源。

信息资源具有经济资源的一般特征，返乡创业所需的信息资源尤其有很高的经济价值。占据的创业信息资源越多，精英的地位和影响力就越稳固，而将已经占据的资源，无论是硬件设施、资金支持，还是人脉关系、经验知识，再分享给同一地区内的其他创业者，并非理所当然的过程。从理性经济人假设出发，企业出于竞争目的，会慎重地考虑分享行为。精英随之可以进入"占据创业资源—创业成果更加丰富—进而占据更多的创业资源—精英的地位更加稳固"的循环中。同一地区内，特别是同行业的返乡创业精英由于政府的组织和业务上的频繁交流，还会组成联盟或团体。"政府开会邀请的涉农企业是有名额的，优秀企业在一起，小企业不和我们一起（HN1）"。这种集聚进一步增加了他们对公共事务的话语权，从而帮助他们参与到信息资源的配置中来。随着其平台水平的提升、市场的扩大，他们接触到优质创业信息资源的机会要远高于普通创业者。

3.普通创业者获取信息资源受到限制

对信息的实际利用状况受到个人主观因素的影响，较难测量，因此在多数研究中，信息的获取事实上是指物理（而非认知）意义上拥有或可及的程度。以上几个因素大致确定了个体的信息获取机会，这些因素上的差距导致个体之间的信息获取机会不同，信息不平等因此产生。因此在返乡创业信息资源的获取过程中，对创业者的一些限制因素会影响他们的信息获取机会。某些项目、资金或贷款的申请需要一定的准入门槛，符合这些准入门槛的创业精英们，有机会进入一个更高的平台，拓展自己的社会关系网络，进而丰富自己的信息获取机会。对那些创业处于起步阶段、资金不充裕、企业规模不够的普通创业者，他们的信息获取机会便会远少于精英，这会导致精英俘获现象的产生。

例如，在J市的调查过程中，一位曾经在俄罗斯学习过蔬果种植技术的农业技术员（JL1），不仅了解在当地气候下不同作物的生长习性和周期，也熟悉它们的市场行情和销售渠道。以他去年种植的香瓜为例，他有自己固定的收购商和销售市场。J市农村的一名土鸡养殖户（JL2），因为缺乏科学养鸡技术的知识储备而迟迟不能扩大自己的养殖规模，另外他也缺乏对市场信息的了解，因此不得不依赖中间商进行销售。同一地区内，尽管全体创业者面临同样的限制因素，如交通不便、网络信号不佳、整体经济环境发展滞后等，但返乡创业精英群体由于具备更丰富的工作经验、更高的教育水平和更多的信息技术接入，往往更有可能冲破客观环境的约束。例如，地方政府联合高校，可以为返乡创业群体提供农技学习、企业经营、电商等培训课程，而这需要创业者具备一定的教育水平和理解能力，才能真正掌握培训中的知识，并将其应用到自己的创业过程中。L县一位政府工作人员（HN2）提到，县内开设的创业培训课程有一套专门的商科入门教材，"从进货，到库存、成本利润的计算，要听懂至少要有高中文化。"发布者缺乏对受众接受能力、学习习惯的了解，造成政策在实施与落地过程中的真空。久而久之，听不懂或是无法将知识发挥出实际作用，普通创业者对这类培训课程会产生一定的抵触心理，参加学习的积极性和频率逐渐低于精英群体，进而进一步限制他们获取创业信息的机会。

因此发现，社区内不同群体之间存在的经济、政治、智识等方面的差距导致信息不平等的产生，并进一步导致新进入的信息资源的精英俘获，这种精英俘获又加剧了之前的信息不平等。

4.精英创业者的社会活动与社会责任

尽管各地返乡创业的发展水平不同，但各田野调查点近几年都展开了诸如"返乡创业之星""最美创业者"等表彰返乡创业优秀代表人物的活动。作为当地创业的佼佼者，本研究涉及的精英群体，几乎都参与过类似活动。他们的创业事迹可以得到当地新闻媒体的报道，从而进一步增加了他们本人和其企业的知名度与社会影响力。除了当地政府举办的此类人物宣传活动，返创精英也往往更容易受到政府的举荐去参加行业内的博览会、交易会、企业比赛、创业交流会以及产品展会等。此类活动多在城市地区举行，参会人数多且来自全国各地，能反映出一个行业最新的发展成果和未来的发展动向。通过参与这类活动，精英创业者可以获得大量社交机会：他们得以与更多创业者交流经营心得与经验，从而进一步扩大其社会网络；他们可从中获取市场信息、其他地区的先进技术和发展经验。此外，在大型活动上崭露头角，特别是在获得某些奖项或表彰后，创业者的企业还能赢得更长远的商业合作和经济利益。相较其他信息搜寻渠道，此类活动能帮助参与者直接获取具有较高经济价值且时效性强的创业信息。

相应地，参与更多社会活动的返乡创业精英群体也被期望承担更多的社会责任。对急需缓解贫困问题或拉动就业的县乡来说，返创精英和他们的企业更有希望为此提供解决方案。以 L 县为例，该县政府要求县内有资质的企业承担扶贫任务，深入参与到周边贫困村的治理当中来，如派驻管理人员协助村干部解决问题、传达信息、参与基础设施建设等。对规模大、实力强的企业来说，他们能够为所联系的贫困村提供范围更广、更实际的帮助，如为村庄搭建大棚、为村民创业提供指导，或是直接为村民提供劳动岗位等，与整个村庄的居民建立密切的往来，该企业在当地便具有了更广阔的发展基础。B 县一位主营山珍产品加工和销售的创业者，与周围的农村合作社或种植基地合作，收购他们的产品。这为一直以来受到山区交通限制、销路难以打开的农村集体经济带来了积极的影响。然而对尚未走上正轨的初创企业来说，承担社会责任还有较大压力，他们也因此难以得到被政府、公众和外界重视的机会。

（二）返乡创业信息资源精英俘获的影响因素

返乡创业涉及国家、市场与社会的关系，其是在特定时期、特定环境背景下，受到个人、家庭和宏观社会经济环境影响下的产物。返乡创业的信息资源出现精英俘获的现象，与其所在的信息环境和参与其中的信息主体存在关联。

在宏观环境层次上，当地的信息基础设施建设水平、与返乡创业相关的政策与法律法规的制定和实施、当地返乡创业的规模和社会氛围对返乡创业信息资源的分配过程与流动方向有着主要影响。在微观层次上，返乡创业主体个人的社会关系网络、教育水平和信息素养，以及其企业当前所在的创业阶段和领域等，影响着他们获取返乡创业信息资源的机会与能力。宏观与微观两大层面的影响因素共同作用，影响着当地返乡创业信息资源的分配和获取方式，并最终导致精英俘获现象的发生。

1.政治资本与社会资本

相关研究（Burt & Burzynska，2017）表明，社会网络可能是能为创业企业带来价值的重要资源。具体而言，创业者的社交网络可以帮助他们发现商机，并帮助他们获取新业务生存和扩展所需的资源。相比强关系，创业者更容易从弱关系上获取到有价值的创业信息（Jenssen & Koenig，2002）。在中国，人际关系在初创阶段对中国创业者最为重要。有关个人网络和受欢迎的业务联系的信息，在中国被理解为成功的关键决定因素（Sorenson，2017）。

根据"小世界"理论，每个社区或人群都可以被看作是相对独立的"小世界"。"小世界"特有的文化特征和社会规范，决定着其成员对信息需求的感知、对信息渠道的选择，以及对信息价值的判断，从而造成不同"小世界"之间的信息交流困难（于良芝，王俊平，2007）。返乡创业精英与相关政府部门工作人员之间，存在着比普通创业者与相关政府部门工作人员之间更紧密的关系和更频繁的互动。政府工作人员可以算作返乡创业精英的社会关系网络中搜集信息的节点，也是"小世界"中的一部分。返乡创业信息资源，特别是宏观调配的部分，常常被政府工作人员优先获取，继而通过人际传播，传递给他们同在网络中搜集信息的返乡创业精英。因而信息被局限在他们的"小世界"中流动，而被"小世界"排除在外的普通创业者则可能失去获取的机会。

以L县为例，由于当地政府近几年还担负着艰巨的脱贫任务，该县某精英返创企业也积极地协助周围贫困村脱贫，委任公司高层管理者入驻到村，与当地村委会一起协助村民脱贫。2014年，该企业创始人被评为"返乡创业之星"，使得他们成功地与当地的政府部门建立了友好的联系。可以说，这是一家典型的返乡创业精英企业，他们的出色表现为其与政府的良好关系打下了坚实的基础。以某项专为当地返创企业开设的资金为例，在他们还不知道这项政策存在的时候，政府已经主动通知了他们："还是他们给我们打电话，符合（条件）他们给你报。县里只报了两家企业，其中一家便是我们，给2～15万补贴"（HN1）。并且，政府不仅告知他们有新政策推出，还会告知他们准备申报所需的材料。当地的相关返创精英甚至有资格参加县委及县政府关于农业方向的会议。直接参加政府会议，能帮助返乡创业的精英群体以最直接准确、最有时效性的方式获得一手的权威政策信息。相较大多数普通创业者在出现信息需求时，需要自己通过互联网、人际网络传播等渠道获取信息，政府提供的主动信息服务不仅更加便利，还间接使返创精英们免受信息搜寻过程中可能遇到的负面影响，如虚假信息、信息冗余等问题。当地的初创小微企业等不被政府所了解的普通创业群体，不仅难以获得和政府之间一对一的联系方式，更没有资格参加这样的会议。因此，即使先不谈企业在运营过程中的盈利情况，仅在返乡创业信息资源的搜寻和获取阶段，精英群体已经领先当地的普通创业者。

不难发现，与政府保持紧密联系的基础是创业者首先做出一定的成绩和规模，令政府产生兴趣并与之建立联系。因为创业者自下而上找到政府并与之建立联系的难度，要远高于政府主动找到创业者。政府与之合作，除了可以促进当地经济的发展，亦可以将精英作为政策向社会传达的重要一环。如L县企业下乡参与扶贫的制度，企业的年轻管理者来到农村，能够起到上传下达的作用，为信息的传递作出了自己的贡献。返创精英的成绩，既是他们得到政府青睐的先决条件，也是他们经济建设能力的保证。因此，政府和企业之间的信息流动，不仅具有互惠互利的倾向，也对地方经济发展有一定的积极作用。

但是，在公共信息服务系统尚不完善、返乡创业信息获取渠道亦有限的我国县乡地区，政府的信息服务无疑是返乡创业者信息获取的重要来源。当创业者与政府的关系对他们能否获取到信息，以及所获取信息的质量与时效性产生影响时，政府对这类精英创业者及其企业的"偏爱"，容易造成有价值的信息资源被精英群体所截获和利用，甚至出现不再向下进一步传递的现象，因此产生了信息资源分配不平等的现象。

访谈过程中，精英群体除了提到他们和政府之间的大量交往，也提到了他们与当地其他返乡创业精英的联系。值得注意的是，政府往往是这些创业者之间的介绍人，如组织当地优秀的返乡创业人员开展定期的座谈会、组织他们去外地参与展销会、为他们搭建线上的交流平台（如微信群等）。通过这些渠道，返创精英之间得以互相认识乃至开展合作，市场、招聘或是政策等创业所需信息开始在这个社会关系网络内部流动。以L县组建的某微信群为例，农林部门的领导和当地的创业精英同在一个群里，他们可以直接在群里传递重要信息。由于社交软件的时效性和封闭性，这个群里的全体成员能在第一时间了解到相关信息并与自己的信息需求进行对比，而这个圈子之外的人则不具备这样的机会。这种局限在一个社会关系网络里、私密性较高的信息传播成为当地返乡创业信息的重要来源。根据社会资本理论，创业者拥有的优质社会资本有利于创业企业的发展。至于这些信息在圈内共享后，是否还会以公开获取的方式由政府部门或相关机构提供给其他创业者，由于缺乏制度的保障，当地创业者整体的信息公平将难免遭受精英俘获现象的威胁。

诚然，以上的创业信息很多的确是精英们所需要的，甚至是仅对他们有效的。在自上而下接收到这类信息时，政府会担任"把关人"的角色，先将信息筛选一遍，判断哪些是适合返乡创业精英群体的内容，再以主动服务的方式传递给他们。然而，对创业者各式各样的信息需求，政府工作人员很难凭借一己之力进行准确的匹配和满足。此外，如果政府只把信息传达给这类精英群体，信息便会被局限在这个"小世界"，无法发挥其更广泛的作用。正如有的受访者（J1）所说，当企业发展到一定阶段，一般的信息获取已经不再是难事，但是政府还在向他们提供信息，这难免会造成信息的冗余和瞄准的失真，使处于起步阶段、真正需要信息的创业者被排除在这样的关系网络外，失去获得服务和发展壮大的机会。伴随着返乡创业信息资源的经济价值的快速上升，竞争以及精英俘获现象随之产生。可以说，返乡创业精英们在当地强大的社会关系网络，是资源垄断的有力工具，为精英俘获的产生提供了空间。

2.信息素养和教育背景

受访者在谈论到他们最常使用的获取创业信息以及进行商业活动的有效工具时，被提及最多的是社交媒体和电商平台App，手机是使用最普遍的终端。随着ICT技术的普及和基础电信设施建设的快速发展，城乡对互联网使用的差距进一步缩减。

相较传统的信息服务模式，互联网信息虽具有传播速度快、内容丰富、获取简单便捷等优点，但这种获取方式同样也考验着用户的信息素养、搜索能力和ICT接入程度。根据主类别——"返乡创业精英的特征"，返乡创业精英群体相比普通的创业者，有更大的企业规模，即更大的决策支持团队、更成熟的运营管理制度和更丰富的创业经验。他们是更易成为"信息富人"的群体，当公共信息服务缺位，所有创业者都只能靠"自助服务"来满足信息需求时，返乡创业精英往往有更优秀的信息搜索表现。例如，在面对市场上的不实信息甚至诈骗信息时，返乡创业精英运营团队的综合识别能力优于刚刚起步的小微企业。L县的一位受访者曾经谈到过一次传销组织试图来进行合作的经历。他们利用网络检索，发现了对方的不良记录，并在行业内部进行了解，最终避免利益受损。对缺乏这样的信息素养或社会关系网络的创业者，他们被此类虚假信息影响的风险程度会更高。

一般来说，教育水平更高的用户具备更高的机会识别能力和搜索能力。对当地政府提供的一些创业服务，如培训课程、宣讲会，只有足够教育水平的创业者才能真正从中受益。例如，L县为返乡创业群体开设的电商培训课要求学习者掌握计算机技术、美工、文案等技能，甚至跨境电商培训班要求掌握英语。很多人就表现出了一定的接受困难，"这个跨境电商需要用英语，虽然有许多翻译软件，但是软件翻译不准确。再一个是电脑知识欠缺，上传图片、宝贝详情描述、运费计算、利润计算都有一定的困难"（HN2）。由于电商准入的教育门槛较高，因此在各田野调查点进行调研时发现，无论是自己有独立的门户，还是在众创空间内，电商从业者基本都是年轻的返乡大学生。借助互联网来经营自己的生意，对教育水平不高的创业者来说，或许是一个需要大量学习的漫长过程；对有过在外求学经验的"Z世代"来说，互联网是他们日常生活中的一部分，为自己的创业活动所用是顺理成章的。因此，教育背景所导致的信息实践差距，拉开了创业者与信息资源之间的距离。

3.创业阶段与所在领域

雷诺兹（Reynolds，2005）将创业阶段划分为创业机会识别期（酝酿期）、创业机会开发期（小于3个月）、新企业成长期（小于42个月）及企业稳定期

（大于42个月）。在本次研究中筛选出的返乡创业精英受访者，多处于在"企业稳定期"，即已经有了三年以上的发展历史。对比其企业的成长历程与我国返乡创业的正式推进，不难看出这一批企业几乎是伴随着我国各级政府分别下发的返乡创业指导意见及政策文件共同发展的。无论是在这批返乡创业精英的机会识别期或开发期恰逢返乡创业的支持政策出台；抑或是随着国家加大对返乡创业支持的力度，精英群体敏锐地发现了创业机会并回到家乡。精英对时机的精准把握为其企业赢得了宝贵的发展机遇，并能充分利用自上而下传递的返乡创业资源和优惠政策，尽早占领市场，并与政府建立联系。相较后起步的小微企业，更早返乡创业的精英们更熟悉市场规律和政府态度，因此对信息资源的把握也更为精准。

除了因时制宜，创业领域的选择同样重要，因地制宜选择行业以及经营手段，能帮助创业精英们更多地占取地区内资源。B县的一位经营电商的受访者（LN2）表示，因为他们的企业是当地率先开展电商业务的，所以当地有关电商的创业资源基本可以全部为他们一家企业所用。当地计划新建设一个电商产业园，他们也因此有优先选址和入驻的权利。进而他们也能先于当地其他创业者接触到优质的电商信息。

4. 当地信息资源建设和信息服务水平

随着信息基础设施建设在我国基层的普遍展开，同一地区内，硬件设施已不再是隔绝信息贫富的关键制约因素，信息资源建设和信息服务质量也能决定用户信息获取的水平。从宏观制度角度出发，国家和各级政府近几年来多次发布返乡创业指导意见和有关文件，都提到了健全创业基础设施和服务体系，但关于返乡创业信息服务的内容出现频率较少，低于减税、财政支持、金融服务、建立创业园等政策的比重。当公共信息服务缺位时，即当返乡创业信息资源得不到专业信息组织的科学配置时，市场和资本对信息资源的配置影响力进一步增大。创业者无论是获取政策信息、技术信息还是市场信息，都需要个人的技术支持并充分发挥自己的主观能动性。当返乡创业精英与普通创业者之间的技术接入、团队规模、信息利用能力已经存在较明显差距时，精英便很容易占据多于自己需求的信息资源。当信息资源主要来自人际关系传播、培训活动、宣讲会等不定期、非成文、易受到人为干预的渠道时，处于信息劣势的普通创业者由于竞争力有限，难以保障自己的信息权利。因此，返乡创业信息资源建设水平的不足和服务制度的缺乏为精英俘获现象预留了发展的空间。

5.当地返乡创业规模及氛围

总体来说，中部省份的返乡创业规模要高于东北部省份，前者的社会氛围也更支持个体从外地回到家乡进行创业。这与不同地区的社会心理、自然条件、产业基础等因素有关。例如，在东北的调查显示，当地对外出年轻人的普遍期许是最好留在华东、华北的发达城市就业成家；若是回到家乡，考公务员、选择一份稳定的工作则是更受支持的选择。东北地区长期以来占据主导的经济体系、气候环境、生育率和相对狭窄的就业选择相互影响，共同导致了这种社会氛围的产生。

作为劳动力人口流出大省的H省和A省，则是率先响应国家"大众创业、万众创新"号召的省份，政府部门的积极应对给予了外出打工者信心，无论是集中发布的指导意见、成立工作小组，还是当地领导去外地开展面向打工者的返乡创业宣传活动，也都给外出人口回流带来了促进作用。相应地，这些地区的返乡创业起步更早，规模和影响力更大，当地的社会氛围也对返乡创业少了偏见、多了支持与鼓励。当地带动亲朋好友共同进行创业、带动家乡致富的案例，无疑能展示出返乡创业群体的正面作用，并能带给社会信心，从而鼓励更多的人投入返乡创业。不同体量的返乡创业群体对创业信息资源的需求是不同的，因此影响了信息的传播方式。以L县为例，尽管当地仍然没有脱离我国县乡基层公共信息服务机构缺位的局面，但是其专门为返乡创业群体开设的"就业促进中心"，除了协助居民完成就业创业中的手续流程和社保的申请，还承担着信息服务的职责。此外，就业促进中心开设了两个微信公众号和一个网站，专门用来发布政策信息、当地以及省内企业的招聘信息。工作人员表示，这类网络信息服务平台有较高的点击量，当有像富士康这类的大型工厂发布招聘信息时，可达到六万多的阅读量。对信息获取机会低于精英但有创业意愿，或是创业处于初步阶段的群体来说，这种网络服务不失为一种较为科学的决策支持。在东北地区的调查点，返乡创业群体在创业起步阶段的机会识别、招聘员工等工作通常主要依靠自己摸索。当他们的创业成果逐渐凸显时，政府会找到他们，再主动提供进一步的信息服务。由此可见，地区内返乡创业规模越小、越缺乏特定的信息服务机构和成文的信息分配机制时，信息资源的配置越易受人为影响，精英俘获现象也越容易产生。

6.相关政策制定和实施

我国的返乡创业尽管是从20世纪90年代起就产生的人口流动现象，但自从2015年国家发布《关于支持农民工等人员返乡创业的意见》以来，返乡创业才被正式纳入国家发展战略，因此当前返乡创业的发展与相应政策的制定和实施息息相关。在信息经济结构中，农村地区会受到资本的经济利益及城市居民的消费利益的制约，因而在基础设施建设与服务供给方面对国家宏观调控的依赖性更强。一个县级地区发展返乡创业，往往需要国家、省、市等多级行政体系的联动，并且由于返乡创业可涵盖多个领域，因此还会牵涉到多个政府部门的协同建设。随之产生的大量组织、协调、传播工作，则需要专业人员队伍的支持。无论是政策的制定还是实施环节，都离不开决策者及执行者对当地经济、人文等客观环境因素的充分贯通。在调研过程中，项目组发现政策从发布到真正落地之间尚有距离。阻碍政策顺利实施的原因主要有：一是政策或指导意见中对返乡创业信息服务建设的指示还不够明确，如信息服务的相关内容有可能被"公共服务""综合服务""宣传""推广"等话语所包含或替代，这就容易让执行者忽略建设信息服务的必要性。二是相关政策文本中执行标准和要求不够具体，从国务院下发的政策文本经过一些行政层级、被多次解读后，若指代不明，在真正执行的环节恐怕难以达到预期效果。三是政策执行者的专业水平还有欠缺，在农村地区进行调研时项目组发现，由于农村当前严重的"空心化"现象，很多村干部都是老年人，他们缺乏对ICT技术的了解，面向居民的宣传方式还停留在喇叭广播或开会上。在当前农村公共信息服务设施式微的情况下，而农村创业者又很难从其他较权威的途径获取到足够的信息服务时，可能会导致信息贫困加重。同时基层干部对受众的实际需求和当地实际情况不了解也会阻碍政策的实际落地，如为创业者提供技能培训以响应政策要求，但如果缺乏对他们的受教育水平、所从事领域的了解，或是培训的频率或地点不恰当，都一样会影响政策的实施效果。当政策的解释空间大且易受人为影响，自上而下为返乡创业提供支持的配套资源，包括信息资源，会容易被社群内的强势群体支配，从而导致精英俘获现象的产生。

（三）返乡创业信息资源精英俘获的发生机制

为了更清晰地展示返乡创业信息资源精英俘获现象的产生机制，图7-3展示出返乡创业信息资源自上而下的配置过程和结果。基于返乡创业信息资源从被投放到被分配给创业者的过程中信息总量不变的前提，箭头的粗细代表信息资源的规模，从被投放到被分配给个人，在一系列影响因素的共同作用下，最终产生返乡创业信息资源在同一地区内分配不均衡，而被少数返乡创业精英群体俘获的结果。

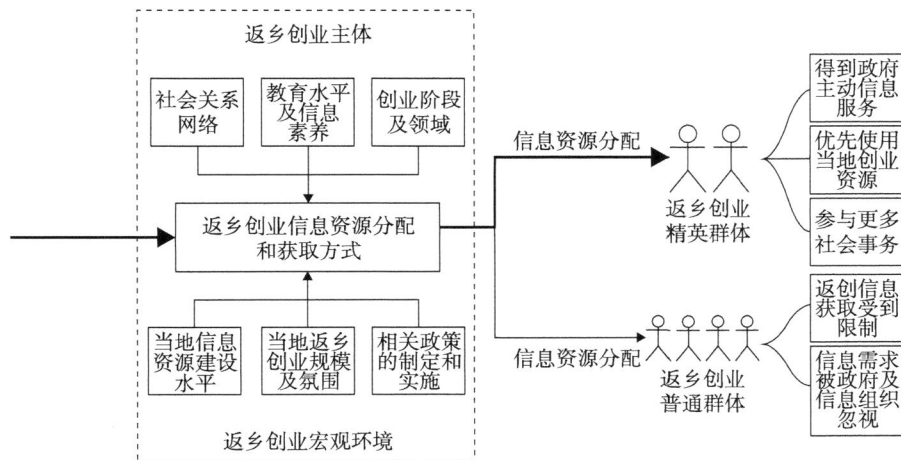

图7-3 返乡创业精英俘获的产生机制

信息不平等存在于返乡创业群体之间，表现为返乡创业的精英群体，即其企业已经获得显著发展并具备较高社会资本的创业者，能先于同一地区其他普通的创业群体获得质量更高的创业信息资源。相较信息不平等领域内更多关注信息弱势群体及信息贫困的其他大多数研究，本研究从优势一方出发，通过归纳精英俘获现象的具体表征以及分析造成精英能占据更多信息资源的影响因素，审视当前我国返乡创业信息资源的配置状况。

本研究首先通过回顾国内外学者关于信息不平等、精英俘获等领域的研究，对返乡创业信息资源、返乡创业精英以及信息资源分配过程中出现的精英俘获现象进行了定义。基于田野调查收集到的访谈数据，对原始数据进行一级和二级编码；通过"推论—归纳混合式建构"的方法，分别基于理论回顾和原始数据建构主要类别，将前期的编码结果分别按照返乡创业配套信息资源与服务、返乡创业信息资源精英俘获的表征、返乡创业精英的特征、当地政府对返乡创业的认识和应对举措，以及其他类别进行划分，分类进行分析。

返乡创业主体的社会关系网络、教育水平及信息素养、创业阶段及领域和当地返乡创业环境的信息资源建设水平、当地返乡创业规模及氛围、相关政策的制定和实施几个影响因素，会在宏观和微观层面上共同作用，导致返乡创业信息资源精英俘获现象的产生。返乡创业信息资源的精英俘获现象不仅局限于创业信息被少部分精英占据、普通创业者获取创业信息资源受限的情况，返乡创业精英相比普通的创业者，还能获得更多媒体宣传、参与社会活动的机会。精英个人影响力的扩大对其企业的发展能够起到进一步的积极作用，从而造成"强者更强"的局面。精英的社会关系网络，包括他们与其他同级企业和政府的关系与互动，能够对政府的决策和服务方式产生影响，从而左右信息资源的去向。返乡创业信息资源的分配出现精英俘获现象在是宏观环境因素与主体因素共同的作用下产生的。与政治、经济领域的同类现象不同，返乡创业信息资源的精英俘获现象主要不是由于精英有意为之，而可被视作特定信息服务机构和制度缺位下的替代传播机制。其后果也有一定的积极作用，在信息资源有限的情况下，面向精英的侧重能帮助他们更快成长，从而有效拉动当地经济发展。但精英俘获现象的存在最终影响了政策的"瞄准"，使更有需要的普通创业群体无法获得政府关注和扶持，而已经具备足够信息获取能力的精英还在继续占据大量信息资源，这样会影响政策的长远实施效果，并违背信息公平的原则。

第五节　返乡创新创业信息服务对策建议

本章主要基于返乡创新创业人员信息能力概念框架和信息分化类型，分析其信息能力改善的相关主体和现实条件，并结合不同的信息分化类型针对信息能力改善的需求，提出内外部赋能途径相结合的综合对策，并结合返乡创业农民工、大学生和返乡创业精英三类不同创业主体开展有针对性的讨论。

信息行为应该指向对信息主体的效用，也就是通过信息行为可以为信息主体带来怎样的福利，关注信息分化最终指向的信息效用差异，关注社会弱势群体的信息权益，提倡信息获取和利用的平等。信息分化及相关问题不是单一的技术问题，而是包含社会、经济、技术、文化等多方面因素的复杂问题。同时作为信息行为主体的人，在对ICTs的接受过程和信息资源的获取利用及再生过程中也不是被动的接收者，外力与内力相结合的赋能是返乡创业人员信息能力改善的重要途径。另外，现有的政策也为返乡创业人员信息能力改善提供了制度环境条件。

结合返乡创业人员信息能力模型和信息分化类型，应当充分调动不同利益相关者共同参与到返乡创业人员的信息能力赋能过程中。信息能力普惠保障、可持续发展和关联发展机制在外力赋能途径中应该成为长效机制。此外，针对不同类型的信息分化，在外力赋能的基础上，针对不同类型的信息分化状态采取有针对性的自我赋能对策是推动返乡创业人员群体普遍享受信息福利的要求。

返乡创业人群不是被动的等待救济的信息主体，而是具有积极能动性的行动者，他们需要信息获取和利用方面的赋能。

（1）信息能力普惠保障机制，缩小数字鸿沟，消除外部障碍。该机制要求以政府为主导，其他相关主体有效参与配合。面向社会所有群体的信息能力建设，提供公共信息产品和服务，主要表现在影响信息能力改善的结构因素方面，如扩大公共信息空间的覆盖范围、提高信息源的可及性。信息源是否便于接近和利用是影响信息主体信息能力的重要因素。政府对信息基础设施及相关信息服务的投入，是信息普惠机制的基础。相关社会主体需要进一步加强信息资源保障体系建设，构建内容丰富、形式灵活的信息服务体系。此外，政府信息进一步公开、公共文化服务体系建设等相关制度的完善也是信息普惠保障机制的必要条件。

（2）信息能力可持续发展机制，实施精准培训，唤醒信息意识。就目前条件而言，返乡创业人员就业环境和条件仍然面临诸多变数，如流动性强和相关权益保障不到位等问题。如何保证该返乡创业人员信息能力可持续发展就成为一个更加现实的问题，有必要将返乡创业人员信息能力改善纳入城乡一体化发展和信息化发展的战略规划中。政府等相关社会主体应当进一步明确和细化返乡创业人员向产业工人身份转变过程中的政策导向，提供稳定而持续的公共信息服务，有计划地开展特定群体信息能力改善行动，在制度层面保障该群体信息能力的可持续发展。

（3）信息能力关联发展机制，构建行动共同体，保障信息供给。信息能力与其他能力具有关联关系，应注重信息对主体的实际效用。返乡创业人员信息能力的关联主体包括其创业当地政府、生活所在社区、相关社会组织等，加强返乡创业人员获取和利用信息的培训，提高他们对信息作用和重要性的认识，促进返乡创业人员充分利用信息解决他们在创业过程中出现的实际问题，信息能力应该置于具体职业发展语境中来完善。从这一点来说，传统公益信息机构（如图书馆）针对读者信息提供的信息检索、软件操作等培训，如果针对返乡创业人员群体，就有必要转变为求职应聘、日常生活、维权保障等方面信息的获取利用培训，与服务对象的实际创业需求密切相关的能力培养显得更加实用，也更容易引起服务对象的共识。

（4）信息能力内部赋能机制，挖掘社会资本，实现自我提升。所谓内部赋能，是指由返乡创业人员自身来推动自己赋能，比较常见的是由返乡创业人员中的精英分子、群体利益团体和个人来推动。返乡创业人员群体在社会经济地位、年龄、利益诉求等方面具有较高的一致性，更加容易形成共同利益诉求。在返乡创业过程中，信息行为主体不是被动接收信息的服务对象，而是主动寻求信息的行动者。在信息行为过程中具有相同或相似信息需求的返乡创业人员有可能结成共同体采取集体行动，这样有助于突破单个行为主体的局限，以实现更好的效果，通过行动者共同体实现自我赋能。

结语

在ICTs快速发展并广泛渗透的技术背景下，不同社会群体之间和特定群体内部都表现出了显著的信息分化现象，返乡创业人员信息能力的差异导致该群体内部也呈现出不同类型的信息分化。本书遵循背景分析、问题提出、理论研究、模型建构、假设检验、对策研究的研究思路完成相关研究任务。与第一章提出的研究内容相呼应，本书主要完成了如下研究内容：首先，完成信息服务及其相关领域的文献综述，梳理农村地区特别是面对返乡创业情境的文献研究进展；其次，结合相关理论基础和质性材料的支持，提出了可行信息能力概念框架；再次，据此框架对返乡创业人员信息能力现状开展描述性研究和解释性研究，对返乡创业人员信息分化类型进行划分；最后，基于返乡创业人员信息能力改善需求和信息分化类型，进行返乡创业大学生、农民工和部分精英群体针对精准信息服务的对策研究。

第一节　研究结论

本书完成了预设的研究任务，对研究问题作出了回答，相关研究结论总结为如下几点。

（一）信息能力作为信息分化研究的逻辑出发点具备一定的可行性

信息分化与信息能力在理论视角、表现维度和现实诉求等方面存在理论衔接，信息能力概念作为信息分化研究的逻辑出发点具有一定的可行性和成果基础。原有的信息能力概念框架和模型在整体性视角和对信息效用的关注等方面存在局限，对信息分化的描述和解释力有限，不足以有效衔接二者的关联。从整体性视角来重构信息能力概念框架及模型，可以作为信息分化研究的逻辑出发点。

（二）可行信息能力是信息主体在信息行为过程中所拥有的实质性自由

信息能力是一种可行能力，是信息主体在信息行为过程中所拥有的实质性自由，最终指向信息主体的信息效用和个人发展目标。信息能力可以通过需求生成、信源选择、信息搜寻、信息甄别、意义汲取、信息发布、渠道选取、效用展示、行为控制等信息活动生命周期不同阶段得以体现，也可以通过信息行为的功能性活动清单来体现。同时信息主体的信息需求在满足后会产生更高层次的需求，与之相对应的信息能力也有更高要求，所以说信息能力是一个发展变化的动态概念。从这个意义来讲，信息贫困则可以视为信息能力的缺失或被剥夺的状态。

（三）可行信息能力是结构因素、能动性因素和具体情境因素共同作用的结果

其中，结构因素主要包括经济条件、社会规范、政策法规、基础设施、信息内容等内容，能动性因素主要包括个人意识、技能、知识状态、社会网络等内容，情境因素主要包括时间、空间和场景等内容。

（四）外力赋能与内力赋能相结合的赋能对策是返乡创业人员信息能力改善的途径

返乡创业群体不是被动的等待救济的信息主体，而是具有积极能动性的行动者，他们需要的是信息获取和利用方面的赋能。返乡创业人员信息能力改善的需求分为外部需求和内部需求。普惠保障、关联发展和可持续发展是外力赋能的三种主要机制，针对不同信息分化类型的自我赋能是内力赋能的主要途径。

第二节　研究局限和未来展望

　　受限于实施周期和团队规模等客观条件约束，本研究成果还存在如下不足：一是以田野调查为主要手段的质性数据采集方式使得研究样本在数量和代表性方面不可避免地带有一定局限性，本研究在未来条件许可的情况下进一步扩充样本量，以期获得更有代表性的结论和更有针对性的对策；二是可行信息能力概念框架作为理论性成果，信息能力指标及其体系的扩展性有限，且与现有的信息素养、信息世界、信息行为等理论需要实现更好的衔接，其解释力度有待提升。

　　鉴于前面所述的不足，尚需深入研究的问题包括以下几个方面：一是基于更加丰富的质性材料和更大样本量的量化数据，将返乡创业过程中更多利益相关者和专家的评判作为现有数据的补充，尝试描述基本信息能力集合，为描述和评价可行信息能力提供可测度的综合评价指标参考；二是通过对可行信息能力概念及其模型的进一步修正和完善，拓展其在图书馆学、情报学乃至更宽广的其他学科领域的解释力；三是立足农村地区信息服务体系现状，从可行信息能力视角出发，系统考察基层信息服务主体的功能性定位，以期探索面向基层信息服务可持续发展的长效治理机制。

参考文献

[1] 曹荣湘.解读数字鸿沟：技术殖民与社会分化[M].上海：上海三联书店，2003.

[2] 国家统计局农村社会经济统计司.中国农村统计年鉴 1986[M].北京：中国统计出版社，1987.

[3] 国家统计局农业统计司.中国农村统计年鉴1985[M].北京：中国统计出版社，1986.

[4] 靖继鹏，马费成，张向先.情报科学理论[M].北京：科学出版社，2009.

[5] 赖茂生，王芳.信息经济学[M].北京：北京大学出版社，2006.

[6] 诺曼·费尔克拉夫.话语与社会变迁[M].北京：华夏出版社，2003.

[7] 帕累托.普通社会学纲要[M].北京：生活·读书·新知三联书店，2001.

[8] 马费成，李纲，查先进.信息资源管理[M].武汉：武汉大学出版社，2001.

[9] 孙国华.中华法学大辞典（法理学卷）[M].北京：中国检察出版社，1997.

[10] 伍多·库卡茨.质性文本分析[M].重庆：重庆大学出版社，2017.

[11] 谢俊贵.信息的富有与贫乏：当代中国信息分化问题研究[M].上海：上海三联书店，2004.

[12] 闫慧.中国数字化社会阶层研究[M].北京：国家图书馆出版社，2013.

[13] 于良芝.图书馆情报学概论[M].北京：国家图书馆出版社，2016.

[14] 赵静，王玉平.西部农村群体信息能力培育及区域信息共享机制研究

[M].北京：科学出版社，2010.

[15] 贝克尔·AS，M·卡明斯，A·戴维斯，等.新媒体联盟地平线报告：2017图书馆版[J].图书情报工作，2018，62（3）：114-152.

[16] 蔡卓君，丁家友，王海宁.近年来国内外面向创新创业的信息资源保障政策分析[J].情报科学，2017，35（3）：37-41.

[17] 陈亮，谢琦.乡村振兴过程中公共事务的"精英俘获"困境及自主型治理：基于H省L县"组组通工程"的个案研究[J].社会主义研究，2018，40（5）：113-121.

[18] 陈悦，陈超美，刘则渊，等.CiteSpace知识图谱的方法论功能[J].科学学研究，2015，33（2）：242-253.

[19] 崔春莎.浅谈以用户为导向的信息需求分析[J].现代情报，2004（9）：175-176，179.

[20] 崔惠斌.信息素养对大学生创新创业能力的影响[J].中国高校科技，2017（3）：86-89.

[21] 邓卫华，蔡根女，易明.农民创业信息需求现状调查与特征探析：基于对382个创业者的调查[J].情报科学，2011，29（11）：1714-1721.

[22] 樊振佳，程乐天.面向农村创业的信息服务体系：政策分析和田野调查[J].中国图书馆学报，2017，43（3）：87-103.

[23] 樊振佳，程乐天.可行信息能力：一个信息分化问题学术概念的构建与阐释[J].图书情报工作，2017，61（13）：19-30.

[24] 樊振佳，刘鸿彬，伍巧.贫困地区返乡创业试点区县政府线上双创信息服务调查研究[J].图书与情报，2018（1）：63-70.

[25] 樊振佳，伍巧，吴东颖，等.面向创新创业的信息服务研究核心话语梳理[J].情报理论与实践，2018，41（9）：77-82，68.

[26] 樊振佳.可行能力视角下的信息不平等[J].图书馆建设，2014（9）：11-16.

[27] 冯献，李瑾，郭美荣."互联网+"背景下农村信息服务模式创新与效果评价[J].图书情报知识，2016（6）：4-15.

[28] 高静，贺昌政.信息能力影响农户创业机会识别：基于456份调研问卷的分析[J].软科学，2015，29（3）：140-144.

[29] 桂罗敏，介凤.数字人文教育需求与图书馆参与模式研究[J].数字图书馆论坛，2018（8）：7-13.

[30] 郭海明."以公众为中心"的电子政务信息服务模式研究[J].图书馆理论与实践，2009（2）：46-49.

[31] 国佳，李建华，李贺.从信息到知识：信息需求理论研究[J].情报理论与实践，2012，35（6）：16-20，15.

[32] 何建新，刘信洪.高校图书馆面向创新创业教育校内协同信息服务研究[J].高等农业教育，2017（3）：21-25.

[33] 何隽，张津，吴卫兵.贵州农村信息贫困调查研究与成因分析[J].贵州广播电视大学学报，2015，23（2）：47-52.

[34] 何溢钧，莫青争，叶波.广西农村科技信息服务体系建设现状分析及对策[J].南方农业学报，2016，47（1）：159-162.

[35] 胡斌.技术创新中的技术信息工作研究[J].情报理论与实践，1995（3）：33-35.

[36] 胡联，汪三贵，王娜.贫困村互助资金存在精英俘获吗：基于5省30个贫困村互助资金试点村的经验证据[J].经济学家，2015，26（9）：78-85.

[37] 胡雯.费尔克拉夫话语分析观述评[J].牡丹江大学学报，2009，18（6）：63-65，70.

[38] 黄传慧.基于情景化用户偏好的学术信息行为研究述评[J].情报学报，2018，37（8）：854-860.

[39] 黄江泉，陈映薇.大学生返乡创业的政府支持研究[J].湘潮（下半月），2015（12）：100-102.

[40] 黄晓军.文化创意视角下的高校图书馆产业开发与创新服务研究[J].图书与情报，2016（6）：121-123，40.

[41] 黄振华.我国农民工返乡创业调查报告[J].调研世界，2011（8）：36-

39.

[42] 蒋剑勇，钱文荣，郭红东. 社会网络、社会技能与农民创业资源获取 [J]. 浙江大学学报（人文社会科学版），2013，43（1）：85-100.

[43] 金武刚. 农家书屋与农村公共图书馆服务体系融合发展探析 [J]. 中国图书馆学报，2014，40（1）：84-92.

[44] 孔青，蒋保伟. 大学生返乡就业创业的社会支持要素研究 [J]. 中州学刊，2018（12）：85-89.

[45] 赖茂生. 信息化与数字鸿沟 [J]. 现代信息技术，2000（12）：84-86.

[46] 乐懿婷. 创新创业环境下公共图书馆企业信息服务的转型：以上海图书馆化工领域信息服务为例 [J]. 新世纪图书馆，2017（1）：56-59.

[47] 雷文艳. 国际发展援助中"精英俘获"现象的成因与抑制策略 [J]. 国际经济合作，2018，33（6）：68-73.

[48] 李枫林，吴敏. 用户知识内化过程中信息需求及获取行为研究 [J]. 情报理论与实践，2015，38（1）：35-38，52.

[49] 李枫林. 基于认知目标分类的用户信息需求层次分析 [J]. 知识管理论坛，2014（3）：19-23.

[50] 李凤春，杨波，张琳. 大数据环境下信息网络在毕业生就业创业指导工作中的应用研究 [J]. 情报科学，2015，33（12）：111-115，128.

[51] 李红霞. 地方高校图书馆为区域农业提供信息服务研究 [J]. 安徽农业科学，2014，42（1）：282-283.

[52] 李瑾，赵春江，秦向阳，等. 农村信息服务综合评价及影响因素研究：基于宁夏回族自治区村级视角的调研分析 [J]. 中国农业科学，2011，44（19）：4110-4120.

[53] 李静. 陕西农村信息服务现状分析及对策研究：基于农村居民需求 [J]. 图书馆论坛，2014，34（3）：53-59.

[54] 李萍. 能力结构与新生代农民工创业质量 [J]. 华南农业大学学报（社会科学版），2016（2）：42-51.

[55] 李亚，尹旭，何鉴孜. 政策话语分析：如何成为一种方法论 [J]. 公共

行政评论，2015，8（5）：55–73，187–188.

[56] 李祖佩，曹晋. 精英俘获与基层治理：基于我国中部某村的实证考察 [J]. 探索，2012，27（5）：187–192.

[57] 梁孟华，李枫林. 创新型国家的知识信息服务体系评价研究[J]. 图书情报知识，2009（2）：27–32.

[58] 林海涛，魏阙. 创新发展与我国知识信息服务转型发展研究[J]. 情报科学，2014，32（10）：100–103，113.

[59] 林龙飞，陈传波. 返乡创业青年的特征分析及政策支持构建：基于全国24省75县区995名返乡创业者的实地调查[J]. 中国青年研究，2018（9）：53–61，10.

[60] 刘畅，窦玉芳，邹玉友. 创业者社会网络、资源获取对农村微型企业创业绩效的影响研究[J]. 农业现代化研究，2016，37（6）：1158–1166.

[61] 刘光明，宋洪远. 外出劳动力回乡创业：特征、动因及其影响：对安徽、四川两省四县71位回乡创业者的案例分析[J]. 中国农村经济，2002（3）：65–71.

[62] 刘济群，闫慧. 农村女性居民信息搜寻行为研究：甘皖津三地的田野发现[J]. 图书情报知识，2015（1）：4–13.

[63] 刘丽. 农村居民信息需求与信息服务现状研究：以安徽亳州Y村田野调查为基础[J]. 图书馆论坛，2015（4）：62–68.

[64] 刘敏，邓益成，何静，刘玉娥. 农民信息需求现状及对策研究：以湖南省农民信息需求现状调查为例[J]. 图书馆杂志，2011，30（5）：44–48，62.

[65] 陆俊. 面向大学生自主创业的信息保障体系研究[J]. 图书馆工作与研究，2014（4）：81–84.

[66] 马凌，侯正伟. 推进我国农村综合信息服务平台建设的研究[J]. 改革与战略，2009，25（6）：104–107.

[67] 梅胜军，薛宪方，奉小斌. 创业警觉性对创业者危机感知的影响研究：信息搜索的作用角色[J]. 人类工效学，2014，20（1）：31–35.

[68]　闵阳. 西部农村政策信息传播有效性的影响因素分析 [J]. 新闻界，2014（11）：17–21，38.

[69]　牛婧. 基于小世界行为理论的青少年数字化贫困成因分析 [J]. 农业图书情报学刊，2018，30（4）：132–135.

[70]　邵亚奇. 供给侧结构性改革背景下的农民工返乡创业问题研究 [J]. 湖北农业科学，2017，56（19）：3773–3777.

[71]　申蓉. 美国公共图书馆为创业企业服务的实践及启示 [J]. 图书馆建设，2015（10）：71–74.

[72]　史晋川，王维维. 互联网使用对创业行为的影响：基于微观数据的实证研究 [J]. 浙江大学学报（人文社会科学版），2017，47（4）：159–175.

[73]　宋正刚，樊振佳，牛芳. "支持农民工等人员返乡创业" 政策实施差异化策略研究：基于三个返乡创业试点县的经验证据 [J]. 经济界，2018（6）：78–82.

[74]　苏海泉，武书宁，乔松. 大学生返乡创业的现状分析及社会支持构建：以辽宁省101个县区862名创业者调研为例 [J]. 中国青年研究，2017（6）：12–16，23.

[75]　孙红蕾，钱鹏，郑建明. 信息生态视域下新市民信息贫困成因及应对策略 [J]. 图书与情报，2016（1）：23–28.

[76]　孙林山. 我国信息用户需求和信息行为分析研究综述 [J]. 图书馆论坛，2006（5）：41–44.

[77]　唐彬，刘亚晶. 创业帮扶信息服务推广模式研究 [J]. 图书馆学研究，2007（11）：76–77.

[78]　陶建杰. 新生代农民工的信息需求及影响因素研究：兼与老一代农民工的比较 [J]. 中国青年研究，2013（5）：24–30.

[79]　王芳，王向女，周平平. 地方政府网站信息公开能力评价指标体系的构建与应用 [J]. 情报科学，2011，29（3）：406–411.

[80]　王芳，翟丽娜. 我国地方政府门户网站G2B服务能力评价指标体系的

构建[J]. 图书情报工作，2008，52（8）：6-10，15.

[81] 王良成. 网络环境下大学生信息需求与利用行为调查研究[J]. 情报科学，2002（2）：217-221.

[82] 王涛. 数字人文的本科教育实践：总结与反思[J/OL]. 图书馆论坛，2018，38（06）：37-41.

[83] 王文韬，谢阳群，张家年. 关于信息需求动机的"溯源"研究[J]. 情报资料工作，2014（6）：39-43.

[84] 王肖芳. 创业区位影响农民工创业动机吗？：基于河南省379位返乡创业农民工的实证研究[J]. 经济经纬，2017，34（6）：38-43.

[85] 王毅，柯平. 公共图书馆文化创意产品开发类别调研与分析[J]. 图书情报工作，2018，62（3）：21-32.

[86] 王英，王政，洪伟达. 信息弱势群体信息需求及信息行为的实证研究：基于黑龙江省公共图书馆的调查[J]. 图书馆，2015（8）：40-48.

[87] 王瑛琦. 可行能力贫困：阅读困难群体的实质性特征[J]. 图书情报工作，2016，60（10）：11-16.

[88] 王玉帅. 民族地区农民工返乡创业扶持政策优化研究：基于对贵溪市樟坪畲族乡创业者的调查[J]. 贵州民族研究，2017，38（11）：5-9.

[89] 王知津，樊振佳. 信息熵探讨：情报概念的一个新的认识视角[J]. 情报理论与实践，2007（4）：433-437，450.

[90] 王子舟，吴汉华. 民间私人图书馆的现状与前景[J]. 中国图书馆学报，2010，36（5）：4-13.

[91] 韦路，张明新. 第三道数字鸿沟：互联网上的知识沟[J]. 新闻与传播研究，2006（4）：43-53.

[92] 温池洪. 创业信息对创业行为影响机理研究[J]. 吉林工商学院学报，2015，31（1）：49-52，95.

[93] 温涛，朱炯，王小华. 中国农贷的"精英俘获"机制：贫困县与非贫困县的分层比较[J]. 经济研究，2016，51（2）：111-125.

[94] 吴东颖，樊振佳. 我国农村信息服务研究现状及主题演进分析[J]. 情

报科学，2018，36（6）：156-161.

[95] 吴汉华. 国内民间图书馆研究综述[J]. 图书馆建设，2013（6）：1-7.

[96] 吴诗贤，张必兰. 权利贫困视角下的新市民信息障碍成因分析[J]. 新世纪图书馆，2013（10）：16-18.

[97] 相丽玲，牛丽慧. 基于阿马蒂亚·森权利方法的信息贫困成因分析[J]. 情报科学，2016，34（8）：47-51.

[98] 邢成举，李小云. 精英俘获与财政扶贫项目目标偏离的研究[J]. 中国行政管理，2013，28（9）：109-113.

[99] 邢成举. 村庄视角的扶贫项目目标偏离与"内卷化"分析[J]. 江汉学术，2015，34（5）：18-26.

[100] 徐剑凌，马莎，陈必新. 论高校图书馆在大学生自主创业中的信息服务：以攀枝花学院为例[J]. 四川图书馆学报，2013（1）：85-87.

[101] 许欢，孟庆国. 政策和管理叠加创新研究：以"双创"为例[J]. 中国行政管理，2016（6）：103-108.

[102] 闫慧，闫希敏. 农民数字化贫困自我归因分析及启示：来自皖甘津的田野调查[J]. 中国图书馆学报，2014，40（5）：68-81.

[103] 闫慧. 农民数字化贫困的结构性成因分析[J]. 中国图书馆学报，2017，43（2）：24-39.

[104] 杨鹤林，李宾，朱前东. 从创客空间到数字人文场所：亚利桑那大学图书馆iSpace建设研究[J]. 图书与情报，2018（3）：56-62.

[105] 杨靖，黄京华. 构建图书馆三级支撑体系提升西部农村留守儿童媒介素养[J]. 图书馆建设，2011（5）：32-36.

[106] 杨木容. 面向农村的政策信息服务模式研究[J]. 图书情报工作，2011，55（7）：5-9，81.

[107] 杨晓雯. 我国大学图书馆开展数字人文教育的对策[J]. 图书馆论坛，2018a（11）：35-43.

[108] 杨晓雯.《高等教育信息素养框架》下的数字人文教育探讨[J]. 图书馆论坛，2018b（12）：61-69.

[109] 杨雅，李桂华. 基于"意义构建"理论的农民工信息需求调查研究[J].
图书馆，2009（4）：7–9.

[110] 叶洪信. 万众创新创业与高校图书馆服务[J]. 图书与情报，2015（1）：
134–135+141.

[111] 游湄，黄丰，陆叶. 创新创业教育视阈下图书馆特色信息服务实践[J].
农业图书情报学刊，2012，24（12）：118–119，124.

[112] 于良芝，李亚设，权昕. 我国乡镇图书馆建设中的话语与话语性实
践：基于政策文本和建设案例的分析[J]. 中国图书馆学报，2016，42
（4）：4–19.

[113] 于良芝，刘亚. 结构与主体能动性：信息不平等研究的理论分野及整
体性研究的必要[J]. 中国图书馆学报，2010，36（1）：4–19.

[114] 于良芝，罗润东，郎永清，等. 建立面向新农民的农村信息服务体
系：天津农村信息服务现状及对策研究[J]. 中国图书馆学报，2007，
33（6）：30–35+40.

[115] 于良芝，谢海先. 当代中国农民的信息获取机会：结构分析及其局限
[J]. 中国图书馆学报，2013，39（6）：9–26.

[116] 于良芝，俞传正，樊振佳，等. 农村信息服务效果及其制约因素研
究：农民视角[J]. 图书馆杂志，2007，26（9）：14–21.

[117] 于良芝，张瑶. 农村信息需求与服务研究：国内外相关文献综述[J].
图书馆建设，2007（4）：79–84.

[118] 于良芝，周文杰. 信息穷人与信息富人：个人层次的信息不平等测度
述评[J]. 图书与情报，2015（1）：53–60.

[119] 于良芝. "个人信息世界"：一个信息不平等概念的发现及阐释[J]. 中
国图书馆学报，2013，39（1）：4–12.

[120] 于良芝. 理解信息资源的贫富分化：国外"信息分化"与"数字鸿沟"
研究综述[J]. 图书馆杂志，2005，24（12）：6–18.

[121] 于良芝. "个人信息世界"：一个信息不平等概念的发现及阐释[J]. 中
国图书馆学报，2013，39（1）：1–9.

[122] 于施洋，王建冬，童楠楠．大数据环境下的政府信息服务创新：研究现状与发展对策[J].电子政务，2016（1）：26-32.

[123] 余文雯．数据驱动下的高校图书馆数字人文服务研究[J].图书与情报，2017（5）：114-119，148.

[124] 员立亭．基于农民需求视角下的农业信息供给问题研究[J].现代情报，2015，35（10）：27-31，37.

[125] 曾小莹．数字人文背景下的图书馆：作用与服务[J].图书与情报，2014（4）：111-113.

[126] 张彬，陈双，李潇．我国数字鸿沟影响因素关系结构模型研究[J].北京邮电大学学报（社会科学版），2009（4）：28-33.

[127] 张波，谢阳群，何刚，等．跨边界信息资源共享及其在企业创业过程中的作用分析[J].情报杂志，2014（11）：181-187.

[128] 张波，谢阳群，邵康．基于公共信息服务平台的创业信息资源共享参与者角色分析[J].情报杂志，2013（10）：168-173.

[129] 张博，胡金焱，范辰辰．社会网络、信息获取与家庭创业收入：基于中国城乡差异视角的实证研究[J].经济评论，2015（2）：52-67.

[130] 张广钦．民营图书馆的界定、类型与研究现状[J].图书情报工作，2007（1）：6-10.

[131] 张健．农业高校图书馆为现代农业建设提供信息服务探析[J].高校图书馆工作，2008（5）：56-58，77.

[132] 张萌萌，吕鲲，李建华，等．社会网络信息对创业绩效影响的实证研究[J].情报科学，2016，34（3）：155-160.

[133] 张小倩，张月琴，杨峰．国内外信息贫困研究进展：内涵阐释、研究设计及内容综述[J].图书馆论坛，2018，38（8）：24-32，39.

[134] 张秀娥，祁伟宏．创业信息生态系统模型的构建及运行机制研究[J].科技管理研究，2016，36（18）：165-170.

[135] 张秀娥，张峥，刘洋．返乡农民工创业动机及激励因素分析[J].经济纵横，2010（6）：50-53.

[136] 张秀娥. 创业信息生态平衡机制构建[J]. 社会科学家，2016（1）：79-84.

[137] 张玉利，杨俊. 企业家创业行为调查[J]. 经济理论与经济管理，2003（9）：61-66.

[138] 赵奇钊，郑玲. 武陵山区农民工返乡创业信息服务对策研究[J]. 高校图书馆工作，2015，35（2）：61-63，96.

[139] 赵文红，孙万清，王垚. 创业者社会网络、市场信息对新企业绩效的影响研究[J]. 科学学研究，2013，31（8）：1216-1223.

[140] 赵西华，周曙东. 农民创业现状、影响因素及对策分析[J]. 江海学刊，2006（1）：217-222.

[141] 赵媛，王远均，薛小婕. 大众创业背景下的我国农民信息获取现状及改善对策[J]. 四川大学学报（哲学社会科学版），2016（2）：121-131.

[142] 甄旭. 试论基于创业教育的图书馆服务[J]. 图书馆工作与研究，2008（4）：96-98.

[143] 郑文晖. 农村政策信息服务需求的调查与分析[J]. 图书情报工作，2011，55（7）：10-14，117.

[144] 中国就业促进会调研组. 重庆市江津区大学生创业及农民工返乡创业调研情况报告[J]. 中国就业，2017（11），4-7.

[145] 周劲波，丁振阔，顾芳睿. 农民创业研究：基于广西100位农民创业实证分析[J]. 调研世界，2013（7）：24-28.

[146] 周寅. 面向创业创新的公共图书馆服务模式探索[J]. 新世纪图书馆，2016（3）：65-67.

[147] 周宇飞，兰勇，贺明辉. 新农村文化对农民工返乡创业行为的影响[J]. 西北农林科技大学学报（社会科学版），2017，17（1）：83-88.

[148] 周长强，白万英. 运用跨界服务理念，促进高校图书馆资源的活化与转化：以大学生就业创业信息服务为例[J]. 图书馆工作与研究，2012（10）：21-24.

[149] 朱红根，解春艳. 农民工返乡创业企业绩效的影响因素分析[J]. 中国

农村经济，2012，27（4）：36-46.

[150] 朱红根，康兰媛，翁贞林，等. 劳动力输出大省农民工返乡创业意愿影响因素的实证分析：基于江西省1145个返乡农民工的调查数据[J]. 中国农村观察，2010（5）：38-47.

[151] 朱明. 国外少数族裔信息贫困成因及对策研究述评[J]. 图书馆学研究，2017（10）：11-15.

[152] 邓卫华，蔡根女，易明. 农民创业信息需求现状调查与特征探析：基于对382个创业者的调查[J]. 情报科学，2011，29（11）：1714-1721.

[153] 胡昌平，胡吉明，邓胜利. 基于社会化群体作用的信息聚合服务[J]. 中国图书馆学报，2010，36（3）：51-56.

[154] 于良芝. "个人信息世界"：一个信息不平等概念的发现及阐释[J]. 中国图书馆学报，2013，39（1）：4-12.

[155] 彭超，马彪. 农产品电商发展瓶颈及解决路径：来自河北省邯郸市的调查[J]. 农村工作通讯，2019（3）：38-40.

[156] 张明，杜运周. 组织与管理研究中QCA方法的应用：定位、策略和方向[J]. 管理学报，2019，16（9）：1312-1323.

[157] 刘亚. 教育对青少年信息贫困的影响研究[D]. 天津：南开大学，2012.

[158] 孙银燕. 基于文创行业视角的大学生创业现状研究：以Z校为例[D]. 杭州：浙江工业大学，2017.

[159] 王维维. 互联网对创业的影响研究[D]. 杭州：浙江大学，2017.

[160] 赵玲玲. 信息不平等相关问题研究[D]. 哈尔滨：黑龙江大学，2013.

[161] 赵旺. 面向农家书屋的网络新媒体信息服务系统研究[D]. 郑州：郑州航空工业管理学院，2017.

[162] 张莹. 齐齐哈尔市农村信息服务平台现状与优化研究[D]. 大庆：黑龙江八一农垦大学，2017.

[163] 于良芝，王俊平. 农村信息服务效果及影响因素：信息服务组织视角[C]. 中国图书馆学会理论研究专业委员会. 第五次全国图书馆学基础理论研讨会论文集. 南开大学商学院信息资源管理系，2007：15.

[164] 河北省人民政府. 河北省人民政府关于大力推进大众创业万众创新若干政策措施的实施意见[EB/OL].（2015–10–27）[2019–05–15]. https：//www,gov.cn/zhengce/2016–02/29/5047313/fles/02eb8a3e088147e6a8d184ce931e9a07.pdf.

[165] 河南省人民政府. 河南省人民政府关于强化实施创新驱动发展战略进一步推进大众创业万众创新深入发展的实施意见[EB/OL].（2018–02–22）[2019–03–25]. https：// www.henan.gov.cn/2018/03–09/239878.html.

[166] 辽宁省人民政府.《辽宁省人民政府关于印发辽宁省强化实施创新驱动发展战略进一步推进大众创业万众创新深入发展的政策措施的通知》政策解读[EB/OL].（2018–04–12）[2019–03–25]. https：//www.In.gov.cn/web/zwgkx/zcjd/zcjd/E309AFA7A2F44E029E9879CF2298524C/index.shtml .

[167] 中共中央国务院. 国务院关于强化实施创新驱动发展战略进一步推进大众创业万众创新深入发展的意见[EB/OL].（2017–07–21）[2019–03–25]. http：// www.gov.cn/zhengce/content/2017–07/27/content_5213735.htm.

[168] Anthony Bebbington. Culture and public action：a cross–disciplinary dialogue on development policy[M]. Stanford，CA：Stanford University Press，2014.

[169] Avgerou，C. IT as an institutional actor in developing countries [M]//The digital challenge：information technology in the development context. London：Ashgate，2003：46–62.

[170] Avgerou，C. Theoretical Framing of ICT4D Research[M]. Cham：Springer，2017：10–23.

[171] Ball，C. Towards an "enterprising" culture：a challenge for education and training（No. 4）[M]. Paris：OECD，1989：50.

[172] D O Case. Looking for information：a survey of research on information seeking，needs，and behavior[M]. Emerald group publishing limited，

2012.

[173] Chatman E A. The information world of retired women [M]. Westport, CT: Greenwood Press, 1992.

[174] Jodi Reeves Eyre, John C Maclachlan, Christa Williford. A splendid torch: learning and teaching in today's academic libraries [M]. Washington, DC: CLIR Pub, 2017. http: //digitalcommons. unl. edu/scholcom/58.

[175] Harris J, Stokke K, Toinquist O. Politicising democracy: the new local politics of democratisation [M]. London: Palgrave Macmillan, 2005.

[176] Kleine D. Technologies of choice? ICTs, development, and the capabilities Approach [M]. Cambridge, London: The MIT Press, 2013.

[177] Kuttan A, Peters L. From digital divide to digital opportunity [M]. Lanham: Scarecrow Press, 2003.

[178] Lakoff G, Johnson M. Metaphors we live by [M]. Chicago: The University of Chicago Press, 1980: 5.

[179] Mansuri G. Localizing Development: Does Participation Work?[M]. Washington, DC: World Bank, 2012.

[180] Maxwell J A. Qualitative research design [M]. Thousand Oaks, CA: Sage, 1996.

[181] Mjφset L. Theory: Conceptions in the social sciences [M]//International encyclopedia of the social & behavioral sciences. Oxford, UK: Elsevier Science, 2001.

[182] Norris P. Digital divide: Civic engagement, information poverty & the internet worldwide [M]. New York: Cambridge University Press, 2001.

[183] O' Harak, Stevens D. Inequality. com: power, poverty and digital divide [M]. Oxford: Oneworld Publications, 2006.

[184] Olson, M. The logic of collective action: Public goods and the theory of groups[M]. Cambridge, MA: Harvard University Press, 1965.

[185] Ranganathan S. The five laws of library science [M]. Banglore: Ess Ess

Publications，2006.

[186] Rinto E，Watts J，Mitola R. The Mason undergraduate peer research coach program at the University of Nevada，Las Vegas Libraries[M]. Santa Barbara，CA：Libraries Unlimited，2017：64–80.

[187] Schiller H I. Information inequality：the deepening social crisis in America[M]. New York：Routledge，1996.

[188] Sen A. Choice，Welfare and Measurement[M]. Oxford：Basil Blackwell，1982.

[189] Sen A. Development as freedom [M]. New York：Knopf，1999.

[190] Shera J. Introduction to library science：Basic elements of library service [M]. Littleton，Colo：Libraries Unlimited，1976.

[191] Spiro，L. "This Is Why We Fight"：Defining the Values of the Digital Humanities. In Debates in the Digital Humanities [M]. Minneapolis：University of Minnesota Press，2012：16–35.

[192] Steyn J，Johanson G. ICTs and sustainable solutions for the digital divide：theory and perspective [M]. New York：Information Science Reference，2011.

[193] Warschauer M. Technology and social inclusion：Rethinking the digital divide [M]. Cambridge，MA：MIT Press，2003.

[194] Wessels B. The reproduction and reconfiguration of inequality：Differentiation and class，status and power in the dynamics of digital divides [M]// Ragnedda M，Muschert G W. The digital divide：The internet and social inequality in international perspective. New York：Routledge，2013：17–28.

[195] Zheng Y. Overview of theories in ICT4D[M] // Peng H A，Robin Mansell. International Encyclopedia of Digital Communication and Society. Oxford，UK：Wiley–Blackwell–Ica，2015.

[196] Zoe B，Elizabeth M. Digital humanities in the library：challenges and opportunities for subject specialists [M]. Washington，DC：ACRL，2015.

[197] Zorich，D. M. A Survey of Digital Humanities Centers in the United States [M]. Washington，D. C. : Council on Library and Information Resources，2008.

[198] Greckhamer T，Misangyi V F，Fiss P C. The two QCAs: From a small-N to a large-N set theoretic approach[M]//Configurational theory and methods in organizational research. Emerald Group Publishing Limited，2013，38: 49-75.

[199] Adomi E E，Ogbomo M O，Inoni O E，et al. Gender factor in crop farmers' access to agricultural information in rural areas of Delta State，Nigeria[J]. Library Review，2013，52（8）: 388-393.

[200] Alam K，Imran S. The digital divide and social inclusion among refugee migrants: a case in regional Australia[J]. Information Technology & People，2015，28（2）: 174-198.

[201] Alvarez A M O，Merino M T G，Alvarez M V S. Information: The source of entrepreneurial activity[J]. Social Science Information，2015，54（3）: 280-298.

[201] Attewell P. The first and second digital divides [J] . Sociology of education，2001，74（3）: 252 -259.

[203] Avgerou，C. Discourses on ICT and Development[J]. Information Technologies & International Development，2010，6（3）: 1-18.

[204] Bardhan P，Mookherjee D. Capture and Governance at Local and National Levels[J]. The American Economic Review，2000，90（2）: 135-139.

[205] Boer Y V D，Arendsen R，Pieterson W. In search of information: Investigating source and channel choices in business-to-government service interactions[J]. Government Information Quarterly，2016，33（1）: 40-52.

[206] Bruce C S. The relational approach: a new model for information literacy[J]. The New Review of Information and Library Research，1997,（3）: 1-22.

[207] Burt R，Burzynska K. Chinese entrepreneurs，social networks，and

guanxi[J]. Management and Organization Review, 2017, 13（2）: 221-260.

[208] Cabrera-Suárez M K, García-Almeida D J, Saá-Pérez P D. A dynamic network model of the successor's knowledge construction from the resource- and knowledge-based view of the family firm[J]. Family Business Review, 2018, 31（2）: 178-197.

[209] Chatman E A. Framing social life in theory and research [J]. New review of information behaviour research, 2000（1）: 3-17.

[210] Chatman E A. Information, mass media use and the working poor [J]. Library & information science research, 1985（7）: 97-113.

[211] Chatman E A. The information world of low-skilled workers [J]. Library & information science research, 1987（9）: 265-283.

[212] Chatman E A, Pendleton V E M. Knowledge gaps, information: seeking and the poor [J]. Reference librarian, 1995（49/50）: 135-145. x

[213] Conning J, Kevane M. Community-based targeting mechanisms for social safety nets: a critical review[J]. World Development, 2002, 30（3）: 375-394.

[214] Dasgupta A, Beard V A. Community driven development, collective action and elite capture in Indonesia [J]. Development and Change, 2007, 38（2）: 229-249.

[215] Datta K, Saxena A. Developing entrepreneurship and e-government in India: role of common service centers[J]. Journal of E-Governance, 2013, 36（2）: 92-100.

[216] Derr R L. A conceptual analysis of information need[J]. Information Processing & Management, 1983, 19（5）: 273-278.

[217] Dijk J V, Hacker K. The digital divide as a complex and dynamic phenomenon [J]. The information society, 2003, 19（4）: 315-326.

[218] Draxler, B. Undergraduate peer learning and public digital humanities

research[J]. E-Learning and Digital Media，2012，9（3）：284-297.

[219] Du P M，Fourie I. The information behaviour of consulting engineers in South Africa[J]. Mousaion，2009，27（1）：137-158.

[220] Ebbers W E，van Deursen A J A M，Jansen M G M. Impact of the digital divide on e-government：Expanding from channel choice to channel usage[J]. Government Information Quarterly. 2016，33（4）：685-692.

[221] Fung A，Wright E O. Deepening democracy：innovations in empowered participatory governance [J]. Politics & Society，2001，29（1）：5-41.

[222] Gerba D T. The context of entrepreneurship education in Ethiopian universities[J]. Management Research Review，2012，35（3/4）：225-244.

[223] Goulding A. Information poverty or overload? [J]. Journal of librarianship and information science，2001，33（3）：109-111.

[224] HE Green. Facilitating communities of practice in digital humanities：librarian collaborations for research and training in text encoding[J]. The Library Quarterly，2014，84（2），219-234.

[225] Hargittai E，Hinnant A. Digital inequality：difference in young adults' use of the internet [J]. Communication research，2008，35（5）：602-621.

[226] Heeks R. Do information and communication technologies（ICTs）contribute to development?[J]. Journal of International Development，2010，22（5），625-640.

[227] Heeks R，Renken J. Data justice for development：What would it mean?[J]. Information Development，2018，34（1）：90-102.

[228] Hsieh P A，Rai A，Keil M，et al. Understanding digital inequality：comparing continued use behavioral models of the socio-economically advantaged and disadvantaged [J]. MIS quarterly，2008，32（1）：97-126.

[229] Hu G，Shi J，Pan W，et al. A hierarchical model of e-government service capability：an empirical analysis[J]. Government Information Quarterly，

2012，29（4）：564-572.

[230] Jenssen J I，Koenig H F. The effect of social networks on resource access and business start-ups[J]. European Planning Studies，2002，10（8）：1039-1046.

[231] Jiao H，Cui Y，Zhu Y，et al. Building entrepreneurs' innovativeness through knowledge management：the mediating effect of entrepreneurial alertness [J]. Technology Analysis & Strategic Management，2014，26（5）：501-516.

[232] P Joseph. Australian motor sport enthusiasts' leisure information behaviour[J]. Journal of Documentation，2016，72（6）：1078-1113.

[233] Karimi S，Biemans H J A，Lans T，et al. The impact of entrepreneurship education：a study of Iranian students' entrepreneurial intentions and opportunity identification[J]. Journal of Small Business Management，2016，54（1）：187-209.

[234] Kearney C，Soleimanof S，Wales W J. Examining facilitative configurations of entrepreneurially oriented growth：an information processing perspective[J]. British Journal of Management，2017，29（3）：514-533.

[235] Keener Alix. The Arrival Fallacy：Collaborative Research Relationships in the Digital Humanities [J]. Digital Humanities Quarterly，2015，9（2）．

[236] Kim Y. The contribution of collaborative and individual tasks to the acquisition of L2 vocabulary[J]. Modern Language Journal，2008（9）：114-130.

[237] Leckie G J. Female farmers and the social construction of access to agricultural information [J]. Library & Information Science Research，1996，18（4）：297-321.

[238] Lievrouw L A，Farb SE. Information and equity[J]. Annual review of information science and technology，2003（37）：499-540.

[239] Lingel J，Boyd D. "Keep it secret，keep it safe"：information poverty，

information norms, and stigma[J]. Journal of the Association for Information Science, 2014, 64(5): 981–991.

[240] Lu L, Yuan Y C. Shall I Google it or ask the competent villain down the hall? The moderating role of information need in information source selection[J]. Journal of the American Society for Information Science and Technology, 2011, 62(1): 133–145.

[241] Mahindarathne M, Min Q. Developing a model to explore the information seeking behaviour of farmers[J]. Journal of Documentation, 2018(1): 781–803.

[242] McLeod D M, Perse E M. Direct and indirect effects of socioeconomic status on public affairs knowledge[J]. Journalism Quarterly, 1994, 71(2): 433–442.

[243] Mehra B, Bishop B W, Partee R P. Small business perspectives on the role of rural libraries in economic development[J]. Library Quarterly, 2017, 87(1): 17–35.

[244] Mehra B, Black K, Singh V, et al. What is the value of LIS education? A qualitative study of the perspectives of Tennessee's rural librarians [J]. Journal of Education for Library and Information Science, 2011, 52(4): 265–278.

[245] Mehra B. Mobilization of rural libraries toward political and economic change in the aftermath of the 2016 presidential election[J]. Library Quarterly, 2017, 87(4): 369–390.

[246] Mosse D. Authority, gender and knowledge: theoretical reflections on participatory rural appraisal [J]. Economic and political weekly, 1994, 25(3): 497–526.

[247] Murray J. Applying Big 6 skills and information literacy standards to internet research [J]. The book report, 2000(11/12): 33–35.

[248] O' Connor J. Some questions concerning "information need" [J]. American Documentation, 1968, 19(2): 200–203.

[249] Oghenetega L U, Ugeh C H. Contemporary issues on entrepreneurship in information science and business education professions: implications to education of Nigeria tertiary institutions[J]. European Journal of Business and Management, 2014, 6(33): 46-50.

[250] Platteau J P, Gaspart F. The risk of resource misappropriation in community-driven development [J]. World Development, 2003, 31(10): 1687-1703.

[251] Platteau J P, Somville V, Wahhaj Z. Elite capture through information distortion: a theoretical essay[J]. Journal of Development Economics, 2014 (106): 250-263.

[252] Posner M. No Half Measures: overcoming common challenges to doing digital humanities in the library [J]. Journal of Library Administration, 2013, 53(1): 43-52.

[253] Powell S, Kong N N. Beyond the one-shot: intensive workshops as a platform for engaging the library in digital humanities [J]. College & Undergraduate Libraries, 2017, 24(2-4): 516-531.

[254] Rebecca J M. Providing interlibrary loan to health workers in medically underserved rural areas: an area health education center in action [J]. Journal of Interlibrary Loan, 2007, 17(3): 41-48.

[255] Reynolds P, Bosma N, Autio E, et al. Global entrepreneurship monitor: data collection design and implementation 1998-2003[J]. Small Business Economics, 2005, 24(3): 205-231.

[256] Robeyns I. The capability approach: a theoretical survey [J]. Journal of human development and capabilities, 2005, 6(1): 93-114.

[257] Sahu H, Nath S. Information seeking behaviour of astronomy/astrophysics scientists[J]. Aslib Proceedings, 2013, 65(2): 109-142.

[258] Savolainen R. Conceptualizing information need in context[J]. Information Research, 2012, 17(2): 411-436.

[259] Shaifuddin N, Ahmad M, Wan N H W M. Rural Youth's Perceptions of Information Sources and Rural Library Services[J]. Library Philosophy & Practice, 2011, 47(8): 176–194.

[260] Shen Y. Information seeking in academic research: a study of the sociology faculty at the University of Wisconsin–Madison[J]. Information Technology and libraries, 2007.

[261] Sin, S. J. Neighborhood disparities in access to information resources: Measuring and mapping U. S. public libraries' funding and service landscapes[J]. Library & Information Science Research, 2011, 33(1), 41–53.

[262] Sorenson O. Entrepreneurs and social capital in China[J]. Management & Organization Review, 2017, 13(2): 1–6.

[263] Stillman L, Dension T. The capability approach community informatics [J]. The information society, 2014, 30(3): 200–211.

[264] Sturgess P. The political economy of information [J]. International information and library review, 1998, 30(3): 185–201.

[265] Sutter C, Bruton G D, Chen J. Entrepreneurship as a solution to extreme poverty: A review and future research directions[J]. Journal of Business Venturing, 2013(6): 683–689.

[266] Sweetland J H. Information poverty [J]. Database magazine, 1993, 16(4): 8–10.

[267] Timmins F. Exploring the concept of "information need" [J]. International Journal of Nursing Practice, 2016, 12(6): 375–381.

[268] Vassilakaki E, Moniarou–Papaconstantinou V. A systematic literature review informing library and information professionals' emerging roles [J]. New Library World, 2015, 116(1/2): 37–66.

[269] Verdegem P, Marez L D. Rethinking determinants of ICT acceptance: towards an integrated and comprehensive overview[J]. Technovation: The

International Journal of Technological, 2011, 31 (8): 411–423.

[270] Walsham, G. Are we making a better world with ICTs? Reflections on a future agenda for the IS field[J]. Journal of Information Technology, 2012, 27 (2): 87–93.

[271] Wang F, Chen Y. From potential users to practical users: use of e-government service by Chinese migrant farmer workers[J]. Government Information Quarterly, 2012, 29 (S): 98–111.

[272] Westbrook L. E-government support for people in crisis: An evaluation of police department website support for domestic violence survivors using "person-in-situation" information need analysis[J]. Library & Information Science Research, 2008, 30 (1): 22–38.

[273] Williams T A, Shepherd D A. Building resilience or providing sustenance: different paths of emergent ventures in the aftermath of the Haiti earthquake [J]. Academy of Management, 2016, 59 (6): 2069–2102.

[274] Wilson R, Wallin J S, Reiser C. Social stratification and the digital divide [J]. Social science computer review, 2003, 21 (2): 133–153.

[275] Wong, S. H. R. Digital Humanities: What Can Libraries Oer?[J]. Portal: Libraries and the Academy, 2016, 16 (4): 669–690.

[276] Xia, L L. Assessing China's E-Government: information, service, transparency and citizen outreach of government websites[J]. Journal of Contemporary China, 2006, 15 (46): 31–41.

[277] Yu L. Back to the fundamentals again: a redefinition of information and associated LIS concepts following a deductive approach[J]. Journal of Documentation, 2015, 71 (4): 795–816.

[278] Yu L. How poor informationally are the information poor?: Evidence from an empirical study of daily and regular information practices of individuals[J]. Journal of Documentation, 2010, 66 (6): 906–933.

[279] Yu L. Towards a reconceptualization of the information worlds of

individuals[J]. Journal of librarianship and information science，2012，44（1）：3-18.

[280] Yu L. Understanding information inequality：making sense of the literature of the information and digital divide[J] . Journal of librarianship and information science，2006，38（4）：229 -252.

[281] Yu B，Ndumu A，Mon L，et al. E-inclusion or digital divide：an integrated model of digital inequality [J]. Journal of Documentation，2018，74（3）：552-574.

[282] Yu T，Lin M，Liao Y. Understanding factors influencing information communication technology adoption behavior：The moderators of information literacy and digital skills[J]. Computers in Human Behavior. 2017，71：196-208.

[283] Zenebe A，Alsaaty F，Anyiwo D. Relationship between individual's entrepreneurship intention，and adoption and knowledge of information technology and its applications：an empirical study[J]. Journal of Small Business & Entrepreneurship，2017，30（3）：215-232.

[284] Zhang Y，Yu L Z. Information for social and economic participation：a review of related research on the information needs and acquisition of rural Chinese[J]. The International Information & Library Review，2009，41（2）：63-70.

[285] Zheng Y，Walsham G. Inequality of what? Social exclusion in the society as capability deprivation[J]. Information Technology & People，2008，21（3）：222-243.

[286] Song X，Wang P. Research on concept and effective factors of information adoption behavior[J]. Information Science，2010：28，760-762.

[287] Dasuki，Salihu，Ibrahim，et al. ICT and empowerment to participate：a capability approach[J]. Information Development，2014. 30（4）：321-331.

[288] Yoo B，Donthu N. Developing and validating a multidimensional consumer-

based brand equity scale[J]. Journal of business research, 2001, 52 (1):
1–14.

[289] Fiss P C. Building better causal theories: a fuzzy set approach to typologies
in organization research[J]. Academy of management journal, 2011, 54
(2): 393–420.

[290] Andersson, A, Hatakka, M. What are we doing?: theories used in
ICT4D research[C]. Proceeding of the 12th International Conference on
Social Implications of Computers in Developing Countries, Ocho Rios,
Jamaica, 2013.

[291] Gigler B S. Informational capabilities: the missing link for the impact of ICT
on development[R]. Washington, DC: The World Bank, 2011.

[292] Abraham A, Platteau J P. The Dilemma of Participation with Endogenous
Community Imperfections[R]. Namur, Belgium: University of Namur,
2000.

[293] Jarboe, K. Inclusion in the information age: Reframing the debate[EB/OL].
[2024–12–04]. (2001–10–10). https: //www. issuelab. org/resources/
2888/2888. pdf.

[294] Sen A. Capability and well–being, the quality of life[M]. Oxford: Clarendon
Press, 1993.

附录1 访谈提纲

一、调研内容：面向农村地区返乡创业信息服务体系

二、访谈对象：返乡农民工和大学生、转业军人创业人员、主管政府部门以及信息服务主体相关负责人

三、访谈目的：考察当地的返乡创业状况、现有农村信息服务、农村地区现有返乡"双创"信息服务体系、返乡"双创"人员对此类信息服务体系的利用程度和反馈

四、访谈类型：半结构化深度访谈、焦点小组访谈

五、访谈内容

第一部分：介绍和初步了解

该部分为了打开局面，消除受访人的戒备和紧张情绪

（一）寒暄，进行自我介绍和目的介绍；进行规则说明，出示保密承诺（1–2min）

（二）受访人的基本信息：针对创业人员，请其对个人和创业经历简要介绍（例如：年龄、学历、创业项目、创业之前从事的工作、创业的时间等）；针对政府人员，请其简要介绍当地典型创业项目、创业服务内容；针对信息服务人员，请其介绍创业信息服务内容（不限时间，后续的提问根据这里受访者的表现而酌情增删）。

第二部分：访谈参考要点

针对创业者或潜在创业者：创业环境、创业资源、自身条件；信息素

养；痛点、难点

针对政府部门：整体概况；典型个案；服务内容、途径、效果；痛点、难点、举措

针对信息部门：服务内容、途径、效果；痛点、难点、进一步举措

（一）受访人故事分享：创业经历分享。（特别关注，创业过程中有没有从政府或相关部门以及个人那里了解过信息的经历，给我们分享一下这个经历。）

（二）受访人就业以及返乡创业经历：

1.您返乡创业前的工作是什么？在哪里工作？（工作地点、内容）

2.是什么使您决定返乡创业？（创业驱动因素）

3.您目前的主要经营业务是什么？经营状况如何？（创业内容，若前面已经讲过，此处视情况跳过或追加提问）

4.您的创业启动资金的来源都有哪些？

5.您是否了解当地返乡创业方面的政策？是否享受过？若有，有哪些？

（三）受访人信息能力：

1.创业过程中需要了解哪些方面的信息？（根据创业项目而定）

2.您平时有没有特别关注有关创业的政策？从什么渠道获取？

3.创业和运营过程中，您最关注的信息大概集中在哪些方面？

4.在获取这些信息的过程中，您曾经遇到过哪些难题？是如何解决的？

5.您遇到过虚假信息上甚至是诈骗信息吗？您如何辨别信息的真假？

6.您更倾向哪种获取信息的方式/途径，为什么？（您觉得这种方式的优点主要体现在哪个方面，其他方式的共同缺点是什么？）

7.您平时主要用什么设备上网？您的工作单位以及家里有没有接入网络？

8.创业过程中，您经常与哪些人保持密切交流？其他创业者？政府人员？专业技术人员？经常交流的话题有哪些？

9.政府是否针对返乡创业提供信息服务设施或者其他服务？

10. 您是否使用政府部门提供的有关创业服务的相关信息网站？感觉如何？

11. 您是否使用过本地的信息服务站或服务点/图书馆/创业园？感觉如何？

（四）当地信息服务建设和政策：

1. 当地有没有针对创业人员提供针对性的信息服务，比如信息培训？如果有，培训主题一般是什么？如果没有，您觉得有没有培训的必要。

2. 当地有没有通过电视台、电台、报纸等对创业先进人物进行表彰与宣传？

3. 当地有没有关于返乡创业的相关信息推送？

4. 您能否讲讲您所了解的本地政府是如何落实返乡创业政策的？这些政策给您的创业带来的实际帮助如何？

5. 本地居民以及创业者对这些政策了解吗？能否真正享受到政策的优惠？

6. 您认为怎么做才能更高效率地让创业者享受到优惠政策呢？

（五）受访者使用信息服务的反馈：

1. 您对目前自己的创业项目的经营状况是否满意？达到您预期的目标了吗？

2. 您对目前手中掌握的资源是否满意？比如资金、政策、信息，有没有因为信息不到位带来的经营损失？

3. 您认为还有哪些信息是您急需但又难以获取的？难以获取的原因是什么？

4. 本地的其他创业者的表现如何？

5. 您对本地提供的返乡创业支持是否感到满意？哪些地方有待改进？

（六）当地政府/信息服务工作人员

1. 分享创业服务典型案例。本地返乡创业的大概情况如何？分享一个创业人员前来寻求服务的故事，他们为什么事情寻求服务？过程？结果？

2. 您主要负责信息服务的哪个领域？一般使用什么渠道发布和传递信

息？通常通过什么途径与创业者保持沟通？

　　3.针对创业信息服务还有哪些进一步的举措？

第三部分：结束环节

致谢，并请有意者推荐更多相关信息和相关人员。

附录2　调研问卷

返乡创业人员信息能力调研

尊敬的朋友：

您好！我们是来自 ** 大学的国家社会科学基金项目团队，感谢您在百忙之中参与本次调研活动。

本问卷调查旨在通过对返乡创业或具有返乡创业意愿的人员进行调查，为开展相关学术研究提供科学的资料支撑，并为相关政策建议提供参考依据。

本次调研的全部问题不存在对错之分，请您依据真实情况做出选择或者回答。您所提供的信息将与其他受访人员的信息汇总在一起用于科学研究和政策分析。在未获得您许可的前提下，您所提供的信息或案例不会以任何可以辨别出您个人身份的形式出现在任何研究成果中，并且不会被非法授权给任何其他个人或组织用于非学术研究目的。本问卷中，标注"多选题"的题目可以选择1个或多个选项，其他题目只能选择1个选项，如果没有您认为最符合真实情况的选项，请选择与之最接近的选项。

再次向您的配合表示最诚挚的感谢！

联系人：***

Email：***

地址：***

邮编：***

A. 基本信息活动

A1.您现在拥有以下哪些数字化设备？［多选题］

□智能手机

□个人电脑

□iPad等平板电脑

□可穿戴数字设备（如智能手环等）

□其他设备（请填写）＿＿＿＿＿＿

A2.您使用数字化设备主要进行那些活动？［多选题］

□与亲人朋友保持联系

□浏览时事新闻

□关注就业或创业信息

□关注医疗健康信息

□看小说或其他文学作品

□休闲娱乐（如听音乐、看视频、游戏等）

□查询天气、交通等生活信息

□电子商务（网络销售/网络购物）

□预订机票、车票等旅游产品

□关注股票或基金

□处理工作任务

□学习专业知识

□使用社交媒体发布状态、发微博、写博客或在论坛发帖等

□其他（请填写）＿＿＿＿＿＿

A3.您平时关注哪些类型的创业信息？［多选题］

□创业机会

□金融服务

□土地政策

□市场行情

□财政税收

□公共服务

□技术信息

□人才信息

□其他（请填写）＿＿＿＿＿＿

A4.您平时获取创业信息的主要途径包括？（最多选择4项）［多选题］

□报纸、广播、电视等传统媒体

□特定App或微信公众号推送

□政府门户网站

□专业信息网站（如58同城等）

□公共场合显示屏

□专业人员咨询

□开会交流

□其他途径（请填写）＿＿＿＿＿＿

A5 近6个月来，您每天大约多长时间用于关注创业信息？［单选题］

○2小时以内

○2小时至4小时内

○4小时至6小时内

○6小时至8小时内

○8小时及以上

B. 信息能力培养

B1.您在获取创业信息过程中曾经遇到过困难吗？［单选题］

○几乎没有遇到过

○偶尔遇到

○较多遇到

○经常遇到

B2.当您遇到困难时，最常用的解决方式是？（最多选 3 项）［多选题］

□自己摸索尝试

□求助于家庭成员

□求助于同事/同学/朋友

□求助于专业客服人员

□放弃使用

□其他方式（请填写）＿＿＿＿＿＿

B3.您是否参与过创业相关的培训或说明活动？［单选题］

○经常参加

○偶尔参加

○未参与过

B4.您曾经参加过哪些机构或个人开展的创业相关培训或说明活动？
［多选题］

□所在工作单位

□所在社区

□政府部门

□当地图书馆

□志愿者组织

□设备厂商

□群众自发组织

□其他（请填写）＿＿＿＿＿＿

B5.您参加过的培训活动的内容包括？［多选题］

□创业政策宣讲

□创业机会提供

□金融风险知识

□管理技能培训

□计算机网络使用培训

□专门软件使用培训

□信息检索培训

□其他（请填写）＿＿＿＿＿＿

B6.您认为除了自身条件，下列哪些因素影响您对创业信息的获取？［多选题］

□基础设施配备不全（如基站不够、网络带宽不足等）

□相关客户服务不到位

□设备和服务的操作过于繁琐

□信息太多，找不到想要的有用信息

□虚假诈骗信息多，影响辨识

□其他（请填写）＿＿＿＿＿＿

B7.您现在还会自学查找和获取信息的技能吗？［单选题］

○有计划的经常自学

○无计划的经常自学

○偶尔自学

○不自学

B8.如果自学，您主要通过什么方式自学？［多选题］

□自己看书

□向人请教

□上网查找

□参加培训

□其他 _____

B9.您住的地方或工作地方附近有如下机构或部门吗？［多选题］

□创客空间

□创业服务站

□创业培训机构

□图书馆

□其他（请填写）_____

□不清楚

C.信息能力主观认知（第一部分）

请您根据您的理解对以下每个陈述句问题进行判断，并在问题后面的相应数字（1表示强烈不同意，7表示强烈同意，从1到7表示同意程度逐级递增）处进行选择。您的回答反应您的判断，不存在正确或错误。请不要遗漏任何一个问题，如果您感觉对某个问题难以作出完全准确的判断，请提供尽可能接近的判断。

C1.我对创业政策很敏感［单选题］

○1　　○2　　○3　　○4　　○5　　○6　　○7

C2.我对创业机会信息很敏感［单选题］

○1　　○2　　○3　　○4　　○5　　○6　　○7

C3.我对我关注的领域的动向很敏感［单选题］

○1　　○2　　○3　　○4　　○5　　○6　　○7

C4.我知道什么信息对我是有用的［单选题］

○ 1　　○ 2　　○ 3　　○ 4　　○ 5　　○ 6　　○ 7

C5.我有很多的信息渠道可供选择［单选题］

○ 1　　○ 2　　○ 3　　○ 4　　○ 5　　○ 6　　○ 7

C6.我对信息的判断经常会受到别人影响［单选题］

○ 1　　○ 2　　○ 3　　○ 4　　○ 5　　○ 6　　○ 7

C7.我对创业信息的获取主要依赖智能手机［单选题］

○ 1　　○ 2　　○ 3　　○ 4　　○ 5　　○ 6　　○ 7

C8.我可以方便接入Wi-Fi或使用流量上网［单选题］

○ 1　　○ 2　　○ 3　　○ 4　　○ 5　　○ 6　　○ 7

C9.我可以快速获取丰富的创业信息［单选题］

○ 1　　○ 2　　○ 3　　○ 4　　○ 5　　○ 6　　○ 7

C10.我能及时了解到创业相关的政策信息［单选题］

○ 1　　○ 2　　○ 3　　○ 4　　○ 5　　○ 6　　○ 7

C10.我能掌握我目前工作情况的信息［单选题］

○ 1　　○ 2　　○ 3　　○ 4　　○ 5　　○ 6　　○ 7

C11.我可以快速甄别哪些信息对我创业是有用的［单选题］

○ 1　　○ 2　　○ 3　　○ 4　　○ 5　　○ 6　　○ 7

C12.我可以很好地理解我所获取的信息［单选题］

○ 1　　　○ 2　　　○ 3　　　○ 4　　　○ 5　　　○ 6　　　○ 7

C13.掌握某些信息设备或相关功能的操作技能对我来说很困难［单选题］

○ 1　　　○ 2　　　○ 3　　　○ 4　　　○ 5　　　○ 6　　　○ 7

C14.我可以清晰表达出我的创业信息需求［单选题］

○ 1　　　○ 2　　　○ 3　　　○ 4　　　○ 5　　　○ 6　　　○ 7

C15.我可以自由发布我的创业信息需求［单选题］

○ 1　　　○ 2　　　○ 3　　　○ 4　　　○ 5　　　○ 6　　　○ 7

C16.即使没有人帮助，我也能及时获得有效的信息［单选题］

○ 1　　　○ 2　　　○ 3　　　○ 4　　　○ 5　　　○ 6　　　○ 7

C17.我周围的人经常为我提供有效的信息［单选题］

○ 1　　　○ 2　　　○ 3　　　○ 4　　　○ 5　　　○ 6　　　○ 7

C18.我经常为周围的人提供有效的信息［单选题］

○ 1　　　○ 2　　　○ 3　　　○ 4　　　○ 5　　　○ 6　　　○ 7

C.信息能力主观认知（第二部分）

请您根据您的理解对以下每个陈述句问题进行判断，并在问题后面的相应数字（1表示强烈不同意，7表示强烈同意，从1到7表示同意程度逐级递增）处进行选择。您的回答反应您的判断，不存在正确或错误。请不要遗漏任何一个问题，如果您感觉对某个问题难以做出完全准确的判断，请提供尽可能接近的判断。

C19.我获取的信息对我都很有用［单选题］

○1　　○2　　○3　　○4　　○5　　○6　　○7

C20.我通常因为找不到有用的信息而苦恼［单选题］

○1　　○2　　○3　　○4　　○5　　○6　　○7

C21.我通常因为要处理的信息太多而焦虑［单选题］

○1　　○2　　○3　　○4　　○5　　○6　　○7

C22.我很依赖某一类媒体或渠道的信息［单选题］

○1　　○2　　○3　　○4　　○5　　○6　　○7

C23.我因为自身生理原因（如视觉、听觉、语言障碍等）无法获取足够的信息［单选题］

○1　　○2　　○3　　○4　　○5　　○6　　○7

C24.我因为自身知识结构的原因无法理解获得的信息［单选题］

○1　　○2　　○3　　○4　　○5　　○6　　○7

C25.我因为技术的原因无法获取有效的信息［单选题］

○1　　○2　　○3　　○4　　○5　　○6　　○7

C26.我因为法律制度的原因无法获得所需的信息［单选题］

○1　　○2　　○3　　○4　　○5　　○6　　○7

C27.与通过网络获取信息相比，我更喜欢通过亲朋好友获得相关信息［单选题］

○1　　○2　　○3　　○4　　○5　　○6　　○7

C28.与通过网络发布信息相比，我更倾向于直接表达或者通过人际关系寻求帮助［单选题］

○1　　○2　　○3　　○4　　○5　　○6　　○7

C29.我能够区分出哪些是虚假信息哪些是真实信息［单选题］

○1　　○2　　○3　　○4　　○5　　○6　　○7

C30.我每天有充足的时间来获取或发布信息［单选题］

○1　　○2　　○3　　○4　　○5　　○6　　○7

C31.我经常主动查找创业信息［单选题］

○1　　○2　　○3　　○4　　○5　　○6　　○7

C32.我总是浏览手机或特定App推送的信息［单选题］

○1　　○2　　○3　　○4　　○5　　○6　　○7

C33.与经常相处的周围人群相比，我有更高的信息技能［单选题］

○1　　○2　　○3　　○4　　○5　　○6　　○7

C34.我的信息能力与我的创业信息需求相匹配［单选题］

○1　　○2　　○3　　○4　　○5　　○6　　○7

D.受访者基本信息

D1.您的性别：［单选题］

○男　　　○女

D2.您是哪一年出生的？＿＿＿＿＿＿年［填空题］

（请填写出生年份，如1985）

D3.您的最高学历处于哪个阶段？［单选题］

○没上过学

○小学

○初中

○高中/中专/技校

○大专

○本科

○硕士及以上

D4.您的返乡创业项目属于哪一行业？［单选题］

○制造业（如农产品加工）

○建筑业（如建筑装修）

○物流仓储（如快递运输）

○旅游服务（如住宿餐饮）

○种植养殖（如特色花卉）

○家政服务（如养老服务）

○电商网点（如淘宝店）

○文化创意（如文艺演出）

○其他（请填写）＿＿＿＿＿＿

D5.您的创业项目目前处于哪一阶段？［单选题］

○酝酿与机会识别

○初步创立

○扩大成长

○成熟运营

○转型发展

D6.您目前的创业项目所在地域是［单选题］

○华北地区（京津冀晋蒙）

○东北地区（黑吉辽）

○华东地区（沪苏浙闽赣皖鲁）

○华中地区（豫鄂湘）

○西南地区（川渝云贵藏）

○西北地区（陕甘宁青新）

○华南地区（粤桂琼）

○境外地区（港澳台及国外）

D7.返乡创业前，您有过多长时间的工作经历？［单选题］

○6个月以下

○6个月以上1年以下

○1年至3年以下

○3年至5年以下

○5年及以上

D8.您曾经在以下哪个行业有过工作经历？［多选题］

□建筑

□制造

□金融保险

□餐饮住宿

□环卫

□物流仓储业（如搬运、快递等）

□教育培训

□物业与家政服务（如保安、保洁、保姆等）

□无工作经历

□其他（请填写）_____

D9.截至目前，您在以下哪些地域有过务工经历？［多选题］

□直辖市

□省会/副省级城市

□普通地级市

□县级市或县城所在地

□乡镇

□境外（含港澳台）

□之前没有过外出务工经历

D10.您选择返乡创业的原因是［多选题］

□城市务工机会少

□返乡创业资源多

□返乡创业政策支持

□家乡人脉广

□自身能力得到展现

□能更好地照顾家庭

□其他（请填写）_____

附录3　田野调查地点

- 2017年7月，河南省兰考县（县政府、县人力资源和社会保障局、县科技工业与信息化委员会、WNH公司、县众创空间、西二里寨村）
- 2017年7月，河南省郑州市（郑州大学、河南省图书馆、郑州市图书馆、菁华教育集团）
- 2017年8月，河南省兰考县（兰考县返乡创业服务中心、堌阳镇民族乐器村）
- 2017年8月，山东省滕州市（市扶贫办、市农委、乡镇村返乡创业个体户）
- 2017年9月，安徽省阜阳市（颍州区人力资源和社会保障局、阜南县委、王家坝）
- 2018年1月，云南省保山地区（腾冲傈僳族村寨）
- 2018年5月，河北省昌黎县（花卉种植创业项目）
- 2018年6月，河南省西平县（专探乡谷河村芦笋种植基地）
- 2018年7月，河南省驻马店市（人力资源和社会保障局）
- 2018年7月，河南省桐柏县（返乡创业个体户、麒麟西瓜种植基地）
- 2018年8月，吉林省珲春市（就业促进局、返乡大学生创业项目）
- 2018年8月，吉林省吉林市（蛟河市菇娘种植基地、汽车修理创业项目；舒兰市水曲柳镇）
- 2018年8月，辽宁省新宾满族自治县（北四平乡蓝莓种植基地）
- 2018年8月，辽宁省本溪满族自治县（大学生电商个体户、汤沟温泉度假旅游村）

- 2018年10月，山西省太原市、大同市（农产品加工创业项目）
- 2019年1月，四川省邛崃市（特色养殖创业项目）
- 2019年6月，四川省武胜县（特色旅游创业项目、乡镇政府）
- 2019年7月，云南省红河哈尼族彝族自治州（石屏豆腐项目、文创产业、猕猴桃种植基地、石屏县扶贫办；泸西县扶贫办、教育局）
- 2019年7月，云南省曲靖市（会泽县扶贫办、特色养殖种植创业项目）
- 2019年8月，河北省沧州市（服装加工项目）
- 2019年8月，北京市大兴区（大红门地区服装产业项目）
- 2019年8月，山东省寿光市（蔬菜种植项目、共青团市委）
- 2019年11月，河北省正定县（文创产业项目）